广视角·全方位·多品种

权威·前沿·原创

皮书系列为
"十二五"国家重点图书出版规划项目

河北经济蓝皮书

BLUE BOOK OF
HEBEI ECONOMY

河北省经济发展报告（2014）

ANNUAL REPORT ON ECONOMIC DEVELOPMENT IN HEBEI (2014)

新型城镇化的路径选择与运行模式

主 编/马树强 金 浩 张 贵

社会科学文献出版社
SOCIAL SCIENCES ACADEMIC PRESS (CHINA)

图书在版编目(CIP)数据

河北省经济发展报告.新型城镇化的路径选择与运行模式:2014/马树强,金浩,张贵主编.—北京:社会科学文献出版社,2014.4
(河北经济蓝皮书)
ISBN 978-7-5097-5670-6

Ⅰ.①河… Ⅱ.①马…②金…③张… Ⅲ.①区域经济发展-研究报告-河北省-2014 ②城镇化-发展-研究报告-河北省-2014
Ⅳ.①F127.22 ②F299.272.2

中国版本图书馆CIP数据核字(2014)第026925号

河北经济蓝皮书
河北省经济发展报告(2014)
——新型城镇化的路径选择与运行模式

主　　编／马树强　金　浩　张　贵

出 版 人／谢寿光
出 版 者／社会科学文献出版社
地　　址／北京市西城区北三环中路甲29号院3号楼华龙大厦
邮政编码／100029

责任部门／经济与管理出版中心 (010) 59367226　　责任编辑／高　雁
电子信箱／caijingbu@ssap.cn　　　　　　　　　　　责任校对／谭晓明
项目统筹／恽　薇　高　雁　　　　　　　　　　　　责任印制／岳　阳
经　　销／社会科学文献出版社市场营销中心 (010) 59367081　59367089
读者服务／读者服务中心 (010) 59367028

印　　装／北京季蜂印刷有限公司
开　　本／787mm×1092mm　1/16　　　　印　张／18.5
版　　次／2014年4月第1版　　　　　　　字　数／282千字
印　　次／2014年4月第1次印刷
书　　号／ISBN 978-7-5097-5670-6
定　　价／79.00元

本书如有破损、缺页、装订错误,请与本社读者服务中心联系更换
▲ 版权所有　翻印必究

《河北省经济发展报告》
编委会

马树强　河北工业大学京津冀发展研究中心主任，教授、博士生导师

刘　兵　河北工业大学副校长，教授、博士生导师

金　浩　河北工业大学经济管理学院院长，教授、博士生导师

张　贵　河北工业大学京津冀发展研究中心常务副主任，教授、博士生导师

武义青　河北经贸大学副校长，教授、博士生导师

冯石岗　河北工业大学马克思主义学院院长，教授、博士生导师

李金海　河北工业大学文法学院院长，教授

陈鸿雁　河北工业大学宣传部部长，教授

裴桂芬　河北大学学科处处长，教授、博士生导师

孔金平　河北工业大学公共管理研究所所长、公共管理系主任，教授

主编简介

马树强 河北工业大学京津冀发展研究中心主任,教授、博士生导师,河北省有突出贡献中青年专家、省管优秀专家。曾获全国普通高校优秀思想政治工作者称号,享受省级劳动模范待遇。主要从事区域经济学、京津冀地区经济研究。近年来,主持完成了多项省部级以及委办局科研课题,主持高等教育教学研究项目2项,获国家优秀教学成果二等奖,河北省一等奖、三等奖;主持调研课题获河北省决策科学研究优秀成果一等奖;主编的《托起彩虹的年轻人》一书,原国务院副总理李岚清亲笔题写书名,被评为河北省社会主义精神文明优秀教材一等奖;在《光明日报》《经济日报》《中国高等教育》《中国监察》《学术研究》《理论前沿》等报刊上发表多篇论文。

金 浩 河北工业大学经济管理学院院长,教授、博士生导师,韩国国立全南大学经济学博士、博士后,河北省统计学会副会长,在中国数量经济学会、中国管理科学研究院学术委员会等多个学术团体任职。主要研究数量经济、区域经济、产业经济学等。主持完成多项国家级、省部级课题,出版《农业过剩劳动二元经济发展》等著作,在《数量经济技术经济研究》、*The Studies in Regional Development* 等国内外核心期刊上发表学术论文100多篇,曾获天津市、河北省哲学社会科学优秀成果一等奖、二等奖多项。荣获河北省教学名师称号。

张 贵 河北工业大学教授,博士生导师。河北工业大学京津冀发展研究中心常务副主任,英国利兹大学和澳大利亚西悉尼大学大学访问学者,天津发展战略咨询专家、河北中青年社科专家五十人工程人选和百名优秀创新人才支持计划人选,南开大学滨海开发研究院特约研究员,中国工业经济学会理事,天津市经济学会理事，天津市环渤海研究会理事，天津市《今晚报》特约观察家。研究方向为京津冀区域经济、新型城镇化、战略性新兴产业。发表学术论文50余篇，出版《中国城镇化的新探索》《高新技术产业成长》等8部学术著作；主持国家社会科学基金项目2项，参与国家社会科学重大项目和教育部重大攻关项目3项，主持省部级以上项目13项；获省市级以上学术成果奖4项。

摘　要

城镇化是当前中国经济增长的最主要源泉，是未来二三十年中国经济的主要发展方向之一。推进新型城镇化建设，统筹城乡发展，消除城乡二元结构，是中共十八大和十八届三中全会关注的重大议题。本报告以探索河北省新型城镇化的路径选择与运行模式为主题，深入分析和广泛调研，汇集近几年的研究成果，由总报告、分报告和专题报告三部分组成，共9篇研究报告。

总报告重点分析2013年河北省经济发展特征，预测了2014年河北省经济运行可能出现的态势，分析了城镇化进程与经济发展之间的动态影响关系，认为城镇化对推进河北省经济发展有积极作用，而经济发展对城镇化的拉动作用有限；河北省及各设区市新型城镇化发展水平极不平衡，同一城市内部不同维度的发展也存在明显差异，而且与经济发达国家和地区相比，差距较大。

分报告分别从制度建设、产业发展、社会管理、教育培训、乡村文化和综合承载力方面论述河北省城镇化的进展情况。在制度建设方面，报告预测了2014~2020年的城镇建设用地需求和资金缺口情况，揭示了河北省在推进城镇化的过程中土地流转的农民利益保障风险和土地利用风险，对妥善处理土地流转过程中的农民利益，引导民间资本进入城镇化建设领域提出了对策和建议；在产业发展方面，报告指出河北省产业结构相对落后，不能适应现代高速度的社会进步和高效率的发展要求，需要不断采取更有力的措施来促进产业结构的优化升级，进而加快城镇化进程；在社会管理方面，河北省存在诸多不足，尚不能完全满足新型城镇化需要，亟须在政府职能转变、市场主体参与、投入结构改善等方面推动各项改革；在教育培训方面，进城农民工的教育培训及其随迁子女的义务教育是河北省新型城镇化建设过程中农村人口向城镇流动而衍生的两个重要社会问题，未来几年河北省城镇中小学的承载能力将面临严峻考验；在乡村文化转型方面，近年河北省城镇化一直在逐步推进，其中起稳

定作用的是村民自身对城镇化的认同；在综合承载力方面，河北省相关指标显示渐趋脆弱，除土地和交通设施承载力略具优势外，水资源、环境、市政设施、社会承载力明显不足，应坚持市场引导与政府调节相结合的原则，积极制定和落实土地、水、环境等方面的政策措施，稳步推进新型城镇化。

专题报告探讨城镇化如何统筹京津冀区域发展，消除区域二元结构发展格局；同时选取了河北省发展思路迥异的五个地区，分析其城镇化发展定位，及如何选择适合本地区发展的新型城镇化之路。

Abstract

At the present, urbanization is the main source of The eighteen and the Third Plenary Session of the eighteen, China's economic growth and the most important characteristics of China's economy for the next two or three decades. It is the major issue to be solved that how to promote new urbanization, integrate rural and urban development, and eliminate urban-rural dual structure. The book brings together research results in recent years through in-depth analysis and extensive research, path selection and operation mode of new urbanization in Heibei province are the thread running through the whole book, which consists of three parts: general reports, subsidiary reports and special subject reports in the sum of 9 reports.

General reports focuse on 2013 characteristics of economic development, 2014 the possible trend of economic operation, dynamic effects of urbanization and economic development. The results show that the levels of urbanization have positive effects on economic development, but inverse effects are not obvious at present stage. Then it suggests the development of municipalities and districts is extremely uneven and inside the same city there are also significant differences, which are large gap compared with developed countries.

Subsidiary reports pay attention to urbanization progress in Hebei province from institution construction, industrial development, social management, education and training, rural culture and comprehensive carrying capacity. Institution construction report redicts the demand scale of urban construction land and cumulative financing gap from 2014 to 2010, which reveals the risks of interests of farmers and land use during the process of land transfer, puts forward suggestions that handle the farmers' interests and security in the process of land transfer, uide private capital to enter the field of urbanization and so on. In industrial development, the industrial structure is relatively backward, which can not adapt to requirements of social progress and development of high-speed and high-efficiency, It is high time to take continuously more forceful measures to promote the optimization and upgrading of industrial

structure to speed up the urbanization development. In social management, there still exist many shortcomings in fully meeting the needs of new urbanization, which is urgent to accelerate the reform of all aspects, especially the transition of government functions, the introduction of market players to participate, and the improvement of investment structure. In education and training, migrant workers' education and training and their children' compulsory education are two important social issues in the process of new urbanization process with rural population moving to urban in Hebei province, which means the carrying capacity of urban primary and secondary schools in Hebei province will face severe test in the next 8 years. In transformation of rural culture, in recent years, the urbanization have been gradually advancing in Hebei province and the most stabilizing role are peasant's role-identification on urbanization. In comprehensive carrying capacity, it is becoming fragile in Hebei province, the carrying capacity of water resources, environment, municipal facilities and social are clearly insufficient in addition to carrying capacity of land and transport facilities having a little advantage, which lead to actively develop and implement policies and measures about land, water, environment and other aspects, and steadily promote new urbanization with principles of market guide and government regulation.

Special subject reports investigate how to integrate Beijing-Tianjin-Hebei development and eliminate regiron dual structure through urbanization. At the same time, the book seclect five areas having different development ideas, but they have clear development orientation in common and can choose suitable development path for new urbanization.

目 录

BⅠ 总报告

B.1 新型城镇化：河北省转变经济发展方式的战略选择
　　………………… 马树强　张　贵　王雅洁　石海洋　马林靖 / 001
　　一　河北省经济现状与发展展望 ………………………………… / 002
　　二　河北省新型城镇化与经济发展 ……………………………… / 012
　　三　河北省新型城镇化水平综合评价 …………………………… / 020
　　四　河北省各设区市新型城镇化发展基本特征 ………………… / 024
　　五　促进河北省新型城镇化发展的政策建议 …………………… / 041

BⅡ 分报告

B.2　制度建设与河北省新型城镇化 ………………… 张　贵　苑佳佳 / 045
B.3　产业发展与河北省新型城镇化 ………………… 金　浩　张玉苗 / 073
B.4　社会管理创新与河北省新型城镇化
　　　………… 李金海　孔金平　王小春　王　颖　文太林　刘新圣 / 098
B.5　教育培训与河北省新型城镇化协同发展 ……… 刘　兵　梁　林 / 125
B.6　乡村文化转型与河北省新型城镇化
　　　………………………………… 冯石岗　张慧芝　辛　宇 / 152
B.7　综合承载力与河北省新型城镇化 ……………… 武义青　王树强 / 180

BⅢ 专题报告

B.8 京津冀区域统筹发展与河北省新型城镇化 …… 王春艳 裴桂芬 / 215

B.9 河北省新型城镇化的典型案例比较与分析
　　……………………………… 杨　君　魏进平　刘　沙 / 234

BⅣ 附录

B.10 数据处理及测量方法 ………………………………………… / 271
B.11 调查问卷 …………………………………………………… / 274

CONTENTS

B I General Report

B.1 New Urbanization: Strategic Choice for Transformation
of Economic Development Mode in Hebei
      Ma Shuqiang, Zhang Gui, Wang Yajie, Shi Haiyang and Ma Linjing / 001

  1. *Economic Situation and Development Prospect in Hebei* / 002

  2. *New Urbanization and Economic Development in Hebei* / 012

  3. *Comprehensive Evaluation of the Level of New Urbanization in Hebei* / 020

  4. *Basic Characteristic of New Urbanization Development Urban in Hebei* / 024

  5. *Policy Recommendations to Promote the Development of New Urbanization in Heibei* / 041

B II Subsidiary Reports

B.2 Institution Construction and New Urbanization in Hebei
      Zhang Gui, Yuan Jiajia / 045

B.3 Industrial Development and New Urbanization in Hebei
      Jin Hao, Zhang Yumiao / 073

B.4 Social Management Innovation and New Urbanization in Hebei
Li Jinhai, Kong Jinping, Wang Xiaochun, Wang Ying, Wen Tailin and Liu Xinsheng / 098

B.5 The Synergistic Development among Education, Training and New Urbanization in Hebei　　*Liu Bing, Liang Lin* / 125

B.6 Transformation of Rural Culture and New Urbanization in Hebei　　*Feng Shigang, Zhang Huizhi and Xin Yu* / 152

B.7 Comprehensive Carrying Capacity and New Urbanization in Hebei　　*Wu Yiqing, Wang Shuqiang* / 180

B III Special Reports

B.8 Regional Co-ordination in Beijing-Tianjin-Heibei and New Urbanization in Hebei　　*Wang Chunyan, Pei Guifen* / 215

B.9 The Comparison and Research of the Typical Cases about New Urbanization in Hebei　　*Yang Jun, Wei Jinping and Liu Sha* / 234

B IV Appendix

B.10 Data Processing and Measurement Methods　　/ 271

B.11 Questionnaire　　/ 274

总 报 告

General Report

B.1
新型城镇化：河北省转变经济发展方式的战略选择[*]

马树强　张　贵　王雅洁　石海洋　马林靖[**]

摘　要： 2013年，河北省经济在转变发展方式的过程中保持了良好势头，经济增长速度稳健回归、经济增长动力结构逐步改善、产业结构进一步优化、物价上涨得到有效控制、居民收入有所提高。展望2014年，预计河北省经济在转型过程中将继续保持平稳较快增长的态势，物价涨幅将趋于平稳。新型城镇化将是河北省

---

[*] 本报告是河北省软科学基地重点项目"河北省新型城镇化与京津冀区域统筹发展研究"（批准号：134576225D）、"京津功能疏解、新增长极培育与河北省战略选择"（批准号：134576222D）、河北省宣传部中青年社科专家"五十人工程"、河北省教育厅"百名优秀创新人才支持计划Ⅱ"和河北省发展和改革委员会资助课题的阶段成果。

[**] 马树强，河北工业大学教授、博士生导师；张贵，河北工业大学教授、博士生导师；王雅洁，河北工业大学讲师、博士；石海洋，河北工业大学硕士研究生；马林靖，河北工业大学副研究员、博士。

下一轮经济发展的主要着力点,然而,城镇化对推进河北省经济发展有积极作用,但经济发展对城镇化的拉动作用却有限。进一步测度河北省新型城镇化水平及分析各设区市城镇化发展特征后得知,河北省各设区市新型城镇化发展水平极不平衡,同一城市内部不同维度的发展也存在明显差异,而且与经济发达国家和地区相比,差距较大。

关键词:

新型城镇化　经济发展　战略选择

一　河北省经济现状与发展展望

(一)2013年河北省经济运行特点分析

在复杂多变的国内外环境下,2013年河北省经济不仅实现了来之不易的适度稳定增长,而且在调结构、转方式等方面迈出了坚实的步伐。

1. 经济增长速度稳健回归

如图1所示,从河北省GDP季度增速来看,2013年一季度增长9.1%,二季度增长8.7%,三季度增长8.5%,连续三个季度下降,延续了2012年经济增速逐季回落的态势。事实上,从2010年三季度开始,GDP增长率出现了连续13个季度下滑的趋势。特别是从2012年一季度开始,连续"破十",2013年二季度、三季度均已"破九"。受国际环境的制约,以及国内宏观经济政策重点开始转向"促改革、调结构、稳增长"的影响,河北省经济增长速度有所放缓。

与此同时,河北省2013年前三个季度的工业增加值增速承接2011年下半年的放缓趋势,而随着稳增长政策效果的初步显现,工业增速逐月回升。如图2所示,1~2月规模以上工业增加值增长12.2%,3月增长11.8%,4月增长12.2%,5月增长11.9%,6月增长7.3%,7月增长10%,8月增长13%,9月增长8.8%,基本上都低于2012年同期增长水平,在7.3%~12.2%浮动,总体保持平稳增长。

新型城镇化：河北省转变经济发展方式的战略选择

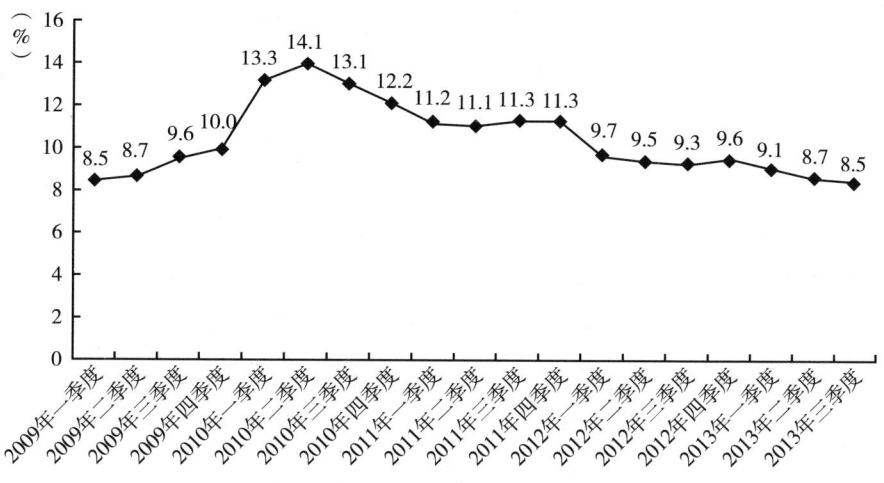

图 1　河北省 GDP 季度增速（2009～2013 年）

资料来源：河北省统计局。

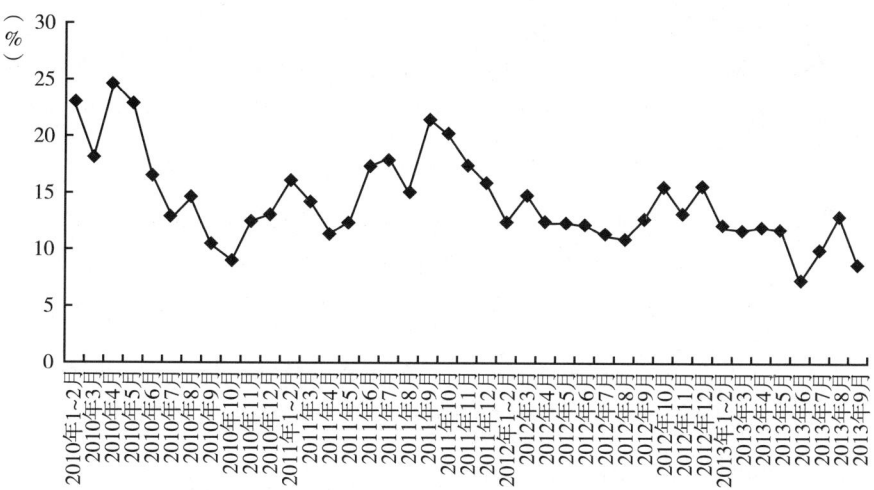

图 2　河北省月度规模以上工业增加值增长率（2010 年 1 月至 2013 年 9 月）

资料来源：河北省统计局。

2. 经济增长动力结构改善

从河北省经济增长动力结构来看，对外贸易保持平稳增长，贸易顺差收窄；消费需求对经济增长的拉动作用有所增强；受国家宏观调控政策的影响，投资增速有所减缓。消费对经济增长的贡献率持续增长，2013年前三季度河北省GDP同比增长8.5%，其中4.7个百分点由消费拉动，仅次于投资拉动的4.9个百分点，其贡献率也比全国平均水平的45.9%高出10个百分点[1]。

(1) 对外贸易企稳回升

2013年1~9月，河北省对外贸易进出口总额为408亿美元，比上年同期增长7.4%。其中，累计出口总额为230.2亿美元，与上年同期相比增长3.3%。一般贸易出口192.2亿美元，比上年同期增长2.8%，加工贸易出口32亿美元，比上年同期减少0.3%。钢材、纺织服装、农产品仍是拉动河北省出口的主要产品。河北省在出口增长的同时，进口也保持着较高的增长速度。2013年1~9月，进口177.8亿美元，增长13.3%，仍以资源产品进口为主，高新技术产品进口相对较少。进口的快速增长主要是受铁矿石、服装、农产品、煤等进口快速增长的影响，内需增长的拉动作用不很明显。

(2) 消费保持较快增长

河北省采取了一系列开拓市场、扩大消费的新举措，消费品市场运行平稳，城乡市场同步增长。2013年1~9月，河北省实现社会消费品零售总额2529亿元，增长13.3%。图3表明，从2011年开始，城镇居民的全社会消费品零售总额呈稳中有降态势，从2013年开始逐季回升；从2011年开始，农村居民消费品零售总额保持较快增长，但增速有所回落，进入2013年以后，第一季度增速为近年最低，但二、三季度有所反弹。2013年前三季度消费需求对经济增长的贡献率达到55.9%，比上年同期提高11.4个百分点[2]。总体来看，全社会消费品零售总额保持较快增长，对经济增长的拉动作用有所增强。

(3) 投资增速有所回落

"固定资产投资"被称为经济增长的重要引擎，其稳定增长和结构改善对经济运行的速度和质量至关重要。如表1所示，河北省固定资产投资增速有所回

---

[1]《消费成河北经济增长持续动力　拉动增长4.7个百分点》，新华网河北频道，http://www.he.xinhuanet.com/news/2013-10/25/c_117870320.htm。

[2]《消费成河北经济增长持续动力　拉动增长4.7个百分点》，新华网河北频道，http://www.he.xinhuanet.com/news/2013-10/25/c_117870320.htm。

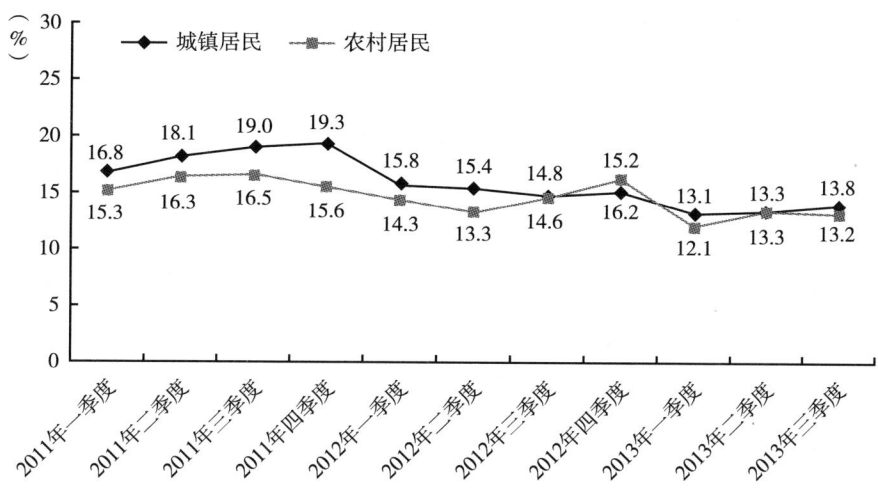

图 3　河北省季度全社会消费品零售总额增长率（2011～2013 年）

资料来源：河北省统计局。

落，2013 年 1～9 月固定资产投资完成 16571.2 亿元，增长 18.8%，较上年同期降低了 2.6 个百分点。其中房地产开发投资完成 3333.1 亿元，增长 3.7%，增速比 2012 年同期提升了 0.2 个百分点，占 2013 年已完成投资总额的 20.1%。

从投资的内外资源来看，2013 年 1～9 月，除房地产开发投资外，其余较上年同期均有所回落。内资企业投资增速较上年同期下降了 2.2 个百分点；港澳台企业的投资增速有所回落，较上年同期降低了 2.6 个百分点；外商投资增速大幅下滑，同比增速较上年同期下降了 15.9 个百分点（见表 1）。这充分说明，随着国际经济走势的持续低迷，外部投资需求的增长动力逐步减弱，而内资企业投资及港澳台企业投资需求的主导作用进一步加强。

表 1　2012 年 1～9 月和 2013 年 1～9 月河北省同期固定资产投资增速对比

单位：%

投资类别	2012 年 1～9 月	2013 年 1～9 月
全社会固定资产投资增速	21.4	18.8
内资企业投资增速	21.4	19.2
港澳台企业投资增速	21.8	19.2
外商投资增速	14.5	-1.4
房地产开发投资增速	3.5	3.7

资料来源：河北省统计局。

3. 产业结构进一步优化

（1）第三产业比重逐步提高

如图4所示，2012年河北省三次产业结构的比例为12∶52.7∶35.3，与2011年相比，第一产业比重提高了0.3个百分点，第二产业提高了1.3个百分点，第三产业降低了1.6个百分点。可见自2003年起，河北省第三产业所占比重逐步提高，第一产业逐步下降，第二产业平稳增长，说明河北省三次产业结构正在逐步优化。

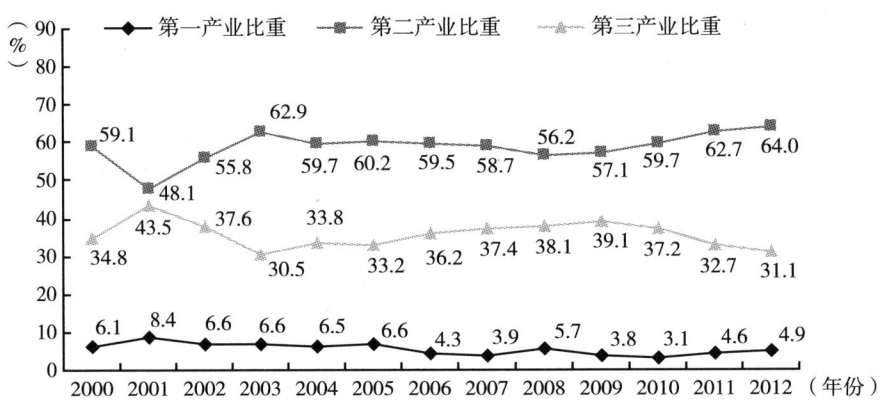

图4　河北省三次产业所占比重（2000～2012年）

资料来源：《河北经济年鉴2013》，河北省统计局。

（2）农业产业化发展较快

2012年，河北省农业产业化经营保持较快发展态势，经营总量达到5394.3亿元，比上年增长13.4%；产业化经营率达到61.5%，比上年提高1.5个百分点。从产业类型看，蔬菜产业仍居各产业首位，皮革加工产业和粮食产业分列第二、第三位。2013年上半年，河北省农业产业化继续保持增长，经营总量达到2313.4亿元，比2012年同期增长16.7%。

2013年上半年，全省农产品生产（加工）基地发展迅速，总数达到633个，实现销售产值1004.2亿元，比2012年同期增长20.9%；全省农产品生产（加工）基地联系农户数为762.2万户，比2012年同期增长2.6%。全省龙头经营组织快速发展，达到1662个，实现销售总额1309.3亿元，比2012年同期增长14.2%，其中龙头企业（集团）1388个，比2012年增加50个，实现销售总额2496.5亿元，比2012年同期增长2.4%。

(3) 高新技术产业发展势头良好

河北省加快推动战略性新兴产业发展和传统产业优化升级，积极落实支持高新技术产业发展的各项政策，使其保持了良好的发展势头。2012年，全省规模以上高新技术产业完成工业增加值1301.0亿元，同比增长15.6%，高于规模以上工业2.2个百分点；高新技术产业工业增加值占全部规模以上工业的11.8%，比上年提高1.3个百分点；实现主营业务收入5229.7亿元，增长11%。高端装备制造、新材料、电子信息、生物和新能源五大领域在河北省高新技术产业中居于主导地位，2012年共完成增加值1274.2亿元，占高新技术产业的97.9%。其中高端装备制造业实现增加值556.0亿元，占高新技术产业的42.7%，同比提高0.6个百分点。从增速来看，新材料和生物两个领域增长较快，新材料领域增长20.7%，生物领域增长20.6%，增速分别高于全省高新技术产业平均水平5.1个和5个百分点。

4. 物价上涨势头初步得到控制

(1) 居民消费价格水平总体稳定

如图5所示，2013年，河北省居民消费价格指数同比增长3%，比2012年上涨0.4个百分点，2月因受春节影响涨幅最高，随后有所降低。八大类商品和服务价格中除交通和通信下降0.3个百分点外，其余七类全部上涨。其中，食品上涨5.9%，烟酒上涨0.6%，衣着上涨2.7%，家庭设备用品及维修服务上涨1.4%，医疗保健和个人用品上涨1.9%，娱乐教育文化用品及服务上涨1.7%，居住上涨2%。食品类仍是带动价格上涨的主要力量，影响整个CPI总同比上涨1.86个百分点，影响度为62%。粮食、蔬菜、肉类及其制品价格上涨，成为拉动食品类CPI上升的主要因素。

(2) 工业生产者出厂价格和购进价格双双下滑

受市场供求关系影响，2013年河北省工业生产者出厂价格和购进价格同比分别下降3.4%和3.2%，延续了涨幅回落的走势。工业生产者出厂价格和购进价格涨幅连续回落，对CPI的传导压力减弱，是2013年CPI涨幅回落的重要原因。

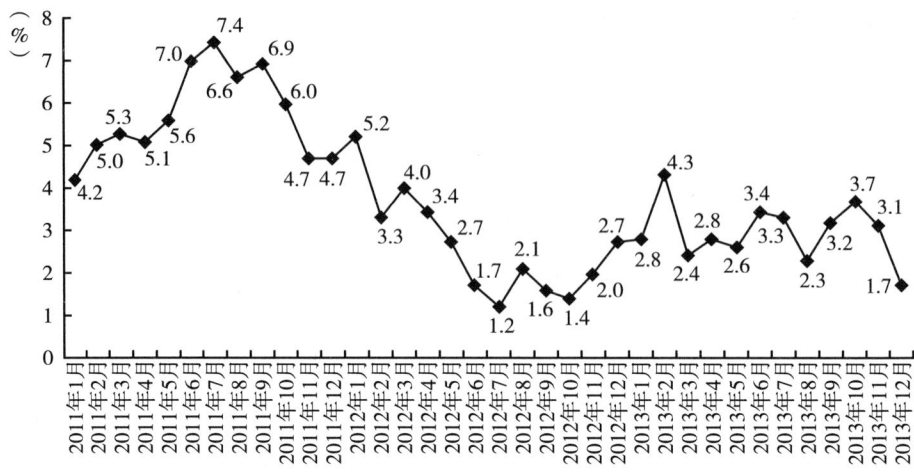

图5　河北省每月CPI（2011～2013年）

资料来源：中国财经网。

5. 居民收入有所增长

2013年河北省城镇居民家庭人均总收入24143元，增长9.9%，增速同比放缓1.9个百分点；农村居民人均现金收入9102元，增长12.6%。农村居民人均现金收入增速高于城镇居民人均总收入增速2.7个百分点。城镇居民和农村居民的人均收入增长速度均高于同期8.2%的GDP增速。

如表2所示，从居民收入结构来看，工资性收入和财产性收入是主要组成部分。与城镇居民相比，农村居民的工资性收入、财产性收入的增速较快，转移性收入增长也比较快，经营性收入增速较慢。农村居民现金收入增长较快，得益于其工资性收入和财产性收入的增长。

表2　2013年河北省居民收入情况

单位：%

收入类别	城镇居民同比增长	农村居民同比增长
人均工资性收入	10.9	17.1
人均经营净收入	8.5	7.0
人均财产性收入	10.5	15.4
人均转移性收入	9.5	12.6

资料来源：河北省统计局。

（二）2014年河北省宏观经济运行态势的总体判断

1. 经济增长仍将保持适度稳定

从国际环境来看，发达国家经济复苏缓慢。受就业继续复苏、房地产快速增长、居民消费回暖、私人投资增长较快等利好因素的影响，美国经济开始复苏，但受财政紧缩和退出量化宽松政策等限制因素的制约，美国经济仍难以摆脱低速复苏的趋势。欧洲经济虽然趋于稳定，但欧债危机给欧洲经济带来的深层次破坏作用还在持续显现。作为世界经济中重要经济体的美国和欧洲经济走势仍不明朗，这将使2014年的世界经济继续维持低速增长的局面。

从国内环境来看，在中央政府出台的系列稳增长、促改革和调结构等措施的支持下，2013年我国经济总体趋于平稳，增长速度处于合理区间，但仍受实体经济增长缓慢、金融系统性风险加大、地方债务风险不断暴露及资源、劳动力成本上升等不利因素的影响。

2013年，河北省经济增长出现了明显的减速，全年累计经济增速只有8.2%。河北省在2013年下大决心推动工业升级和环境治理，严控"两高"行业盲目扩张，强化节能、降碳、减排考核目标的刚性约束，这在推动经济发展方式转变的同时，对经济增长形成了一定的制约。2014年，资源约束日趋严重、产业结构升级缓慢、地区经济发展不协调、贫困地区生存与发展问题日益严重等问题将制约河北省的经济增长。

但在2014年，一些有利因素也将促进河北省的经济增长，例如，《首都经济圈发展规划建议稿》已形成；与北京市签署了《北京市—河北省2013至2015年合作框架协议》，根据该协议，两地在着力打造首都经济圈、共同推进北京新机场建设、共同促进首钢在唐山做大做强、全面开展科技创新和成果转化合作、共同创建区域优美环境、共同深化服务业合作、支持张承地区产业发展等方面达成共识；与天津市签署了《天津市河北省深化经济与社会发展合作框架协议》，根据该协议，津冀两地将在推进区域一体化进程、完善交通网络体系、深化港口物流合作、提高水资源保障能力、推动产业转型升级、加强科技研发合作、加强农副产品对接、加快旅游会展融合、拓宽金融合作领域、建立合作协调机制十个方面进一步深化合作；积极推动新型城镇化建设工作等。综合考虑上述各种因素，2014年河北省GDP年度增速将有小幅上升。

2. 经济增长的动力仍较强

（1）出口将小幅增长

尽管近年来各种形式的贸易保护主义有所抬头，潜在通胀和资产泡沫压力增大，世界经济低速增长，但2013年1~9月，河北省进出口仍呈增长态势，较2012年同期均有所增加。随着世界经济走势的小幅回升，以及河北省出口商品结构优化和在新兴市场上的不俗表现，河北省面临的出口环境将会进一步改善，从而有利于出口保持平稳增长。从月度走势看，2013年1~9月河北省进出口增速均出现前高后低、再反弹的特点，预计河北省2014年全年出口增速将继续小幅上升。

（2）消费需求仍将稳定增长

首先，从国际形势看，欧、美、日等发达经济体新一轮的量化宽松政策导致全球流动性增加，输入性通胀压力可能重新抬头，价格上行压力增大；从国内形势看，国内经济回暖，在中央扩大内需、改善消费环境等宏观调控政策的影响下，河北省消费品市场迎来了新的发展契机。其次，2013年，河北省继续贯彻落实各项促消费政策，如积极实施六项消费重点工程，提高商贸服务水平，深入实施"万村千乡市场工程"，深入开展"消费促进月"等促销活动，及大力发展电子商务等，都创造了良好的消费环境，促进了消费市场的发展，从而推动消费品市场稳定健康发展。再次，居民消费观念逐渐发生转变，从商品消费向服务型、享受型和发展型消费转变。最后，随着居民收入水平的提高，消费支出不断增加。因此，社会消费品零售总额增速将继续保持缓慢上升趋势，预计2014年河北省社会消费品零售总额增长率的年度增速将小幅上升。

（3）投资增幅将有所提高

河北省投资增长的政策环境依然较好。积极推进交通基础设施建设，城市市政基础设施建设，继续实施百项重点工程建设；以首都新机场建设为切入点，积极推进城际铁路、城市轻轨、客运专线、高速公路建设；积极推动民生业务发展，加大对保障性住房、中小企业、水利建设、基层医疗等民生或薄弱领域的信贷支持力度；以推动新型城镇化建设为重点，全力落实贷款发放；完善曹妃甸区、渤海新区、北戴河新区产业发展、综合交通、功能区建设、岸线开发等专项规划。但房地产调控仍在持续，清理地方融资平台、降低地方政府偿债风险等政策的实施，以及能源、生态环保制约的凸显，将在一定程度上限制固定资产投资速度的增长。预计2014年河北省固定资产投资增速将略有减缓，增速适中。

3. 产业结构将进一步优化

农业产业化是现代农业的发展方向，能够使农民增收，是河北省今后一段时间内的农业农村工作的重要抓手。制造业方面，2013年河北省节能减排力度有所加大，陆续出台了《河北省大气污染防治行动计划实施方案》《河北省大气污染防治科技工程实施方案》等70多个重要文件，推出近300条措施促进产业结构、能源结构的调整以及大气污染的综合整治。河北省节能减排工作取得了一定进展，但淘汰落后产能，推动钢铁、水泥、石化、建材等产业的结构升级依然是河北省2014年的工作重点。近年来，河北省的高新技术产业保持了良好的发展势头，但仍存在诸如规模小、创新力不强、缺乏领军人才等问题，但随着京津冀一体化进程的加快，借助京津良好的科技和智力资源，河北省高新技术产业将迎来快速发展的契机，对区域经济起到服务带动作用。2014年，河北省的产业结构将进一步优化，保持持续健康发展。

4. 物价涨幅总体趋稳

2013年，虽然有一些导致物价上涨的因素存在，例如由美、日等发达经济体新一轮量化宽松政策导致的输入性通胀、劳动力成本上涨及资源品价格改革等，但是2013年河北省居民消费价格水平同比上涨3%，总体保持在较低水平。在通胀压力减弱、继续实施稳定的货币政策等稳定物价的有利条件影响下，河北省价格总水平出现全面、大幅上涨的可能性较小。随着国际、国内经济的缓慢复苏，2013年工业生产者出厂价格指数和购进价格指数呈现触底回升的走势，但河北省工业产能较大，供大于求的格局短期内不会改变，工业品价格将基本保持稳定。预计2014年河北省物价涨幅将总体趋稳。

二 河北省新型城镇化与经济发展

近年来,国际环境不确定性增加,全球经济仍处于深度结构调整之中,我国经济增长放缓已成为不争的事实。因此,转变经济发展方式,注重经济质量的改善和提高是我国经济发展的关键。中共十八大报告再次提出要加快完善社会主义市场经济体制和加快转变经济发展方式。

新型城镇化将是这轮发展方式转变的新的着力点。十八大报告提出的"新四化"——新型工业化、信息化、城镇化和农业现代化,成为我国未来二三十年经济可持续发展的主要抓手。新型城镇化是中国经济发展方式转变的重心所在,只有发挥以城镇化带动工业化、以工业化促进城镇化机制的作用,才能有效保障经济社会持续稳步的发展,实现消费结构快速升级和全面建成小康社会的目标①。

河北省第八次党代会报告指出,加快新型城镇化进程是河北省实现"经济强省、和谐河北"的战略目标的重大选择。新型城镇化是省委、省政府贯彻落实科学发展观,加快转变经济发展方式的重大决策。现有研究表明,城镇化与经济发展之间存在一定的因果关系②。在河北省新一轮的城镇化建设中,到底该如何处理城镇化与经济发展之间的关系呢?换句话说,现阶段河北省的城镇化建设有没有推动经济发展?反过来,经济发展对城镇化的拉动作用又如何?对这一问题的回答,对河北省制定新型城镇化发展战略至关重要。

(一)变量和数据

本报告以城镇非农业人口或城镇人口占总人口的比重,即城镇化率作为城镇化指标的代表,并以 u 表示。选取人均 GDP 作为经济发展的代表变量,并

---

① 王国刚:《城镇化:中国经济发展方式转变的重心所在》,《经济研究》2010年第12期。
② 朱孔来、李静静、乐菲菲:《中国城镇化进程与经济增长关系的实证研究》,《统计研究》2011年第9期。
Brückner, M. "Economic Growth, Size of the Agricultural Sector, and Urbanization in Africa", *Journal of Urban Economics*, 2012, 71 (1): 26–36.

以1978年为基期折算成实际值,以 g 表示。计算时,对指标进行自然对数处理,记为 lnu 和 lng,以消除可能存在的异方差。

(二)VAR模型的建立和实证检验

由于本模型采用时间序列数据,为了避免产生伪回归,在建立VAR计量模型之前必须对数据进行平稳性检验。

1. 变量的平稳性检验

为了避免产生伪回归,在构建向量自回归模型(VAR)之前,首先进行变量的平稳性检验(见表3)。

表3 各变量的平稳性检验

变量	lnu	Δlnu	lng	Δlng
ADF	-0.37	-4.39	-1.16	-2.72
1%临界值	-3.77	-3.79	-3.86	-3.81
5%临界值	-3.00	-3.01	-3.04	-3.02
10%临界值	-2.64	-2.65	-2.66	-2.65
结论	不平稳	平稳	不平稳	平稳

根据以上ADF单位根检验结果,并参考AIC、SC准则选择滞后期,得到结论:lnu 的一阶差分序列在1%的显著性水平下是平稳的,lng 的一阶差分项在10%的显著性水平下是平稳的。因此,需要对模型包含的变量进行协整检验。

2. VAR模型滞后阶数与协整检验

向量自回归是基于数据的统计性质建立模型,把系统中每一个内生变量作为系统中所有内生的滞后值的函数来构造模型,从而将单变量自回归模型推广到由多元时间序列变量组成的"向量"自回归模型。VAR模型通常用于相关时间序列系统的预测和随机扰动对变量系统的动态冲击,从而解释各种经济冲击对经济变量形成的影响。一般的向量自回归模型数学表达式为:

$$y_t = A_0 + A_1 y_{t-1} + A_2 y_{t-2} + \cdots + A_p y_{t-p} + B_1 X_t + \cdots + B_q X_{t-q} + U_t \quad (1)$$

式(1)中,y_t 是 m 维内生变量向量,X_t 是 r 维外生变量向量,A_0,A_1,A_2,$\cdots$,A_p 和 B_1,$\cdots$,B_q 是待估计的参数矩阵,内生变量和外生变量分别有 p

和 q 阶滞后期，U_t 是随机误差项。

VAR 模型的一个重要问题就是滞后阶数的确定。在选择滞后阶数时，既要有足够的滞后阶，又要有足够的自由度。一般根据赤池准则（AIC）和施瓦茨信息准则（SC）确定模型的阶数。根据 AIC 检验，建立最大滞后阶数为 2 的 VAR 模型。

在 VAR 模型估计的基础上，用 Johanson 协整检验来检验 lnu、lng 是否存在长期协整关系，检验结果如表 4 所示。结果表明，迹统计量和 λ - max 统计量在 5% 的显著性水平下均拒绝"0 个协整向量"，而接受存在"至少一个协整向量"的原假设，说明 lnu 和 lng 之间存在协整关系，即河北省的城镇化和经济增长之间存在长期均衡的关系。标准化的协整方程（括号中数字为 t 值）为：

$$lng = 1.52 lnu - 3.86$$
$$(15.48)(-27.52)$$
$$R^2 = 0.92, F = 239.72$$

根据协整方程可知，河北省城镇化与经济增长正相关，城镇化每增加 1%，则 GDP 增加 1.52%。

表 4　Johanson 协整检验结果

原假设	迹统计量	5%临界值	P 值	λ - max 统计量	5%临界值	P 值
0 个协整向量*	38.10	15.49	0.00	36.71	14.26	0.00
至少 1 个协整向量	1.39	3.84	0.24	1.39	3.84	0.24

注：* 表示在 5% 的显著性水平下拒绝原假设。

3. 脉冲响应分析

脉冲响应函数刻画的是，在扰动项上加一个标准差大小的冲击对于内生变量当前值和未来值的影响。对于多变量的 VAR 模型，如果向量自回归过程是平稳的，则它可以写成一个白噪声向量的无限移动平均过程，即：

$$y_t = (I_k + C_1 L + C_2 L^2 + \cdots + C_p L^P + \cdots) U_t \qquad (2)$$

式（2）中，y_t 的第 i 个变量可以写成：

$$y_{it} + \sum_{j=1}^{k}\left[c_{ij}^{(0)} + c_{ij}^{(1)} u_{jt-1} + c_{ij}^{(2)} u_{jt-2} + c_{ij}^{(3)} u_{jt-3} + \cdots\right]$$

由 y_j 的脉冲引起的 y_i 的相应函数为：

$$c_{ij}^{(s)} = \frac{\partial y_{i,t+s}}{\partial u_{jt}}, (s = 0,1,2,\cdots, t = 1,2,\cdots,n) \tag{3}$$

VAR 模型的稳定性是脉冲响应分析的前提，本报告运用 AR 特征多项式的根的单位圆来检验 VAR 模型的稳定性，结果如图 6 所示。本报告所建立的 VAR 模型特征方程的根的倒数均位于单位圆之内，说明所建立的 VAR 模型是稳定的，可以进行脉冲响应分析和方差分解。

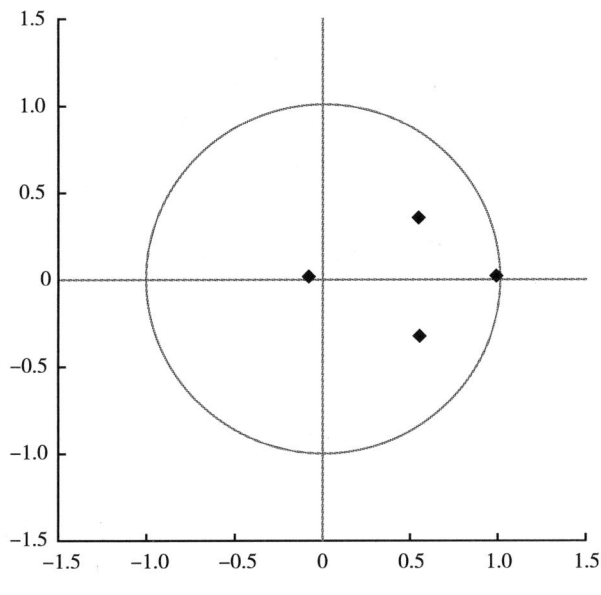

图 6　单位圆的平稳性检验

（1）城镇化率的冲击反应曲线分析

由图 7 可知，在本期给城镇化率 1 个百分点的正向冲击后，城镇化率从第 1 期开始缓慢上升，但上升的幅度逐渐减慢。第 1 期的增加幅度最大，接近 0.1 个百分点，随后上升速度变得缓慢，第 1 期至第 5 期下降较快，从第 6 期开始下降幅度减弱，且开始小幅度地逐渐上升，一直达到新的稳定状态。这说明，河北省城镇化率对其自身的冲击影响可引起城镇化率在一定时间内稳定提升。

图7还显示，在本期给人均GDP 1个百分点的扩张性冲击后，城镇化率从第1期开始反向下降，第2期时到达最低点，随后开始缓慢回升，从第5期开始出现正向反应，且增加的幅度较小，逐渐趋于稳定。这表明现阶段河北省经济发展对拉动城镇化发展的作用还十分有限。

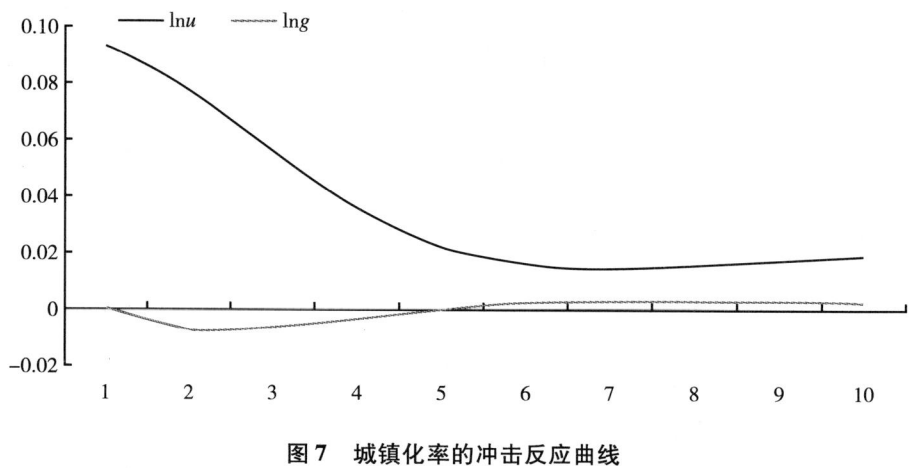

图7　城镇化率的冲击反应曲线

（2）经济发展的冲击反应曲线分析

如图8所示，在本期给城镇化率一个正向冲击后，人均GDP从第1期到第4期开始大幅度上升，第5期到第6期的增加幅度有所减缓，且在第6期达

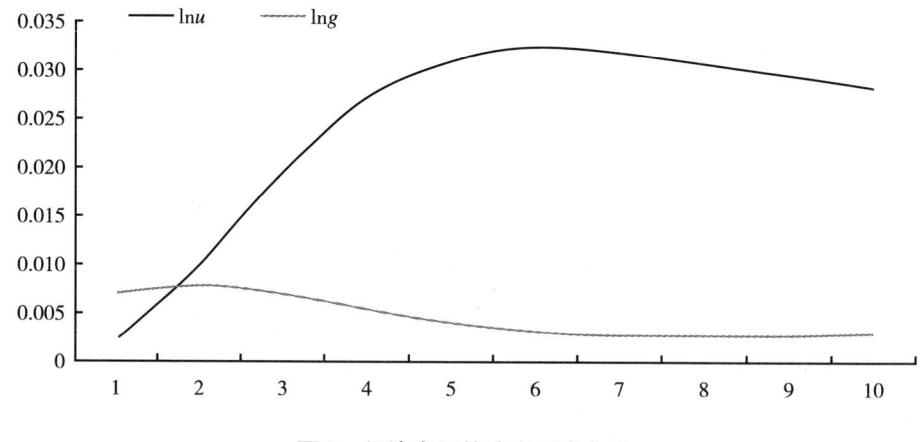

图8　经济发展的冲击反应曲线

到最大，第 7 期以后继续增长，但增长幅度与前 6 期相比有所下降，从第 7 期开始增长缓慢加速逐渐达到新的平衡状态。这说明，河北省城镇化水平对经济发展具有显著促进作用，引起一定时期内经济的稳定增长。

从图 8 还可以看出，人均 GDP 受自身的影响，对其增速有显著促进作用。当在本期给人均 GDP 一个正向冲击后，前 2 期增加的幅度最大，随后开始减弱，第 6 期以后逐渐达到新的均衡稳定水平。这表明河北省经济发展具有内在稳定性。

4. 方差分解

脉冲响应函数主要追踪系统对一个变量的冲击效果，而方差分解则主要测量内生变量冲击的重要性。本报告用其评估河北省城镇化率与人均 GDP 之间的相互贡献率。

本报告的方差分解模型为：

$$RVC_{ij}(s) = \frac{\sum_{q=0}^{s-1}(\varphi_{q,ij})^2 \sigma_{jj}}{VAR(y_{it})} = \frac{\sum_{q=0}^{s-1}(\varphi_{q,ij})^2 \sigma_{jj}}{\sum_{j=1}^{k}[\sum_{q=0}^{s-1}(\varphi_{q,ij})^2 \sigma_{jj}]} \quad (4)$$

其中，$\varphi_{q,ij}$ 是脉冲响应函数，σ_{jj} 是白噪声序列第 j 个分量的标准差，y_{it} 是自回归向量的第 i 个分量，$RVC_{ij}(s)$ 度量了第 j 个变量对第 i 个变量的影响。

在图 9 和图 10 中，横轴表示冲击作用的滞后期数，纵轴表示所有变量对所研究变量的贡献率。

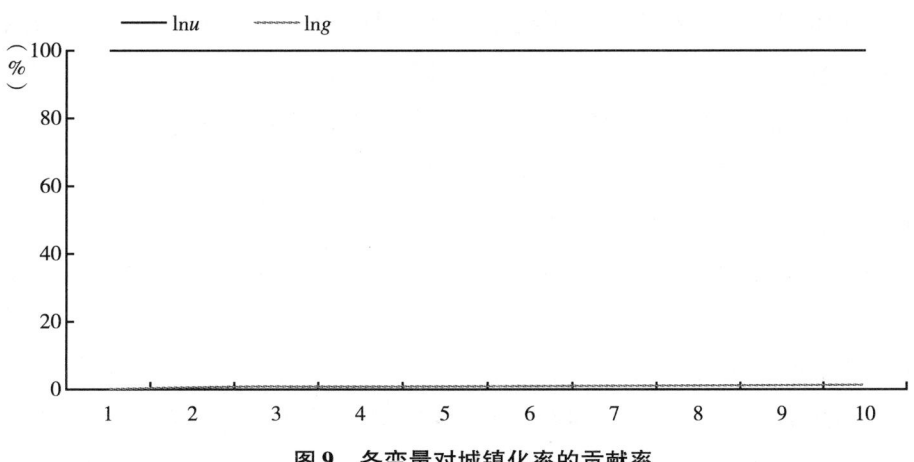

图 9　各变量对城镇化率的贡献率

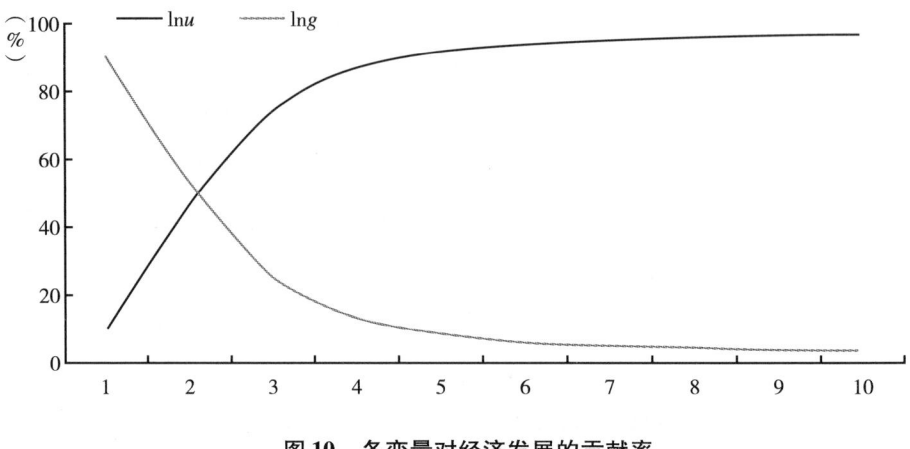

图 10　各变量对经济发展的贡献率

（1）各变量对城镇化率的贡献率

如图 9 所示，对河北省城镇化率影响最大的因素是其本身，从第 1 期开始就受到自身波动冲击的影响，而且持续影响了 10 期，每期的影响都几乎达到了百分之百。而经济增长对城镇化的冲击影响很小，相对于城镇化率的影响很微弱，几乎可以忽略不计。这一结果和前文用脉冲响应函数分析得出的结论相一致。理论上，经济发展可以提高劳动力和产业的集聚度，资源投入的使用效率是城镇化进程的重要推力，而实证分析的结果却表明经济发展对城镇化的拉动作用非常有限。

（2）各变量对经济发展的贡献率

由图 10 可知，对经济发展贡献率最大的是城镇化率，在第 1 期的贡献率仅为 10% 左右，随后大幅度上升，第 6 期以后上升幅度有所减缓，滞后 10 期其贡献率达到最大并趋于平稳。人均 GDP 本身的贡献率相对较小，第 1 期和第 2 期效果还很明显，特别是第 1 期达到 90%，随后开始大幅度下降，从第 4 期开始下降幅度减弱并逐渐趋于稳定。这一结果表明河北省的城镇化对经济发展的贡献较大，提高城镇化水平可以带动经济发展，该结果与前面的分析结论相一致。

5. 实证检验结论

脉冲响应函数和方差分解的检验结果都表明，就河北省现阶段而言，城镇化水平对推动经济发展有积极作用，而经济发展对城镇化发展所起的作用十分

新型城镇化：河北省转变经济发展方式的战略选择

有限。这一结果与朱孔来等人①的研究结论类似，他们的研究表明我国城镇化水平对经济增长有积极作用，而经济增长对城镇化的贡献却不是很大。城镇化对经济发展有促进作用，是因为城镇化能有效地改善产业结构、社会结构、就业结构、消费结构、空间结构等。世界发达国家的城镇化经验也表明，当工业化发展到一定程度时，第二产业比重将缓慢下降，第三产业比重则将不断上升。当工业化发展到一定阶段后，城镇化是调整经济结构、促进经济增长的新发动机②。在国内外需求低迷的大背景下，对于河北省来说，以往以高资源消耗为特征的粗放型发展方式将无法继续，而城镇化则是调整和优化经济结构、转变经济发展方式的重要途径。

经济发展对城镇化的拉动作用有限，主要有以下几方面原因：一是现阶段河北省城镇化率与经济发展不协调，近年来，河北省的地区生产总值一直位于全国前列，而河北省城镇化速度虽然增长较快，但一直低于全国平均水平，也滞后于河北省工业化水平，与产业支撑、就业、人口的吸纳能力不相适应；二是河北省城市规模偏小，中心城市的辐射带动能力不强，截至2013年末，在河北省11个设区市中，市区人口在100万人以上的仅有4个，总体城市规模偏小，难以形成有竞争力的城市群带动周边县域经济的发展；三是河北省实行的是粗放型的发展方式，资源被过度消耗，综合承载力不强，与京、津两地相比，除土地面积和交通略有优势外，水资源、环境容量、能源、市政和社会设施等方面均存在"短板"③；四是尽管河北省城镇化进程不断加快，城镇化规模不断扩大，但农民工的就业、社保、子女教育、居住、医疗卫生等基本权益没有得到很好的保障。就河北省现阶段的城镇化发展来说，仅靠经济投资推动已远远不够，必须有一系列的制度动力做保障。

2014年，河北省要积极推进新型城镇化建设，着力提升城镇化质量，切

---

① 朱孔来、李静静、乐菲菲：《中国城镇化进程与经济增长关系的实证研究》，《统计研究》2011年第9期。
② 马晓河：《城镇化是新时期中国经济增长的发动机》，《国家行政学院学报》2012年第4期。
③ 文魁、祝尔娟主编《京津冀发展报告（2013）——承载力测度与对策》，社会科学文献出版社，2013。

实解决现阶段城镇化进程中暴露出来的一系列问题,增强城镇化对经济发展的拉动作用,形成城镇化与经济发展的联动机制。

三 河北省新型城镇化水平综合评价

(一)样本选取及资料来源

本报告以国家统计部门提供的统计数据作为基础,评价河北省各市新型城镇化的质量。本报告通过对《河北经济年鉴2012》《中国城市统计年鉴2012》《中国区域经济统计年鉴2012》等权威性资料中各市有关的原始统计指标进行相关分析之后,在3个维度设计、筛选形成了36个原始或生成的指标,构建了河北省新型城镇化质量评价指标体系。

(二)构建新型城镇化质量评价指标体系的原则

全面性原则:新型城镇化质量评价指标体系是一个复杂的系统,选取的指标要尽可能覆盖评价的内容。

科学性原则:在选取指标时应该客观真实地分析指标的经济含义,依据其经济含义做出取舍。

可行性原则:选取的指标应有数据做支撑,并且具有可测性和可比性。

(三)指标体系框架的构建

本报告根据上述原则,结合新型城镇化的内涵和特征来构建新型城镇化质量评价指标体系。以河北省的11个设区市、作为考察对象,从反映新型城镇化水平的不同方面的内涵出发,构建新型城镇化质量评价指标体系,共分为3个维度,分别为经济发展、城市功能、社会稳定,共包括36个操作指标(见表5)。

表5　河北省新型城镇化质量评价指标体系

一级指标	二级指标	三级指标
新型城镇化发展水平	经济发展	
	经济规模	地区生产总值(万元)
		固定资产投资总额(万元)
		实际利用外资总额(万美元)
		社会消费品零售总额(万元)
	经济效率	人均地区生产总值(元)
		GDP增长率(%)
		财政收入占地区生产总值的比重(%)
	产业结构	规模以上工业增加值占GDP的比重(%)
		第三产业产值占GDP的比重(%)
	城市功能	
	城区水平	常住人口数(万人)
		建成区面积(平方公里)
		人口密度(人/平方公里)
		第三产业从业人员比重(%)
		城市固定资产投资总额占GDP的比重(%)
		城镇居民人均住房面积(平方米)
	城市设施	人均城市道路面积(平方米)
		万人拥有公共汽车数量(辆)
		城镇用水普及率(%)
		城镇燃气普及率(%)
		万人拥有互联网用户数(户/万人)
	社会稳定	
	社会保障	人均财政支出(万元/人)
		万人拥有病床数(张/万人)
		百人拥有公共图书馆藏书(册、件)
		城镇养老保险参保率(%)
		城镇医疗保险覆盖率(%)
		城镇失业率(%)
	生态环境	建成区绿化覆盖率(%)
		人均绿地面积(公顷/人)
		生活垃圾无害化处理率(%)
		污水集中处理率(%)
		城市空气质量达标天数(天)
		万元GDP耗煤(吨标准煤/万元)
	城乡统筹	城镇居民人均可支配收入(元)
		农村居民人均纯收入(元)
		城乡居民收入比
		城乡恩格尔系数差异程度

（四）构建评价模型

构建评价模型的关键在于确定各个指标的权重，本报告采用了熵值法来确定各指标的权重。根据熵的特性来判断一个事件的随机性及无序程度，某个指标的离散程度越大，该指标对综合评价的影响越大。基于此，熵值法模型如下。

（1）正向指标采用极大值标准化 $x'_{ij} = x_{ij}/\max x_{ij}$；逆向指标采用极小值标准化 $x'_{ij} = \min x_{ij}/x_{ij}$，则 x'_{ij} 为第 i 个地区的第 j 个指标的数值（$i=1$，2，…，n；$j=1$，2，…，m）。为了方便起见，仍记数据 $x'_{ij} = x_{ij}$。

（2）计算第 j 项指标下第 i 个地区占该指标的比重：

$$p_{ij} = \frac{x_{ij}}{\sum_{i=1}^{n} x_{ij}} \quad (i=1,2,\cdots,n, j=1,2,\cdots,m)$$

（3）计算第 j 项指标的熵值：

$$e_j = -k \sum_{i=1}^{n} p_{ij} \ln(p_{ij}), \text{ 其中，} k > 0, k = 1/\ln(n), e_j \geq 0。$$

（4）计算第 j 项指标的差异系数：

对第 j 项指标，指标值的差异越大，对方案评价的影响就越大，熵值就越小，定义差异系数：

$$g_j = \frac{1 - e_j}{m - E_e}$$

式中，$E_e = \sum_{j=1}^{m} e_j$，$0 \leq g_i \leq 1$，$\sum_{j=1}^{m} g_j = 1$。

（5）求权值：

$$w_j = \frac{g_j}{\sum_{j=1}^{m} g_j} \quad (1 \leq j \leq m)$$

（6）计算各地区的综合得分：

$$s_i = \sum_{j=1}^{m} w_j \cdot p_{ij} \quad (i=1,2,\cdots,n)$$

（五）评价结果分析

分别对经济发展水平、城市功能发展水平、社会稳定发展水平、新型城镇化综合发展水平的各个指标进行赋权，根据权重计算出综合水平的得分和排名情况（见表6）。

表6 2011年河北省各设区市新型城镇化发展水平综合得分

地区	新型城镇化发展水平综合得分	排名	城市	新型城镇化发展水平综合得分	排名
石家庄	0.7256	2	张家口	0.3744	9
唐 山	0.7854	1	承 德	0.3723	10
秦皇岛	0.5340	4	沧 州	0.4212	8
邯 郸	0.6090	3	廊 坊	0.4965	5
邢 台	0.4476	7	衡 水	0.3400	11
保 定	0.4932	6	平均得分	0.5090	

总体而言，唐山的新型城镇化发展水平最高，主要因为其具有强大的经济优势；石家庄位居第二，与其省会优势密切相关；邯郸位居第三，其他依次为秦皇岛、廊坊、保定、邢台、沧州、张家口、承德、衡水。表6显示，区域城镇化发展仍不平衡。11个设区市城镇化发展水平差距较大，城镇化发展水平综合得分最高与最低相差0.4454分。其中，唐山、石家庄、邯郸、秦皇岛4市城镇化发展水平高于全省平均水平，其他7市低于全省平均水平。

从城镇化的速度来看，以人口城镇化率代表城镇化速度，2011年河北省各设区市城镇化率，从高到低依次为唐山52.14%、石家庄52.01%、廊坊49.85%、秦皇岛48.45%、张家口46.42%、邯郸45.38%、沧州43.02%、邢台41.84%、承德40.71%、保定40.36%、衡水40.33%。与全省平均水平比较，唐山、石家庄、廊坊、秦皇岛4市高于全省，其他7市低于全省。以河北省各设区市人口城镇化率和新型城镇化发展水平得分的均值为正交坐标轴，绘制散点图描述各自的发展水平与发展速度情况，见图11。

图 11 表明，河北省各设区市在人口城镇化与新型城镇化发展水平对比上呈现出四种类型。高－高型：唐山、石家庄、秦皇岛，城镇化发展的速度与质量均高于河北省平均水平；高－低型，廊坊、张家口，城镇化的速度高于河北省平均水平但质量低于河北省平均水平；低－高型：邯郸，城镇化速度低于全省平均水平但质量高于全省平均水平；低－低型：邢台、沧州、保定、承德、衡水，城镇化的速度与质量均低于全省平均水平。

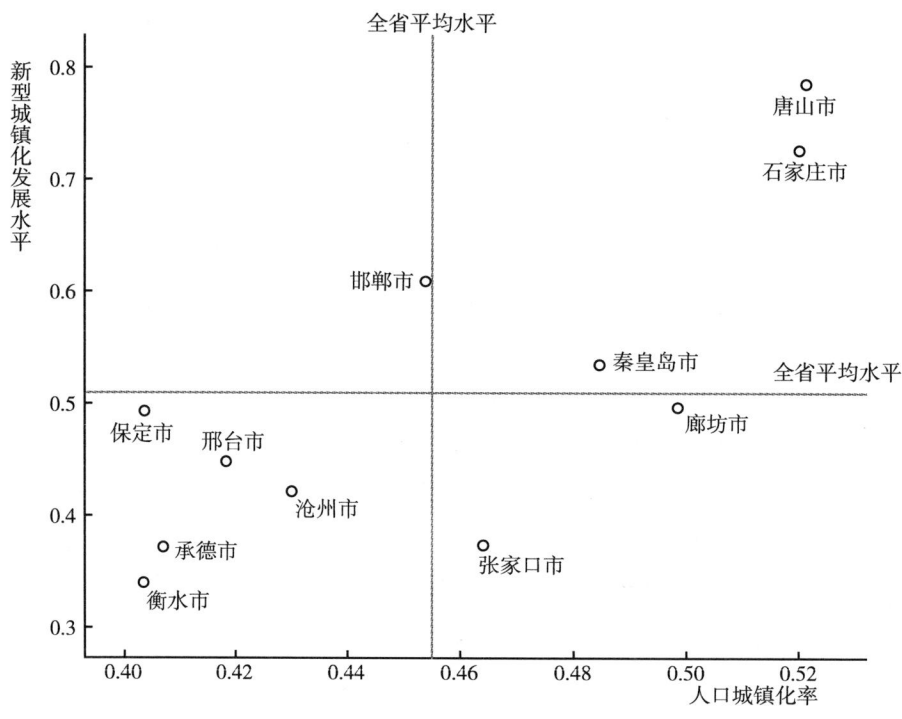

图 11 河北省各设区市城镇化率与新型城镇化发展水平整体比较

四 河北省各设区市新型城镇化发展基本特征

从总体水平来看，河北省城镇化水平偏低。从图 12 可以看出，河北省的城镇化水平一直低于全国平均水平，两者之间的差距经历了一个由缩小到扩大的阶段，在 2000 年时两者差距达到了一个最高峰，河北省的城镇化水平比全国总体低16.62个百分点。2000年之后，河北省的城镇化建设处于快速发展阶段，与全国平均水平的差距逐渐缩小；到2009年底，河北省城镇化水平与全国的差距达到最小，为2.86个百分点，但是随后差距又进一步加大。2013年全国城镇化率为53.73%，河北省为48%。同时，河北省地处沿海，从图13中看出，与其他沿海省份相比，河北省城镇化率相对落后，仅比广西略微高一些。

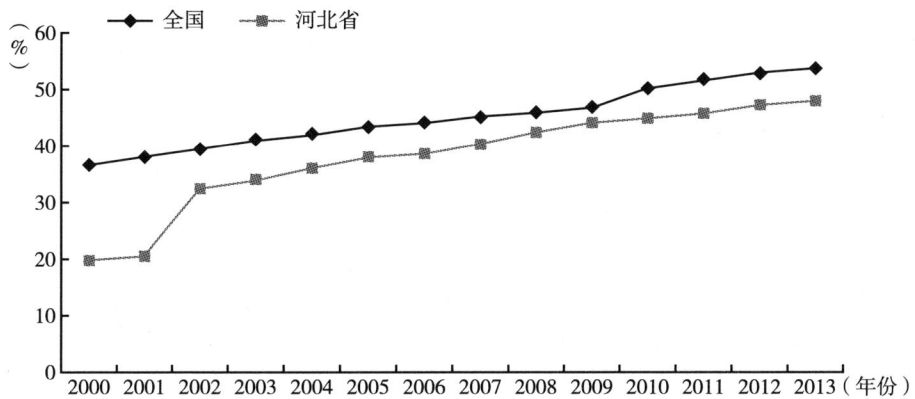

图12　河北省与全国城镇化率比较（2000～2013年）

资料来源：根据国家公布数据整理得出。

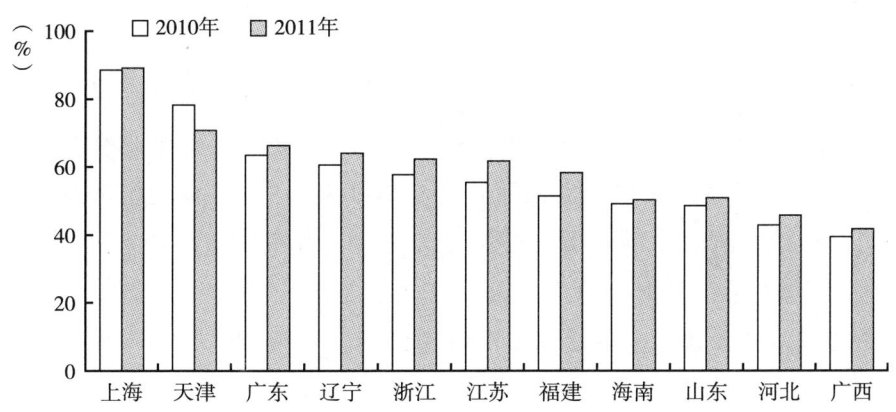

图13　河北与其他沿海省份城镇化率比较（2010～2011年）

资料来源：根据国家公布数据整理得出。

（一）河北省各设区市经济发展水平基本特征

新型城镇化要求城镇化的动力系统是新型工业化，倡导经济发展的集约高效。河北省具有比较完备的工业体系和较强的经济实力，2011年，河北省国民生产总值（GDP）达24585.91亿元，为推进新型城镇化提供了坚实的物质基础和充足的发展动力。但具体而言，各地区差异较大（见表7）。

表7　2011年河北省各设区市新型城镇化经济发展水平得分情况

城市	经济规模	排名	经济效率	排名	产业结构	排名	经济发展总得分	排名
石家庄	0.2001	2	0.0247	4	0.0221	8	0.2469	2
唐　山	0.2714	1	0.0358	1	0.0157	9	0.3229	1
秦皇岛	0.1007	7	0.0266	3	0.0122	11	0.1395	7
邯　郸	0.1657	3	0.0213	8	0.0287	5	0.2158	3
邢　台	0.0554	9	0.0163	10	0.0345	1	0.1062	8
保　定	0.1399	4	0.0175	9	0.0225	7	0.1799	4
张家口	0.0637	8	0.0217	7	0.0125	10	0.0979	9
承　德	0.0441	11	0.0229	5	0.0307	3	0.0977	10
沧　州	0.1131	6	0.0220	6	0.0326	2	0.1678	6
廊　坊	0.1160	5	0.0271	2	0.0294	4	0.1725	5
衡　水	0.0500	10	0.0157	11	0.0252	6	0.0908	11

在经济发展水平方面，唐山、石家庄、邯郸、保定、廊坊、沧州6市均高于全省平均水平，其余5市低于全省平均水平。但是可以看出作为沿海城市的秦皇岛，经济发展水平也紧随其后。2011年11月，河北沿海地区发展规划上升为国家战略，为河北省经济社会发展、城镇化建设带来了前所未有的机遇。2011年，沿海地区秦皇岛、唐山、沧州3市城镇人口已达853万人，增长3.1%，快于全省增速。沿海地区的快速发展，带动了城市综合实力的迅速提升。沿海3市生产总值同比增速高于全省水平，沿海3市市区完成生产总值占全部设区市的47.2%，全部财政收入比上年增长23.3%，占设区城市的41.1%；吸纳就业人员占设区城市的37.8%。这说明沿海地区的带动作用显著增强。

1. 经济规模分析

经济规模指标包含地区生产总值、固定资产投资总额、实际利用外资总额、社会消费品零售总额，分别用来研究地区的经济发展综合实力、投资规模、吸引外资能力以及总体消费能力。

地区生产总值衡量了一个地区的经济发展规模和创造财富的能力，2011年唐山地区生产总值位居全省第一，高达54424541万元。各设区市地区生产总值增长速度均超过了8%。这说明近年来河北经济规模在不断提高。

虽然河北省各设区市在2011年经济平稳较快发展，但是很多城市的增长是依靠投资拉动的，这种增长效率是非常低的。从图14中可以看出，只有唐山的固定资产投资率低于50%，其余各市均高于50%，张家口甚至达到了86%。由此可以看出，虽然河北省近年来在经济发展方面有了长足的进步，但是依靠固定资产投资来带动经济发展的情况依旧比较突出，缺乏内生增长能力。

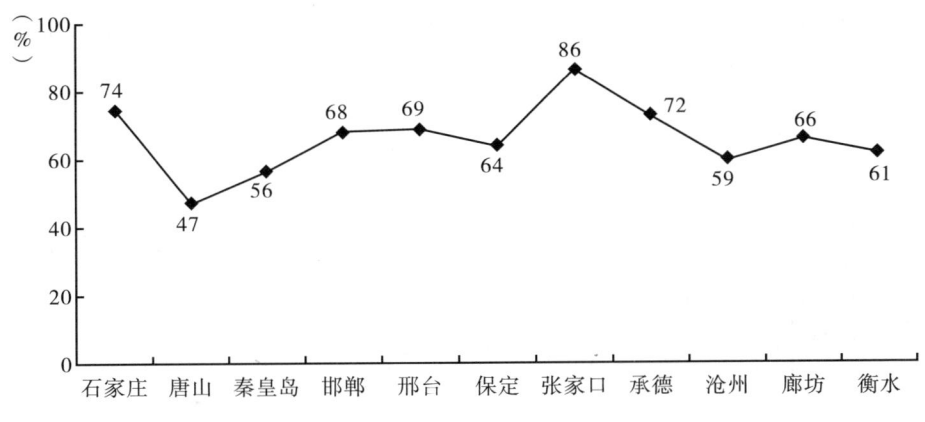

图14　2011年河北省各设区市固定资产投资率

资料来源：作者整理。

2011年河北省对外开放步伐加快，投资环境不断优化，全省实际利用外资总额继续增长。在各设区市中，唐山实际利用外资总额稳居全省第一，远远高于其他设区市。同时可以看出11个设区市利用外资情况极不均衡，极差高达106513万美元（见表8）。

表8 2011年河北省各设区市实际利用外资总额、社会消费品零售总额情况

城市	实际利用外资总额(万美元)	社会消费品零售总额(万元)
石家庄	36726	16629864
唐山	108123	13347990
秦皇岛	60195	3944468
邯郸	65546	8452018
邢台	1610	5420520
保定	44573	10184836
张家口	18681	3820468
承德	5695	3038803
沧州	29279	6838304
廊坊	57521	4931150
衡水	14723	3746588

资料来源：《中国城市统计年鉴2012》。

新型城镇化带来更多的不是对投资的拉动，而是对消费的拉动。2011年以来，河北省各地加快完善农村流通网络，提升城市商贸服务功能，全省消费市场呈现一派繁荣景象，全年消费总额达到8036亿元，各地消费水平均有不同程度的提高（见图15）。

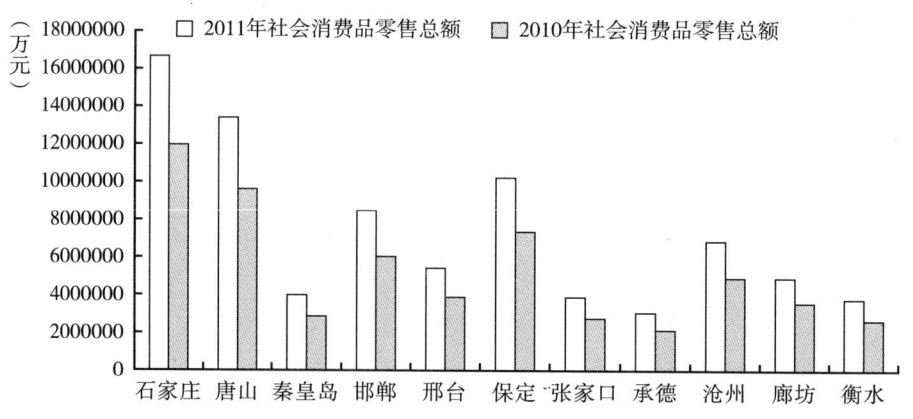

图15 河北省各设区市2010年、2011年社会消费品零售总额情况

资料来源：《河北经济年鉴2011》《河北经济年鉴2012》。

2. 经济效率分析

经济效率包括人均地区生产总值、GDP增长率、财政收入占地区生产总

值的比重,分别衡量的是人均创造财富的能力、经济发展的速度以及政府对公共资源调控的能力。

近年,河北省人均 GDP 已经接近全国平均水平,但省内发展很不均衡,人均 GDP 最高的唐山是最低的邢台的 3 倍多,这种区域内城市之间存在很大差距的现象在长三角、珠三角几乎不存在。

在 GDP 增长率方面,近 3 年河北省的复合增长率均高于全国平均水平,而且远高于京、津两地,并且各设区市的 GDP 增长率均保持在 8% 以上。这说明河北省近年来经济发展富有活力,一直保持着较快的增长势头,增长空间较大。

3. 产业结构分析

发达国家或地区的第三产业比重较高,一般占 GDP 的 70% 左右,发展中国家也占 50% 左右。从图 16 可以看出,2011 年,河北省的第三产业比重较低,即便是第三产业比重排名第一的秦皇岛也仅有 47.72%,不仅远落后于发达国家,也没有达到发展中国家的平均水平。唐山、邯郸、邢台、保定、承德、衡水 6 个城市的第三产业比重仅为 30% 左右,说明河北省整体第三产业比重不高,产业结构还不够合理。

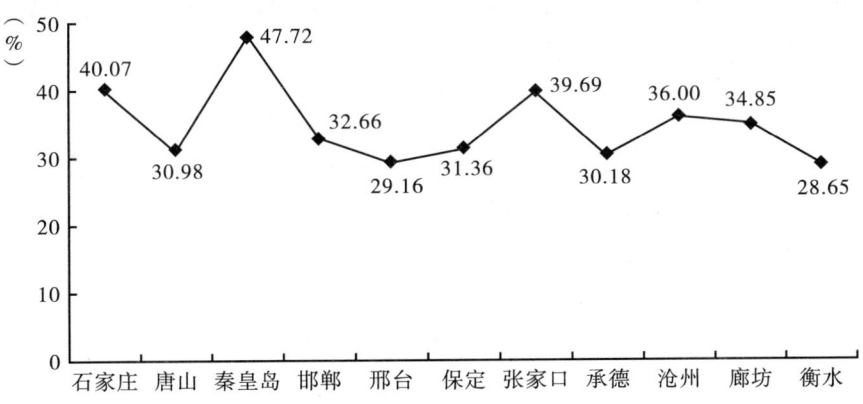

图 16　2011 年河北省各设区市第三产业产值占 GDP 的比重

资料来源:《中国城市统计年鉴 2012》。

(二)河北省各设区市城市功能发展基本特征

近年来,河北省城镇集聚能力增强,产业集聚与人口集聚相互促进,而且城市建设得到加强，综合承载能力不断提高，但具体到各市发展水平也有所差异（见表9）。

表9　2011年河北省各设区市城市功能发展水平得分情况统计

城市	城区水平	排名	城市设施	排名	城市功能发展总得分	排名
石家庄	0.1137	1	0.1418	2	0.2555	1
唐山	0.1045	2	0.1270	3	0.2315	2
秦皇岛	0.0541	9	0.1570	1	0.2111	3
邯郸	0.1030	3	0.0878	6	0.1908	4
邢台	0.0755	5	0.0718	8	0.1473	7
保定	0.0960	4	0.0621	9	0.1581	6
张家口	0.0466	10	0.0896	5	0.1362	9
承德	0.0459	11	0.0588	10	0.1047	11
沧州	0.0686	6	0.0573	11	0.1259	10
廊坊	0.0673	7	0.0749	7	0.1422	8
衡水	0.0560	8	0.1084	4	0.1644	5

1. 城区水平分析

城区水平反映了城镇人口集聚的能力，如表9所示，石家庄、唐山、邯郸分列城区水平前3位，而张家口和承德则位于后两位。图17显示，2012年河北省人口城镇化率排名前五位的依次为唐山、石家庄、廊坊、秦皇岛、张家口，且高于全省平均水平，其他地区则低于全省平均水平。这表明城市经济发展对人口向城镇集聚具有带动作用，对城镇化有促进作用。

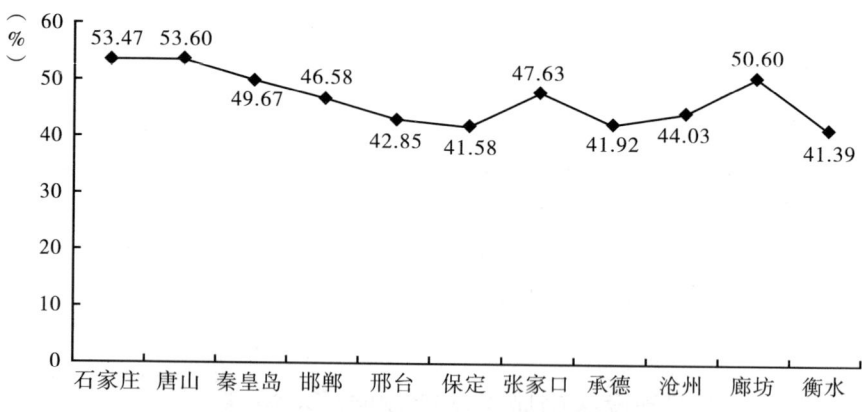

图17　2012年河北省各设区市人口城镇化水平

资料来源：河北省统计局。

随着河北省经济的发展，2011年全省县域城镇化率整体得到提高，以城镇化率排名前30的县（市）为例，有6个县（市）城镇化率在50%以上，20个在45%以上（见表10）。

表10 2011年河北省城镇化率排名前30的县（市）

城镇化率	县（市）
60%以上	三河市
50%~60%	唐海县、任丘市、黄骅市、邯郸县、香河县
40%~50%	辛集市、鹿泉市、正定县、迁安市、遵化市、泊头市、青县、冀州市、涉县、霸州市、涿州市、固安县、文安县、沙河市、大厂回族自治县、清河县、东光县、栾城县、万全县、定州市、高碑店市、孟村回族自治县、怀来县、磁县

在城镇人口加速集聚的时期，非农产业就业人员比重也随之提升，产业与人口集聚的协调性继续得到改善。2011年，河北省设区市非农产业从业人员达到600.5万人，比上年增长2.7%，比非农产业比重提高22.3个百分点。在各设区市中，非农产业从业人员比重最高的是保定（99.83%），其他依次为廊坊（99.65%）、邢台（99.58%）、秦皇岛（99.56%）、石家庄（99.52%）、衡水（99.44%）、张家口（98.77%）、沧州（98.64%）、承德（98.43%）、唐山（96.75%）、邯郸（96.36%）（见图18）。唐山与邯郸虽然经济实力不俗，但非农产业从业人员的比例较低，尤其是唐山，其第三产业从业人员比

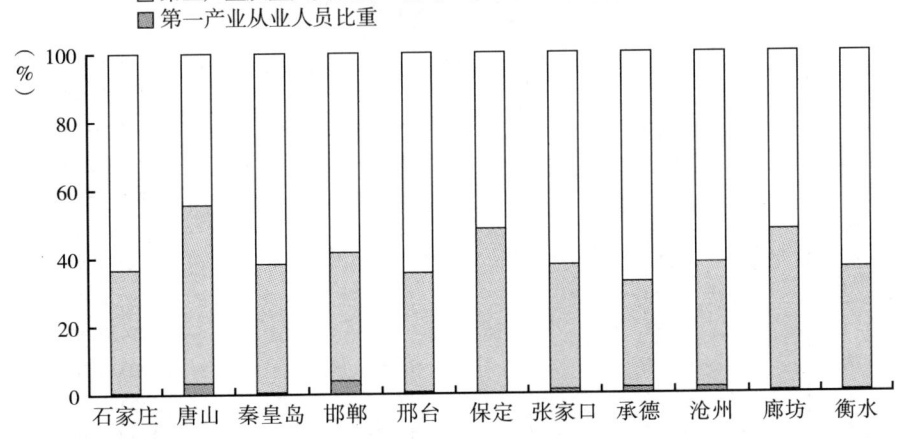

图18 2011年河北省各设区市三次产业从业人员比重

资料来源：《中国城市统计年鉴2012》。

例位居全省倒数第一位,说明其城区对人口的集聚能力与其经济发展水平不匹配。

2. 城市设施分析

城市设施的建设在一定程度上反映了城市的综合承载能力。按照《河北省城镇化发展"十二五"规划》的要求,河北省基础设施建设已经在新型城镇化建设过程中取得了显著成果,大多设区市已经达到并超过此目标。2011年,河北省城市设施建设得到加强,道路交通、供水排水、供热供气等公共设施保障体系建设力度加大,市政基础设施承载能力得到提升。

综合表9和表11可以看出,在城市设施方面秦皇岛综合得分位居第一,这与秦皇岛是河北省著名的旅游城市密切相关,作为展示河北形象的一个重要窗口,其基础设施建设较为完善。石家庄位居第二,作为省会城市,万人拥有公共汽车数量、人均城市道路面积、万人拥有互联网用户数均位于全省前列,形成了适应人口和产业集聚需求、完备高效的设施体系。唐山位居第三,但是从具体数据来看,万人拥有公共汽车数量、人均城市道路面积这两项指标唐山排名均靠后。唐山的经济实力虽然较强,但在城市基础设施建设、综合承载能力提升方面还应加强。经济实力较弱的衡水位居第四,表明衡水在承载集聚力方面实力显著增强,也为产业发展拓展了空间。张家口、邯郸、廊坊、邢台、保定、承德、沧州分列其后。

表11　2011年河北省各设区市基础设施建设情况

城市	万人拥有公共汽车数量（辆）	人均城市道路面积（平方米）	万人拥有互联网用户数（户/万人）
石家庄	19.24	17.07	1672.5330
唐　山	6.29	9.79	1497.0210
秦皇岛	10.65	21.11	1809.4580
邯　郸	12.02	21.39	785.3184
邢　台	14.52	19.99	832.1672
保　定	9.70	17.86	1057.6850
张家口	6.85	14.41	879.7967
承　德	11.72	11.93	907.9802
沧　州	11.67	17.32	855.5103
廊　坊	6.39	10.76	1630.8660
衡　水	5.96	13.65	1082.6150

资料来源:《中国城市统计年鉴2012》《河北经济年鉴2012》。

(三)河北省各设区市社会稳定发展基本特征

新型城镇化要求环境友好、社会和谐、城乡一体。因此,社会稳定发展水平包括社会保障、生态环境、城乡统筹三个二级指标,具体得分如表12所示。

表12 2011年河北省各设区市社会稳定发展水平得分情况

城市	社会保障	排名	生态环境	排名	城乡统筹	排名	社会稳定总得分	排名
石家庄	0.1418	1	0.0525	5	0.0289	8	0.2232	2
唐 山	0.1231	2	0.0561	2	0.0519	3	0.2310	1
秦皇岛	0.0826	5	0.0760	1	0.0249	9	0.1835	5
邯 郸	0.0810	6	0.0482	6	0.0733	2	0.2025	3
邢 台	0.0616	9	0.0392	8	0.0933	1	0.1941	4
保 定	0.0830	4	0.0395	7	0.0326	7	0.1551	8
张家口	0.0779	7	0.0390	9	0.0235	10	0.1404	9
承 德	0.0650	8	0.0542	3	0.0508	4	0.1699	7
沧 州	0.0602	10	0.0311	10	0.0363	5	0.1276	10
廊 坊	0.0946	3	0.0541	4	0.0332	6	0.1818	6
衡 水	0.0457	11	0.0213	11	0.0178	11	0.0848	11

1. 社会保障分析

新型城镇化的核心是人的城镇化,因此更加关注民生,归根结底是关注社会保障水平。社会保障关乎社会的稳定,社会保障做到位才能真正实现人的全面、自由发展。2011年年末,河北省城镇登记失业率为3.75%,比上年下降0.11个百分点;城镇就业人员达1117.8万人,增长7.1%,增幅比上年提高3.1个百分点。城镇基本养老、医疗、失业参保人数分别为1059.8万人、1562.2万人和498.7万人,分别比上年增长7.3%、2.9%和1.1%。由图19可知,在社会保险方面石家庄、唐山、邯郸位居前三位,省会石家庄社会保障工作明显优于其他地区。在城镇登记失业率方面,较低的地区有廊坊、承德、衡水、秦皇岛,且低于全省平均水平,其他地区高于全省平均水平(见图20)。廊坊的城镇失业率明显低于其他设区市,说明其就业工作较为到位。

虽然城镇基本养老保险、基本医疗保险、失业保险参保人数在逐年增加,

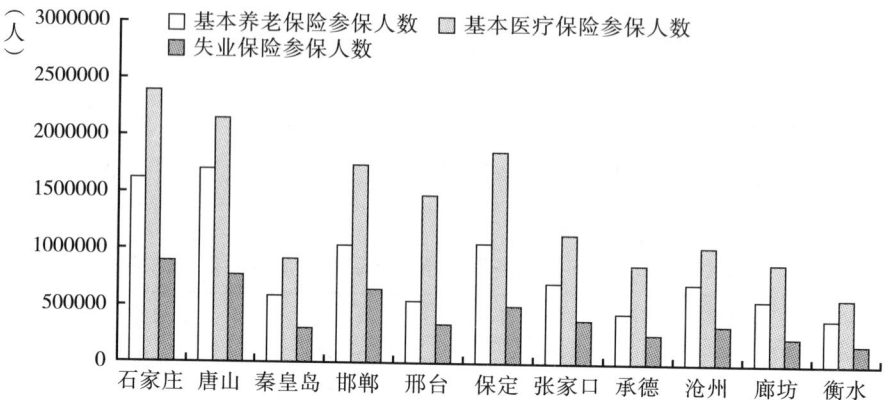

图 19　2011 年河北省各设区市基本养老保险、基本医疗保险、失业保险参保人数

资料来源:《中国城市统计年鉴 2012》。

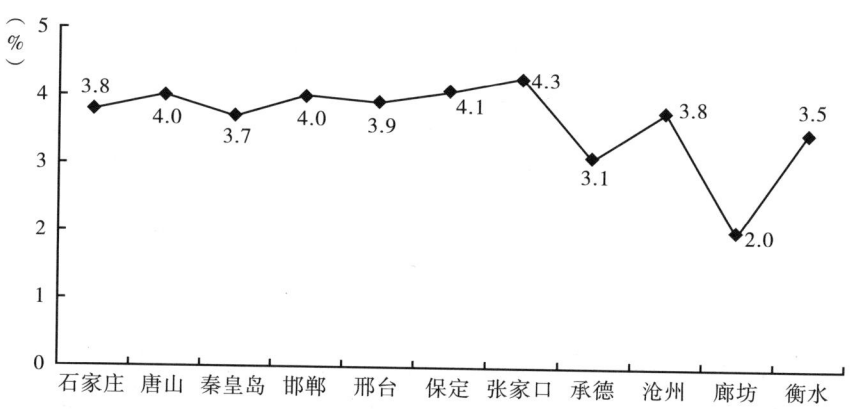

图 20　2011 年河北省各设区市城镇失业率

资料来源:《中国城市统计年鉴 2012》。

而且河北省城镇登记失业率低于全国平均水平,但是《2012 年河北省人力资源和社会保障事业发展统计公报》显示:在养老保险方面,2011 年年末全省参加企业基本养老保险社会统筹的人数为 949.12 万人,比上年增加 59.39 万人,增长 6.7%,其中职工 680.33 万人、离退休人员 268.79 万人,分别增长 5.4% 和 10.0%,参保职工中,私营企业职工 140.29 万人、农民工 43.58 万人;在医疗保险方面,2011 年年末全省参加城镇职工基本医疗保险人数为 906.82 万人,比上年增加 31.28 万人,增长 3.6%,其中职工 645.30 万人、退休人员 261.52 万人，分别增长 2.9% 和 5.4%，参保人员中，农民工和灵活就业人员参保人数分别为 72.32 万人和 52.72 万人。① 由此，可以看出农民工参保比例相当之低，说明河北省在稳步推进新型城镇化的过程中，还应加大力度，促进农民工市民化，使农民工切实享受到城市的基本公共服务。

2. 生态环境分析

河北省的生态环境一直不容乐观，由表 12 可知，河北省只有秦皇岛生态环境较为良好，因为秦皇岛地理环境优越，森林资源和水资源比较丰富，而且，作为国内著名的旅游城市和海滨城市，秦皇岛政府和居民的环境保护意识比较强，保护措施得力。从具体得分来看，排在第二位的唐山与秦皇岛相差较大，说明河北省其他设区市生态环境并不理想，还需要加紧治理的步伐，为市民打造出真正宜居的生活环境。

虽然 2011 年河北省在环境治理方面取得明显进展，但是 2012 年的情况不容乐观。2012 年河北省可吸入颗粒物（PM10）浓度为 0.077 毫克/立方米，与 2011 年相比上升 1.32%，各设区市 PM10 年均值为 0.055~0.098 毫克/立方米。按照新标准，承德、秦皇岛和张家口 3 个设区市达到国家二级标准 0.07 毫克/立方米的限值，其余 8 个设区市超过国家二级标准限值；二氧化硫浓度为 0.042 毫克/立方米，与 2011 年持平，各设区市二氧化硫年均值为 0.035~0.057 毫克/立方米，均达到国家二级标准 0.06 毫克/立方米的限值（新旧标准限值相同）；二氧化氮浓度为 0.028 毫克/立方米，与 2011 年持平，各设区市二氧化氮年均值为 0.02~0.04 毫克/立方米，均达到新空气质量二级标准 0.04 毫克/立方米的限值。2012 年 1 月 1 日至 5 月 20 日，张家口、承德、秦皇岛 3 个设区市空气质量相对较好，其他设区市均连续出现雾霾天气，尤其是邢台、石家庄、邯郸、保定和衡水 5 个设区市，在 1 月 1 日至 5 月 20 日的 140 天中空气质量优良天数低于 25 天，而且重度污染和严重污染的天数在 55 天以上。②

与其他省份相比，河北空气质量问题异常严峻。2013 年 8 月 23 日，环保部

---

① 《2012 年河北省人力资源和社会保障事业发展统计公报》。
② 《2012 年河北省环境状况公报》，河北新闻网，http://www.hebnews.cn 2013-06-05, 08:06。

发布了7月份全国74个城市的空气质量状况,根据城市环境空气综合质量指数,空气质量相对较差的前10个城市分别是唐山、邯郸、石家庄、济南、邢台、天津、保定、兰州、郑州和衡水,其中河北省占了6个。京津冀地区13个城市空气达标天数比例为12.9%~71.0%,张家口、承德、秦皇岛达标天数比例分别为71.0%、67.7%和54.8%,其他城市达标天数比例不足50%。①

《河北省生态环境保护"十二五"规划》(以下简称《规划》)制定的"十二五"期末河北省设区市平均达到或优于Ⅱ级的目标天数为310天,远低于2011年339天的实际值,这预示了未来大气环境恶化的长期趋势。而且,《规划》明确了二氧化硫和氮氧化合物的减排目标,但未制定工业和生活粉尘、烟尘的减排标准,这可能会使可吸入颗粒物的含量大幅增加。

根据《河北省国民经济和社会发展第十二个五年规划纲要》制定的经济增长目标,到2015年,河北省GDP预期突破3万亿元、年均增长8.5%左右,人均生产总值比2000年翻两番。而引领规划目标实现的三大产业引擎——钢铁、发电、制药行业均属于高污染、高能耗行业,这必将进一步恶化河北省的大气环境,追求经济增长的目标给环境质量提升留下的空间已十分狭窄。

3. 城乡统筹分析

新型城镇化要打破城乡二元结构,走城乡统筹的道路,城镇和农村居民的生活水平同步提升,共享发展成果。表13显示,2011年,河北省农村居民人均可支配收入为7120元,城镇居民人均可支配收入为18292元,城镇居民的人均收入是农村居民的2.57倍;在人均消费支出方面,农村居民人均消费支出为4711元,城镇居民人均消费支出为11609元,城镇居民的人均消费支出是农村居民的2.46倍。可见,河北省农村居民的生活水平与城镇居民相比有较大差距。

从表13还可以看出,在各设区市中,唐山、廊坊、石家庄、邯郸、秦皇岛5地区的农村居民人均纯收入和廊坊、唐山、石家庄、秦皇岛、邯郸、沧州6地区的城镇居民人均可支配收入高于全省平均水平,其余地区低于全省平均水平,而且,各地市之间居民收入水平差距很大。

---

① 《环境保护部发布7月份重点区域和74个城市空气质量状况》,http://www.mep.gov.cn/gkml/hbb/qt/201308/t20130823_258621.htm。

表13　2011年河北省各设区市城乡家庭收入和支出情况

单位：元

地　区	农村居民人均纯收入	农村居民人均消费支出	食品支出	城镇居民人均可支配收入	城镇居民人均消费支出	食品支出
河北省	7120	4711	1580	18292	11609	3927
石家庄	7822	5457	1675	20534	12519	4341
唐　山	9460	7201	2627	21785	14483	5027
秦皇岛	7365	5643	1882	19552	11746	4504
邯　郸	7366	3927	1487	19322	11756	4579
邢　台	5814	3969	1472	16592	10979	3984
保　定	6656	4757	1610	16912	10989	4054
张家口	4854	4360	1848	16401	10855	4125
承　德	4935	4984	2091	16638	10903	4402
沧　州	6540	4996	1826	18375	11207	3805
廊　坊	9102	6015	2101	21991	13921	4386
衡　水	5355	4212	1631	16506	10705	3345

资料来源：《中国区域经济统计年鉴2012》。

从数据的可获得性考虑，下面选取城乡居民收入差异系数和恩格尔系数的差异程度来计算和评价河北省各设区市的城乡一体化水平。

$$C = 1 - C_1$$

式中：C：城乡居民收入差异系数；

C_1：城乡居民收入比。

一般认为，当$C \geq 0.5$时，城乡处于二元结构状态；当$0.2 \leq C < 0.5$时，城乡处于向一体化过渡时期；当$C < 0.2$时，城乡已经完成了一体化的过程。

恩格尔系数的差异程度为农村居民的恩格尔系数减去城镇居民的恩格尔系数。当恩格尔系数差异程度小于5个百分点时，城乡居民生活质量基本上趋于一致；当恩格尔系数差异程度为5~10个百分点时，城乡居民生活质量差异较大，属于由城乡二元结构向城乡一体化过渡的时期；当恩格尔系数差异程度大于10个百分点时，城乡居民生活质量还存在很大差异，城乡二元结构明显。[1]

---

[1] 叶裕民：《中国城市化质量研究》，《中国软科学》2001年第7期。

从图 21 可以看出，2011 年河北省所有设区市的居民收入差异系数都在 0.5 以上，说明河北省仍处于城乡二元状态中。虽然城乡居民的绝对收入都呈快速增长的态势，但是城乡居民收入差距仍然较大。

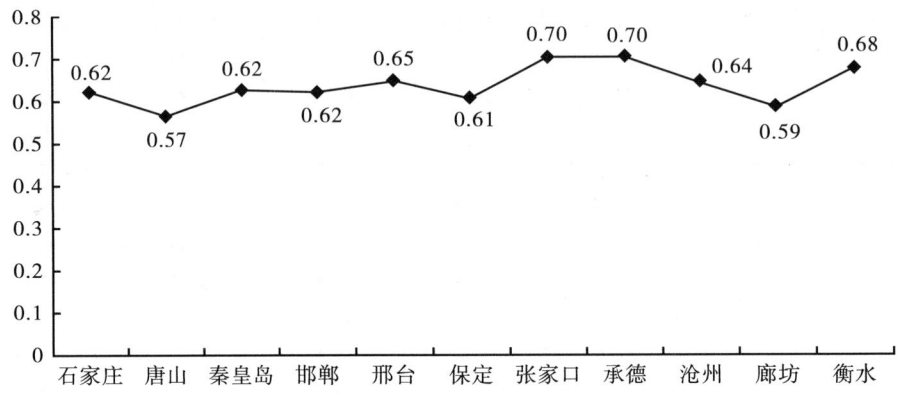

图 21　2011 年河北各设区市居民收入差异系数

资料来源：作者整理。

从图 22 可以看出，2011 年邢台、邯郸、承德、唐山、沧州、廊坊、石家庄、张家口、秦皇岛 10 个设区市的恩格尔系数差异程度均在 5 个百分点以内，处于城乡居民生活质量基本一致时期；只有衡水为 7.48 个百分点，处于二元结构向城乡一体化过渡时期。

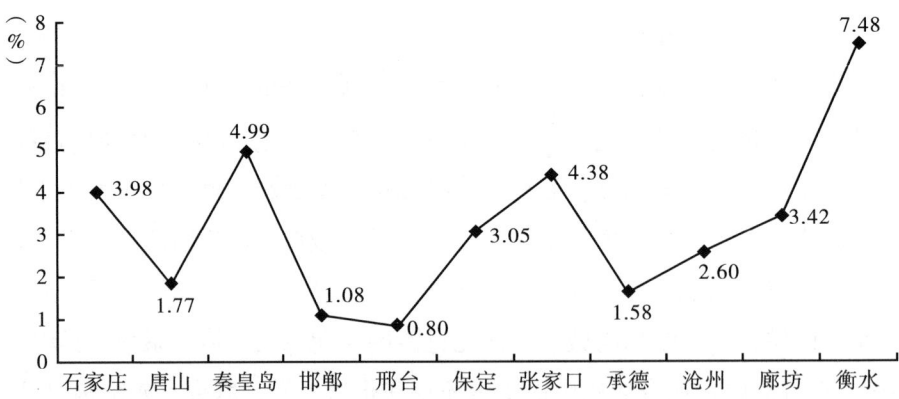

图 22　2011 年河北省各设区市恩格尔系数差异程度

资料来源：作者整理。

新型城镇化：河北省转变经济发展方式的战略选择

总体上看，河北省各设区市城乡居民收入差异较大，但城乡居民生活质量相差不大。

（四）河北省新型城镇化存在的差距

综合对河北省新型城镇化发展的各个维度以及整体水平的分析，可以得出河北省及各设区市新型城镇化发展水平极不平衡的结论，区域之间存在明显差异，同一城市内部的发展也存在明显差异。与发达国家和地区相比较，差距则更大。

为了更好地推进河北省新型城镇化的建设，明确未来发展的方向以及未来所需的努力，本报告在对河北省新型城镇化整体发展水平进行综合评价的基础上，就经济发展、城市功能和社会稳定三方面选取主要指标与发达国家和地区做横向比较，涉及的指标分别是：人均GDP、第三产业产值占GDP比重、城镇化率、人均城市道路面积、人均绿地面积、失业率、城镇居民人均可支配收入、人类发展指数。通过计算得出各项指标达到发达国家标准所需的大致时间，结果如表14所示。可以看出，河北省经济发展、城市功能和社会稳定等与发达国家存在较大的差距。

表14 河北省与发达国家比较

序号	比较内容	发达国家标准	河北实际情况	河北追赶大致所需时间
1	人均GDP	12644美元（2010，世界银行）	5795.5美元（2012）	约为6年（河北2006~2012年平均增速14%）
2	第三产业产值占GDP比重	70%	35.32%（2012）	至少33年（河北2012年增速2.05%）
3	城镇化率	85%	48%（2013）	约为19年（河北2006~2013年平均增速3.07%）
4	人均城市道路面积	25平方米	17.84平方米（2011）	至少12年（河北2011年增速2.8%）
5	人均绿地面积	25平方米	14.26平方米（2011）	至少56年（年均增速1%）

续表

序号	比较内容	发达国家标准	河北实际情况	河北追赶大致所需时间
6	失业率	5%以内（合理的失业率）	3.68%（城镇登记失业率）（2013）	统计口径不一致
7	城镇居民人均可支配收入	35000美元（美国）	3645.9美元（2013）	约为20年（年均增速12%）
8	人类发展指数	0.95以上（挪威、澳大利亚列第1、第2位）	0.737，全国第9位（2010）	20年以上

结合对河北省新型城镇化发展指标体系的各个子系统以及整体水平的分析，并与发达国家进行比较，发现河北省在以下几个方面存在较大差距。

第一，第三产业比重明显偏低。第三产业占比反映了一个国家或地区所处的发展阶段，也反映了人民的生活质量。欧美发达国家第三产业平均占GDP比重为70%左右，美国更是高达75%。2012年河北省第三产业占比仅为35.32%，与发达国家水平相去甚远，即使第三产业占比最高的秦皇岛也仅有47.33%，由此可见河北省第三产业比重明显偏低，吸纳劳动力能力不足。在发展新型城镇化的进程中，尤其要重视现代服务业发展。

第二，居民收入水平增长相对于人均GDP增长较慢。相较于人均GDP的快速增长，城镇居民人均可支配收入并未同步增长。表14显示，人均GDP和城镇居民人均可支配收入按现有增长速度，达到发达国家标准所需的时间分别为约为6年和约为20年。可以看出，虽然人均GDP增速较快，与发达国家水平差距较小，但反映居民收入水平的城镇居民人均可支配收入指标却增长较慢，说明在保持地区经济快速、稳定发展的同时，居民收入却未同步提高。然而，收入水平是关系居民幸福感的一个重要方面，也是关系新型城镇化建设水平的一个重要方面，河北省还需要不断提高城乡居民收入，使之与经济增长同步。

第三，城镇化水平偏低。河北省城镇化总体发展水平不仅低于全国平均水平，与沿海省份相比也较为落后，与发达国家85%的水平相比差距更是明显。这与河北省的先天不足及其区域特征不无关系。河北省是农业大省，推进城镇化的基础薄弱，进展较为缓慢。此外，河北省与京津相邻，与两者相比吸附力较弱，导致集聚效应不明显。所以河北省在新型城镇化发展的过程中要不断调整经济结构，完善城市功能，增强城市的吸附力。

第四，城市基础设施建设水平较低。城市基础设施状况与居民生活质量息息相关，是城市发展水平和文明程度的重要体现。但由于河北省历史欠账多，投资不足和设施建设滞后，城市基础设施水平与经济发展的矛盾越来越突出。表14显示，河北省的城镇化率和人均道路面积按目前的增速，与发达国家相比均落后至少12年，说明社会结构优化以及关系人们生活质量提升的基础设施水平亟待提高。

第五，生态环境形势不容乐观。表14显示，人均绿地面积与发达国家相差至少56年，说明河北省需要大力提高环境保护的力度，强化环境保护与经济增长并重的观念，努力提高居民环保意识。

五 促进河北省新型城镇化发展的政策建议

河北省应以科学发展为主题，以城乡协调发展为原则，以人口城镇化为核心内容，以加快转变经济发展方式为主线，以工业化、新型城镇化、农业现代化为动力，以"政府引导，市场运作"为机制保障，走集约、智能、绿色、低碳的道路，推进新型城镇化的发展。

（一）实施创新驱动战略，走集约型城镇化发展路线

当前，传统的以"政策红利"、"土地红利"和"人口红利"驱动城镇化发展的模式已不适应新型城镇化的要求，河北省应坚定不移地走创新驱动型城镇化道路，从粗放型发展模式向集约型发展模式转变，注重城镇化质量的提升。一是加快培育发展战略型新兴产业，推动传统产业优化升级，推进城市与产业融合发展，促进城镇发展动力的转换；二是创新发展理念，推进管理制度和管理方式的变革。树立"智慧城市"理念，借助互联网与物联网的融合，对医疗、交通、就业、教育等进行智能化改造，优化城市治理，实现信息化、工业化和城镇化的深度融合；三是培养和引进创新人才，一方面，加大教育投

入,建立多层次的人才培育体系,特别是着力培养高层次人才;另一方面,借助高校和科研院所的平台,加强与京津地区高校和科研院所的合作,以项目带动人才及智力的引进。同时,强化创新人才支撑体系,优化创新环境,积极探索产学研合作模式,注重科技成果的转化。

(二)构建合理的城镇群体系,推动大中小城市协调发展

石家庄、唐山在扩大城市规模的同时,重点提升城市的能级,不断改善城市的环境和配套设施,降低商务成本,使之发挥增长极和动力源的作用。重点发展邯郸、保定等其他9个设区市,将这些城市建成人口为100万~200万人的中等城市,使之成为河北省城镇化发展的重点。根据城市人口规模与经济规模效益关系的研究结论,城市人口规模过大或者过小都存在弊端,规模过大容易出现"大城市病",规模过小则不利于土地资源的集约利用。中等城市应充分利用自身优势,发挥其在整体区域中的连接和辐射带动作用。迁安、任丘、定州等一批基础条件好、发展潜力大的县级市要扩容升级为新型中等城市,发挥其作为转移农村人口主渠道的作用。有重点地发展一批特色县城和重点镇,改善基础设施,优化城镇布局,使之成为连接城乡的纽带和大中城市的腹地。

重点培育和发展城镇群体系,即环首都城市群、冀中南城市群和沿海城市带,统筹区域发展资源,增强大中小城市之间的联系。在全省空间布局上:第一,环首都城市群,以线为主、点面结合,以保定、廊坊、承德、张家口为主体,发挥邻近首都的优势,增强承接北京产业转移和协调发展的能力;第二,冀中南城市群,以点为主、线面配合,继续强化石家庄的龙头地位,以衡水、邢台、邯郸为主体,抓住冀中南作为国家级重点开发区的机遇,重点培育一批具有特色的产业园区;第三,沿海城市带,以面为主、点线结合,以秦皇岛、唐山、沧州为主体,发挥曹妃甸和黄骅港的连接和辐射带动作用,打造沿海经济隆起带。

(三)完善城市功能,提高城镇综合承载能力

提高基础设施建设标准,建立适应人口和产业集聚的城市基础设施体

系。推进基础设施扩容、升级和改造，重点做好架空线路入地、集中供热、管道燃气等配套设施建设，对街道路面及附属设施进行达标改造，完善城市供水、排水、电力、燃气、污水、垃圾处理、公园绿地和信息网络等基础配套设施建设。

与此同时，完善公共服务设施网络。科学规划建设图书馆、影剧院等文化场所，建设功能完备、风格多样、布局合理的群众健身设施。按标准配套建设中小学和幼儿园，有条件的设区市重点建设综合性高教园区。大中城市要建成具有国内一流水准的医疗服务、预防保健和卫生监督体系。加快养老服务设施建设，合理配置社区服务设施，提升社区服务设施综合覆盖率，加快各类专项服务设施的配套建设。

（四）加强城镇生态环境建设，建设宜居城镇

根据前文分析，我们知道河北省生态环境一直不容乐观，因此应加大二氧化硫、机动车尾气和烟尘、粉尘、扬尘等的防治力度，在中心城市进行 PM2.5 监测。加快城市中心区重污染企业搬迁改造步伐，对污染严重的违法排污企业实行关停并转。抓好园林城市创建工作，大幅度增加城市绿量。同时，推进各个产业节能，严格执行节能减排的政策措施，淘汰落后产能，为市民打造真正宜居的新型城镇。

（五）加快推进城乡一体化进程

以城带乡、城乡互动、共同繁荣、加快形成城乡一体化新格局，把加快基础设施建设作为关键举措，强化城乡能源、交通、通信、水利等基础设施的衔接互补，实现城乡共建、城乡联网、城乡共享；加快城乡重要节点和主要道路建设，构建统筹协调、顺畅高效的市域交通体系，增强城市辐射力；推进公共服务均等化，将人人享受基本公共服务作为城乡统筹发展的根本保证，加快构建就业服务、社会保障、终身教育、基本医疗卫生、住房保障、社会养老服务"六大体系"，不断提高基本公共服务均等化水平；加快推进以保障和改善民生为重点的社会建设，切实解决好群众反映最集中的教育、就业、医疗、养老、安居、食品药品安全等问题，进一步优化公共资源配

置，加大向公共服务资源薄弱的基层和农村倾斜的力度，实现优质服务资源的均衡配置。

参考文献

[1]《消费成河北经济增长持续动力 拉动增长 4.7 个百分点》，新华网河北频道，http：//www. he. xinhuanet. com/news/2013 - 10/25/c_ 117870320. htm。

[2] 王国刚：《城镇化：中国经济发展方式转变的重心所在》，《经济研究》2010 年第 12 期。

[3] 朱孔来、李静静、乐菲菲：《中国城镇化进程与经济增长关系的实证研究》，《统计研究》2011 年第 9 期。

[4] Brückner, M. "Economic Growth, Size of the Agricultural Sector, and Urbanization in Africa", *Journal of Urban Economics*, 2012, 71 (1)：26 - 36.

[5] 马晓河：《城镇化是新时期中国经济增长的发动机》，《国家行政学院学报》2012 年第 4 期。

[6]《2012 年河北省人力资源和社会保障事业发展统计公报》。

[7]《2012 年河北省环境状况公报》，河北新闻网，http：//www. hebnews. cn 2013 - 06 - 05, 08：06。

[8]《环境保护部发布 7 月份重点区域和 74 个城市空气质量状况》，http：//www. mep. gov. cn/gkml/hbb/qt/201308/t20130823_ 258621. htm。

分 报 告
Subsidiary Reports

B.2
制度建设与河北省新型城镇化

张 贵 苑佳佳*

摘 要： 基于新型城镇化的背景，本报告采用主成分分析法、回归分析法以及定性分析法对2014～2020年河北省新型城镇化建设用地需求规模和建设资金需求规模进行预测，结果显示：河北省2015年城镇建设用地需求约为1400平方千米，2020年约为1800平方千米；2014～2020年河北省政府城镇化中用于基础设施建设和公用事业以及公共服务的累计资金缺口约为1.1万亿元。揭示了河北省在推进城镇化的过程中土地和资金都严重不足，而且在土地流转和利用的过程中，存在农民利益保障的问题；同时，也揭示了当前存在的融资主体

---

* 张贵，河北工业大学经济管理学院教授、博导，河北工业大学京津冀发展研究中心常务副主任，研究方向为产业组织、区域经济等；苑佳佳，河北工业大学经济管理学院硕士研究生，主要研究方向为区域经济。

单一、政府风险大、民间资本进入难、地方债规模小、"土地财政"制约可持续发展等融资风险。最后本部分提出应从解决土地、融资不足问题入手控制城镇化建设过程中土地、融资风险，特别是妥善处理土地流转过程中农民利益及保障问题；合理流转农村集体建设用地，加快城市存量建设用地开发；强化城镇化建设的财税支持；引导民间资本进入城镇化建设领域。

关键词：

新型城镇化　制度建设　土地制度　投融资制度

新型城镇化有别于传统城镇化，更加侧重"人的城镇化"，其核心在于不以牺牲农业、生态环境为代价，而是着眼农民利益，实现城乡基础设施和公共服务的一体化和均等化，促进整个经济社会可持续发展，构建和谐社会。改革开放以来，河北省城镇化进程明显加快，并且与全国差距逐步缩小的趋势。河北省的人口城镇化率从1990年的14.36%提高到2013年的48%；虽然与全国相比还存在差距，但差距在逐步缩小，2000年河北省人口城镇化率为26.08%，同期全国为36.22%，二者相差10余个百分点；2013年全国城镇化率为53.73%，河北省与其相差5.73个百分点。

新型城镇化建设是一项系统工程，需有相应的制度体系与之配套。但当前我国城乡二元结构仍未消除，制度改革尚未到位，主要表现为：户籍制度改革滞后，进城农民在城市生活，却享受不到城市人的待遇；土地制度改革迟缓，农民享受不到土地增值带来的收益，出现"被上楼"和未来生活没有保障的现象；大、中、小城市与县级城市资源分配不均衡，造成资源与人口不断向大城市聚集，中小城市与县级城市资源短缺的局面；投融资体制不健全，出现城镇建设资金不足、项目停滞与资金浪费并存的现象；社会福利制度的二元结构，造成农民进城的积极性不足。制度改革已迫在眉睫，成为当今的重要议题。由于政府是城镇化制度的制定者，因此，本报告主要就河北省新型城镇化中的政府制度建设进行分析。

一 新型城镇化进程中政府的制度建设

目前,我国的城镇化建设是由政府主导的,因此,排除非农经济增长的推动作用,制度安排是城镇化最直接的影响因素。当前我国的制度安排还存在很多缺陷,甚至成为城镇化顺利推进的阻碍,所以应当积极地进行制度改革和创新,使制度成为推进城镇化快速、稳定、顺利进行的保障。

2013年,我国的城镇化率为53.73%,根据美国地理学家诺瑟姆的S型曲线,正处于城镇化中期加速阶段。我国的城镇化建设仍是由政府来主导的,表现在以下几个方面:第一,我国正由计划经济向市场经济转变,政府主导的色彩依然浓重;第二,城镇化中期阶段涉及基础设施建设和公共服务供给等,这些都是公共物品,具有明显的外部经济性,属于市场失灵的领域,因此,需要政府发挥主导作用,以实现资源的有效配置。更为重要的是,目前我国仍未打破城乡二元结构,城镇化建设必然进行制度和体制的改革和创新,政府相对于其他组织和个人有更强的组织集体行动和制度创新的能力,从而节约交易成本和制度创新成本。当然,到城镇化后期阶段,即城镇发展比较成熟时,城镇化建设就要由政府主导向市场主导转变了。

(一)新型城镇化与政府制度建设的关系

近几年,我国政府为了加快推进新型城镇化建设,主要从以下几个方面完善制度建设:户籍制度、土地制度、社会福利制度、城市等级管理制度、投融资体制(见表1)。

表1 我国政府在城镇化中的主要制度建设

政府制度建设	政府政策	主要内容
户籍制度	《关于积极稳妥推进户籍管理制度改革的通知》	分类明确户口迁移政策;依法保障农民土地权益;着力解决农民工实际问题;切实加强组织领导

续表

政府制度建设	政府政策	主要内容
土地制度	国务院《关于深化改革严格土地管理的决定》、中共十八大报告提出要"提高农民在土地增值收益中的分配比例"、《关于开展农村集体经营性建设用地使用权流转试点工作的指导意见》	严格界定公益性和经营性建设用地的范围,逐步缩小征地范围;完善征地补偿机制,合理确定征地补偿标准;拓宽安置渠道,解决好被征地农民就业、住房、社会保障问题;建议加快农村集体土地流转制度建设
社会福利制度	国务院《社会保障"十二五"规划纲要》	实现城乡居民社会养老保险制度全覆盖;基本医疗保险保障人群实现基本覆盖,完善被征地农民的社会保障政策;提高保障标准,缩小城乡差距
城市等级管理制度	中共中央《关于制定国民经济和社会发展第十二个五年规划的建议》	规划各城市功能定位和产业布局,强化各类城市的产业功能,完善小城镇公共服务和居住功能;促进大、中、小城市和小城镇协调发展;推进各个等级城市基础设施一体化
投融资体制	国务院《关于鼓励和引导民间投资健康发展的若干意见》	扩大民间资本投资的范围;鼓励、引导民间资本进入城镇化建设的各个领域

资料来源:作者整理。

城镇化应当遵循"人口城镇化→土地城镇化→生活方式城镇化→生产方式城镇化→人的自由全面发展"①的规律不断演进,当前,我国正处在人口城镇化和土地城镇化阶段。人口城镇化主要涉及农村人口转移到城镇和农民转变成市民,土地城镇化主要涉及土地权属的调整和土地用途的改变。户籍制度对农村人口转移到城镇和农民转变为市民产生促进或抑制作用,并且会对土地权属的调整产生捆绑抑制作用;土地制度对土地权属的调整和土地用途的改变产生促进或抑制作用,同时会对农村人口转移到城镇产生捆绑抑制作用;福利制度对农民转变为市民产生促进或抑制作用;户籍制度和土地制度、户籍制度和福利制度之间也会相互促进或抑制,产生叠加作用;而城市等级管理制度作为上层建筑对城镇化的全局起着促进或抑制的作用(见图1)。无论人口城镇化还是土地城镇化都需要资金支持,因此,投融资体制对整个城镇化都起着促进或抑制的作用。

---

① 张贵:《做好顶层设计,提高新型城镇化质量》,《天津日报》2013年3月11日。

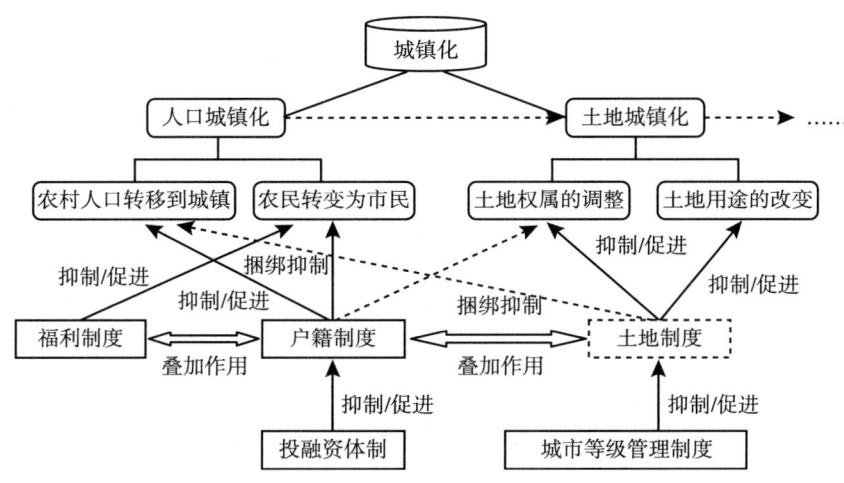

图 1　城镇化与政府制度建设的关系

（二）河北省政府城镇化制度建设

为加快城镇化进程，河北省制定了"十二五"时期城镇化发展的主要目标，到2015年，全省城镇化率达到51.5%，城镇规模和结构、住房和基础设施建设都要有所突破，城市带动农村、城乡一体化发展的格局初步形成。要实现这些目标，政府必须破除城镇化建设的障碍，进行制度建设和创新。近几年，河北省政府制定了城镇化发展的政策（见表2）。

从河北省制定的政策可以看出，政府在优化城镇空间格局、户籍制度改革、社会福利制度改革、城镇管理体制改革、投融资体制改革、产业发展与集聚和推进节约用地等方面进行了一些积极探索。

表 2　河北省政府关于城镇化的主要政策

政府政策	主要内容
河北省人民政府《关于加快推进城镇化进程的若干意见》	推动大中小城市和小城镇协调发展；推动产业、人口集聚；加快城市基础设施建设；建立长效的城市管理机制；优化行政区划格局；完善行政管理体制；拓宽城市建设融资渠道
河北省人民政府《关于加快壮大中心城市促进城市群快速发展的意见》	将县城作为小城镇建设的重点；统筹管理中心城区和周边的县；加快一体化发展、建立同城化管理机制；推进规划和基础设施对接；承接京津的产业转移；提高县城规划建设和管理水平；把县城作为县域经济发展的主要载体

续表

政府政策	主要内容
河北省人民政府《关于加快城市化进程的实施意见》	提高规划水平;增强承载能力;聚集新型产业;健全服务功能;完善交通体系;放宽农民在城镇落户的条件;完善社会福利保障体系;开展促进全民创业工程;加强组织领导
《关于进一步深化城市管理体制改革的意见》	重心下移,实行城市管理分级负责制;创新机制,推行城市精细化管理模式;多措并举,确保城管体制改革取得实效
河北省人民政府《关于推进产业聚集加快城镇化进程的若干意见》	优先配置要素资源;实施差别政策引导;创新管理体制机制;设立推进产业聚集专项资金;拓宽企业融资渠道;大力扶持核心企业;加强指导和组织实施
《关于推进城市建设投融资体制改革的意见》	搭建投融资平台;建立城建资产与资源注入机制;创新土地经营机制和风险防范机制;完善市政公用产品定价机制;扩大直接融资比例;开展项目融资创新
河北省国土资源厅在规划调整方面提出的要求	允许县、市每年调整一次土地利用规划;允许对已圈占但暂不用的建设用地进行调整;允许工矿废弃地的复垦区将建设用地规模调整到县城、园区;县、市规划建设用地规模不足的,允许在设市区内调整
《主要项目建设用地控制指标》	主要针对建设项目建立用地控制指标体系,从投资强度、产出水平、增长耗地、项目聚集度、存量建设用地再利用水平五个方面开展节约用地考核

资料来源:作者整理。

1. 户籍制度改革

城乡二元的户籍制度是制约农民进城的主要障碍之一,河北省的户籍制度改革主要着眼于放宽农民进城落户条件,只要进城农民在城市稳定居住一定的时间或者购买住房就可以转为城镇户口。而且正式落户城镇的农民在 10 年内可享受农村户口的相关利益,包括承包地带来的收益等。因城市建设土地被征用的失地农民,也可转为城镇户口,并由政府来提供社会保障,包括就业培训、给予最低生活保障等①。

2. 土地制度改革

河北省从转变土地管理和利用方式入手,在高效配置土地资源和节约用地方面,进行了一些积极探索。首先,河北省要求在建设用地扩展边界内进行建设用地布局,建设项目选址须符合规划,严禁规划跟着项目走;其次,河北省为合理安排使用各类用地计划指标,实行了统筹管理、差别化分配,并加大对

---

① 河北省人民政府:《关于加快城市化进程的实施意见》,2010 年 10 月 27 日。

县城建设的支持力度；再次，河北制定政策，鼓励和支持盘活城镇存量建设用地，引导原国有土地使用权人、农村集体经济组织（城中村）和市场主体进行城镇低效用地再开发；最后，河北省国土资源厅还制定了《主要项目建设用地控制指标》，对全省各设区市开展节约用地考核，还建立了土地利用动态巡查制度，加强了批后监管，加大了对闲置土地处置力度，结合农村面貌改造提升活动，大力开展"空心村"治理，规范推进新民居建设，以高效配置土地资源，推动人口与土地两大要素在城乡流动和协调匹配①。

3. 社会福利制度改革

城乡二元结构，造成农民进城的顾虑较多、积极性不足，河北省的社会福利制度改革措施如下：一是尽量使进城农民与城镇居民享受相同的社会福利待遇；二是将进城农民纳入城镇住房保障体系；三是对进城落户的农民实施免费技能培训②。

4. 城市等级管理制度改革

城市等级管理制度使行政等级高的城市截留等级低的城市的资源，导致大中小城市、县级城市发展不均衡。河北省积极推进城市等级管理制度改革，在积极发展壮大中心城市、沿海城市和新的区域次中心城市的同时，要求集中发展县城，提高县城规划建设和管理水平，把县城作为县域经济发展的主要载体。另外，提出要确保各级政府的财权与事权相匹配，加大财政政策的支持力度以扶持中小城市与县级城市发展，从而使大中小城市与县级城市协调发展③。

5. 投融资体制改革

投融资制度改革：首先，要求各设区市政府搭建投融资平台，整合城市资源和资产；其次，深化市政公用事业改革和行政管理体制改革，鼓励各种所有制企业参与城市基础设施的建设和经营；再次，建立城建资产与资源注入机制，主要有财政资金补充、城建资产注入、土地增值收益返还等方式，以提高投融资主体的"造血"机能，同时，完善土地经营机制、风险防范机制、人

---

① 许光辉：《河北省城镇化土地利用情况调查》，《中国国土资源报》2013年9月16日。
② 河北省人民政府：《关于加快城市化进程的实施意见》，2010年10月27日。
③ 河北省人民政府：《关于加快壮大中心城市促进城市群快速发展的意见》，2009年5月15日。

才激励机制和市政公用产品定价机制；最后，拓展多种融资渠道，扩大直接融资的比例和大力开展项目融资创新①。

尽管河北省实施的户籍制度、土地制度、社会福利制度、城市等级管理制度、投融资体制改革取得了一定效果，但就河北省的整体情况而言，这些制度和体制的改革在实际操作中还存在很大的障碍，尚不能在全省推广。由于土地、资金是制约河北省城镇化进程的两大瓶颈，因此，本报告主要针对土地和资金做进一步分析，探讨未来几年的土地和资金需求、土地和资金风险，并提出风险控制对策。

二 城镇化进程中城镇建设用地需求的预测

（一）河北省城镇建设用地变化的驱动因子指标体系

根据科学性、资料可获得性和可操作性原则，参考国内外相关研究成果，同时考虑研究对象的实际情况，本报告主要从经济和社会两方面来考察影响河北省城镇建设用地的需求变化。在经济方面，主要有（地区）生产总值（GDP），第二产业总产值，第二、三产业比重，固定资产投资4个因子；在社会方面，主要包括总人口、城乡居民收入比、城镇化率3个因子②。利用上述因子初步建立城镇建设用地需求变化的驱动因子指标体系（见图2）。

（二）河北省城镇建设用地变化的驱动因子的筛选

设城镇建设用地为 Y；设经济社会因素中的影响因子 GDP，第二产业总产值，第二、三产业比重，固定资产投资分别为 X_1、X_2、X_3、X_4；设社会因素中的影响因子总人口、城乡居民收入比、城镇化率分别为 X_5、X_6、$X_7$③。由于

---

① 河北省建设信息中心：《河北城建投融资体制改革"破题"》，2009年2月18日。
② 王建国：《城镇化进程中建设用地需求合理预测方法研究》，河北农业大学博士学位论文，2007。
③ 王建国：《城镇化进程中建设用地需求合理预测方法研究》，河北农业大学博士学位论文，2007。

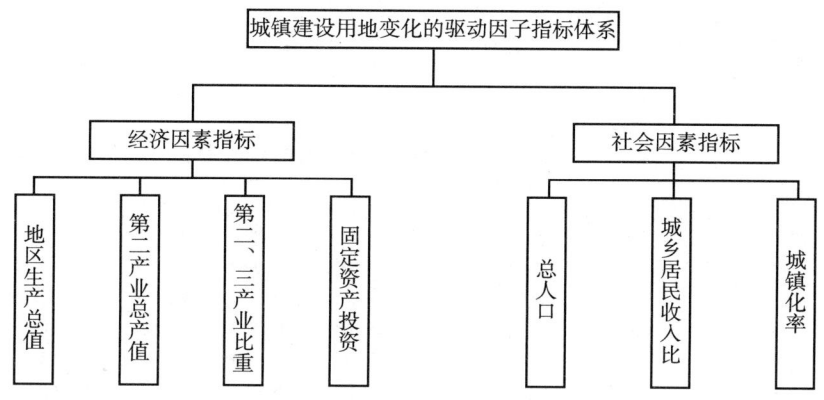

图 2　驱动因子指标体系结构图

2012年和2013年的城镇建设用地的数据还没有发布，本报告采用2007~2011年的城镇建设用地年增长率的平均值5%来预测2012年和2013年城镇建设用地的值。

表3　城镇建设用地因变量 Y 和自变量 X_i（$i=1, 2, 3, 4, 5, 6, 7$）初始值表

年份	城镇建设用地（平方千米）	GDP（亿元）	第二产业总产值（亿元）	第二、三产业比重（%）	固定资产投资（亿元）	总人口（万人）	城乡居民收入比	城镇化率（%）
2007	964	13607	7202	86.83	6885	6943	2.72	40.25
2008	1024	16012	8701	87.29	8867	6989	2.80	41.90
2009	1075	17235	8960	87.19	12312	7034	2.86	43.74
2010	1134	20394	10708	87.43	15083	7194	2.73	44.50
2011	1175	24516	13127	88.15	16389	7240	2.57	45.60
2012	1234	26575	14004	88.01	19661	7288	2.54	46.80
2013	1296	28301	14762	87.63	23194	7333	2.48	48.00

资料来源：作者整理。

通过相关性分析结果可以发现，7个因子都通过了相关性检验，说明这7个因子与城镇建设用地都存在相关关系（见表4），其中固定资产投资 X_4 与城镇建设用地关系最为显著，相关系数为0.997，第二、三产业比重 X_3 与城镇化建设用地的关系最微弱（0.779），相关系数的绝对值依次排序为 $X_4 > X_7 >$

$X_1 > X_2 > X_5 > X_6 > X_3$。由于各因子之间的相关系数高,因此需要进行主成分分析来排除因子之间可能存在的相互影响关系。

表4 城镇建设用地驱动因子相关性分析结果

	相关程度	Y	X_1	X_2	X_3	X_4	X_5	X_6	X_7
Y	相关系数	1.000	0.987	0.980	0.779	0.997	0.979	-0.817	0.994
	概率	—	0.000	0.000	0.039	0.000	0.000	0.025	0.000
X_1	相关系数	0.987	1.000	0.999	0.846	0.978	0.983	-0.877	0.975
	概率	0.000	—	0.000	0.016	0.000	0.000	0.010	0.000
X_2	相关系数	0.980	0.999	1.000	0.867	0.966	0.979	-0.881	0.967
	概率	0.000	0.000	—	0.012	0.000	0.000	0.009	0.000
X_3	相关系数	0.779	0.846	0.867	1.000	0.739	0.828	-0.704	0.791
	概率	0.039	0.016	0.012	—	0.057	0.021	0.077	0.034
X_4	相关系数	0.997	0.978	0.966	0.739	1.000	0.973	-0.810	0.991
	概率	0.000	0.000	0.000	0.057	—	0.000	0.027	0.000
X_5	相关系数	0.979	0.983	0.979	0.828	0.973	1.000	-0.845	0.966
	概率	0.000	0.000	0.000	0.021	0.000	—	0.017	0.000
X_6	相关系数	-0.817	-0.877	-0.881	-0.704	-0.810	-0.845	1.000	-0.762
	概率	0.025	0.010	0.009	0.077	0.027	0.017	—	0.045
X_7	相关系数	0.994	0.975	0.967	0.791	0.991	0.966	-0.762	1.000
	概率	0.000	0.000	0.000	0.038	0.000	0.000	0.045	—

主成分分析计算结果显示:所有的变量都共用一个主成分,GDP、第二产业总产值和总人口对主成分的解释能力高达99.598%,因此,可以认为GDP、第二产业总产值和总人口是城镇建设用地变化的主要驱动因子(见表5)。

表5 城镇建设用地主成分分析结果

变量	代表主成分	特征根值	累计方差贡献率(%)
GDP	第一主成分	6.370	90.999
第二产业产值	第一主成分	0.316	95.517
总人口	第一主成分	0.286	99.598

(三)各项驱动因子预测

1. 国内生产总值及产业结构预测

本报告采用定性分析法预测河北省未来几年的地区生产总值和产业产值结构。图3显示了河北省2008~2013年地区生产总值以及增速。2008~2013年河北省的地区生产总值增速的平均值为 10.23%，我们以这一平均值作为 2014～2020 年的地区生产总值增长率的估计值。

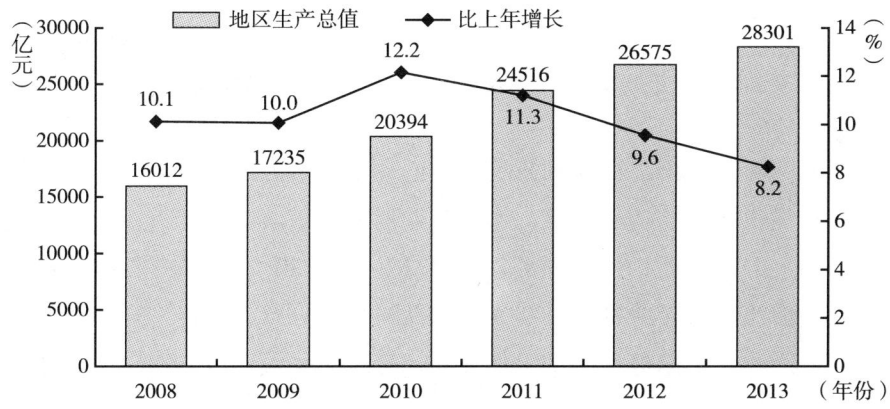

图 3　2008～2013 年河北省地区生产总值及增速

表 6　2007～2012 年河北省各产业生产总值统计表

单位：亿元

年份	地区生产总值	第一产业生产总值	第二产业生产总值	第三产业生产总值
2007	13607.32	1804.72	7201.88	4600.72
2008	16011.97	2034.59	8701.34	5276.04
2009	17235.48	2207.34	8959.83	6068.31
2010	20394.26	2562.81	10707.68	7123.77
2011	24515.76	2905.73	13126.86	8483.17
2012	26575.01	3186.66	14003.57	9384.78
2013	28301.40	3500.40	14762.10	10038.90

资料来源：《河北经济年鉴 2013》、《河北省 2013 年国民经济和社会发展公报》。

表 7　2007～2012 年河北省三次产业产值结构表

单位：%

年份	第一产业所占比重	第二产业所占比重	第三产业所占比重
2007	13.26	52.93	33.81
2008	12.71	54.34	32.95
2009	12.81	51.98	35.21
2010	12.57	52.50	34.93

续表

年份	第一产业所占比重	第二产业所占比重	第三产业所占比重
2011	11.85	53.54	34.61
2012	11.99	52.69	35.32
2013	12.37	52.16	35.47

资料来源：《河北经济年鉴2013》、《河北省2013年国民经济和社会发展公报》。

近年来，河北省第二产业和第三产业的比重一直处于波动之中，但考虑到政府出台的优化产业结构的政策，第二产业所占比重会小幅上升，第三产业的比重会稳步上升。因此，可以预测河北省2014～2020年第二产业产值比重和第三产业产值比重每年分别上升0.3个和0.5个百分点，具体产业产值结构预测结果和各产业生产总值预测结果如表8、表9所示。

表8　2014～2020年河北省各产业生产总值预测表

单位：%

年份	第一产业所占比重	第二产业所占比重	第三产业所占比重
2014	11.57	52.46	35.97
2015	10.77	52.76	36.47
2016	9.97	53.06	36.97
2017	9.17	53.36	37.47
2018	8.37	53.66	37.97
2019	7.57	53.96	38.47
2020	6.77	54.26	38.97

表9　2014～2020年河北省三次产业产值结构预测表

单位：亿元

年份	地方生产总值	第一产业生产总值	第二产业生产总值	第三产业生产总值
2014	31196.63	3609.45	16365.75	11221.43
2015	34388.05	3703.59	18143.14	12541.32
2016	37905.95	3779.22	20112.90	14013.83
2017	41783.73	3831.57	22295.80	15656.36
2018	46058.21	3855.07	24714.84	17488.30
2019	50769.96	3843.29	27395.47	19531.20
2020	55963.73	3788.74	30365.92	21809.07

2. 总人口预测

本报告使用趋势外推法来预测河北省未来几年的人口数量。河北省2007～2013年总人口增加了390万人，年均增长65万人。按照这种方法可推算出2020年河北省总人口将达到7788万人，具体推算结果如表10所示。

表10　2013～2020年河北省人口规模预测表

单位：万人

年份	人口	年份	人口
2014	7398	2018	7658
2015	7463	2019	7723
2016	7528	2020	7788
2017	7593		

（四）河北省城镇建设用地需求预测

建立河北省城镇建设用地与GDP、第二产业总产值和总人口之间的多元线性回归方程。假设河北省城镇建设用地与各影响因子之间的预测模型为：

$$Y = b_0 + b_1 X_1 + b_2 X_2 + b_3 X_3 \tag{1}$$

式（1）中，Y代表河北省城镇建设用地；X_1、X_2、X_3分别代表GDP、第二产业总产值和总人口；b_i（$i=0,1,2,3$）为计算的回归系数，初始值如表11所示。

表11　因变量Y和自变量X_i（$i=1,2,3$）初始值表

年份	城镇建设用地（平方千米）Y	GDP（亿元）X_1	第二产业总产值（亿元）X_2	总人口（万人）X_3
2007	964	13607	7202	6943
2008	1024	16012	8701	6989
2009	1075	17235	8960	7034
2010	1134	20394	10708	7194
2011	1175	24516	13127	7240
2012	1234	26575	14004	7288
2013	1296	28301	14762	7333

本报告采用向前筛选策略来对多元回归模型进一步优化,得到新的模型(见表12)。

表12 向前筛选策略模型

变量	系数	系数的标准误差	标准化系数	T检验信度	显著性水平
常量	699.562	31.955	—	21.892	0.000
X_1	0.020	0.001	0.987	13.845	0.000
回归方程	判定系数	调整判定系数	估计标准误差	F统计量	概率
	0.987	0.975	20.445	191.695	0.000

表12的回归结果表明该模型的变量通过了显著性水平$\alpha=0.01$的检验,线性关系十分显著,并且拟合优度也达到了97.5%。由此,可以确定GDP是影响河北省城镇建设用地的最主要因子,第二产业总产值和总人口没有通过显著性检验,将其报除建立河北省建设用地需求量的预测模型为:

$$Y = 699.562 + 0.020X_1$$

其中,变量X_1为GDP,将2014~2020年的GDP代入公式,得到河北省2014~2020年的城镇建设用地需求规模的预测值(见表13),2015年城镇建设用地需求约为1400平方千米,2020年约为1800平方千米。

表13 2014~2020年河北省城镇建设用地需求量的预测表

单位:平方千米

年份	2014	2015	2016	2017	2018	2019	2020
城镇建设用地需求量	1323	1387	1458	1535	1621	1715	1819

(五)小结

由于2010年河北省土地资源的数据是可获得的最新数据,因此,暂且用2010年的土地资源的数据来分析河北省土地利用状况。河北省土地利用结构以农用地为主,建设用地比重相对较低,未利用土地面积较大(见表14)。全省未利用地36589平方千米,但主要分布在山区、滨海地区、黑龙港低平原和坝上地区，土地质量差，开发难度大，可开垦为耕地的后备资源潜力仅为1625平方千米。也就是说，在不减少农用地的前提下，通过开垦补充耕地总量，并可作为城镇建设扩张的折抵指标的未利用土地仅有1625平方千米。根据上文的预测结果，2014~2020年河北省的城镇建设用地的需求量增加了约500平方千米，年均增长约80平方千米。假设城镇建设用地每年以80平方千米的速度增长，大约20年的时间就会用完未利用的土地，之后城镇建设只能通过占用农用地和农村建设用地来完成进一步的扩张。所以，土地不足将成为制约城镇化健康有序发展的主要障碍之一。

表14 2010年河北省土地利用状况

	土地调查面积	农用地面积	建设用地面积	未利用土地
面积(平方千米)	188544	131464	20491	36589
比重(%)	100	70	11	19

资料来源：河北省国土资源厅：《河北省土地整治规划2011~2020》。

三 城镇化进程中政府融资需求的预测

城镇化建设中制度与体制改革措施要落到实处，必须有政府的财税支持，政府财政在优化制度环境、干预市场失灵以及提供公共服务等方面具有重要作用。

河北省的财政收支在1990~2008年一直是处于几近收支相抵的状况，从2008年开始呈现明显的入不敷出的状况，财政支出远远超过了财政收入，并且差距越来越大，2012年财政赤字为1995.16亿元（见图4）。

（一）河北省的财政来源与构成

2012年河北省的地方财政收入总额为2084.28亿元，税收收入占地方财政收入的74.87%，其中增值税、营业税和企业所得税比例较大，占地方财政收入的51%，其他税种所占的比例较小；非税收入占地方财政收入的25.13%，其中，行政事业性收费收入占7.77%，而剩下的非税收入占地方财政收入的17.36%，其中大部分来自土地财政（见图5）。

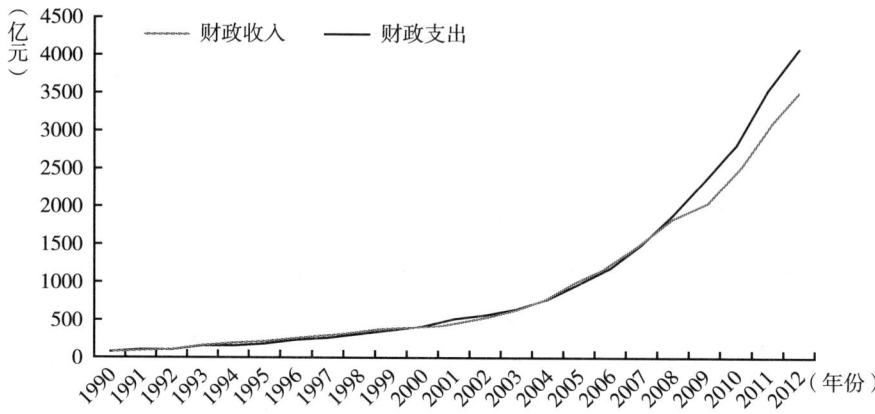

图 4　1990～2012 年河北省的财政收入与财政支出

资料来源：《河北经济年鉴 2013》。

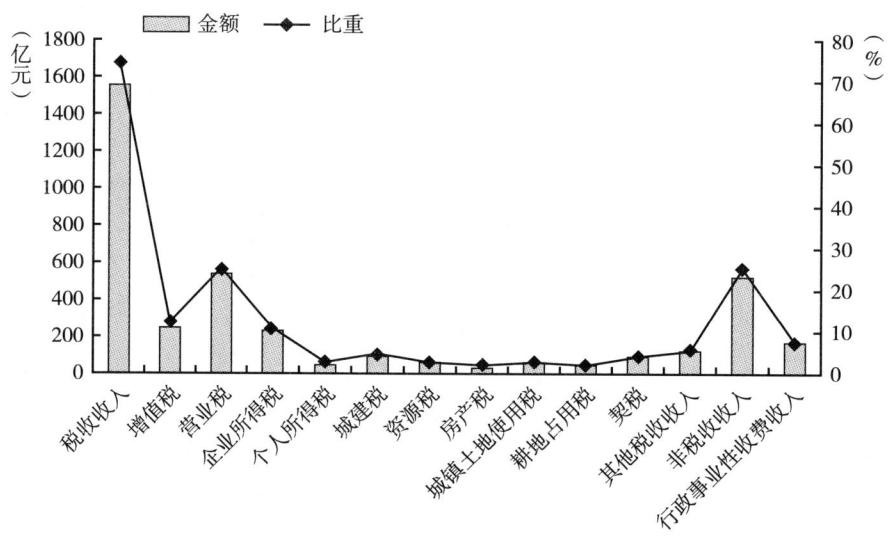

图 5　2012 年河北省财政收入的来源构成

资料来源：作者整理。

（二）财政支出的去向与构成

2012 年河北省财政支出总额为 4079.44 亿元，其中教育支出所占的比例最高，为 21.22%，其次为一般公共服务以及社会保障和就业，分别为 11.81% 和

11.53%，然后是农林水事务，为10.87%，这几项总计达到55.43%；医疗卫生、交通运输、城乡社区服务、公共安全、环境保护在财政支出中所占的比例居中，分别为7.92%、7.04%、6.95%、5.57%、3.14%，总计达到30.62%；国防、科学技术以及文化体育与传媒所占比重偏小，总计不足3%（见图6）。教育、社会保障和就业、医疗卫生、交通运输属于社会福利体系和基础设施建设的内容，财政支出用在这些地方的比例达47.71%。

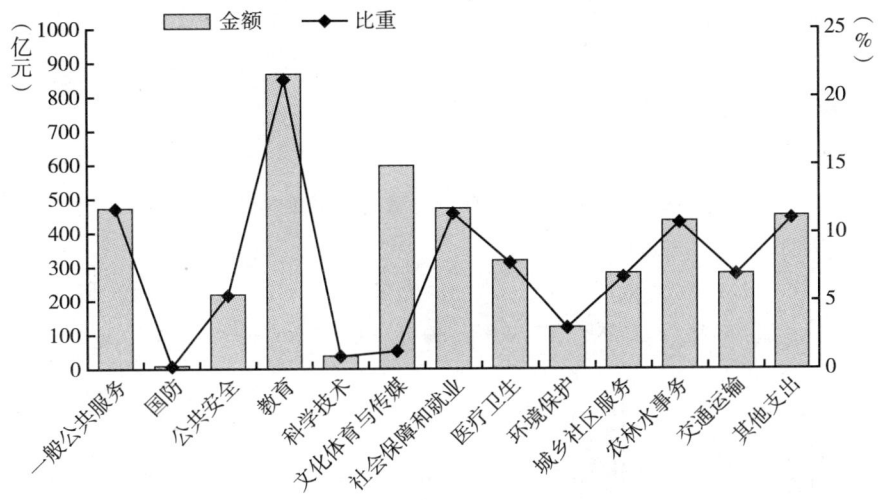

图6　2012年河北省财政支出的去向与构成

资料来源：作者整理。

2007~2012年，河北省的财政支出规模从1506.65亿元增长到4079.44亿元，增长了2.71倍。同时，河北省的财政支出结构呈现以下特点：第一，教育占财政支出的比例最高；第二，一般公共服务、社会保障和就业占比仅次于教育，然而呈现比重逐年递减的趋势，一般公共服务从2007年的17.88%下降到2012年的11.81%，社会保障和就业从2007年的14.61%下降到2012年的11.53%；第三，医疗卫生支出比重基本逐年上升，从2007年的5.18%增长到2011年的8.56%，2012年略有小幅下降；第四，交通运输支出比重增长最为迅速，由2007年的2.2%上升到2012年的7.04%（见图7和图8）。这些特征说明河北省财政支出结构正向保障型财政方向转变。

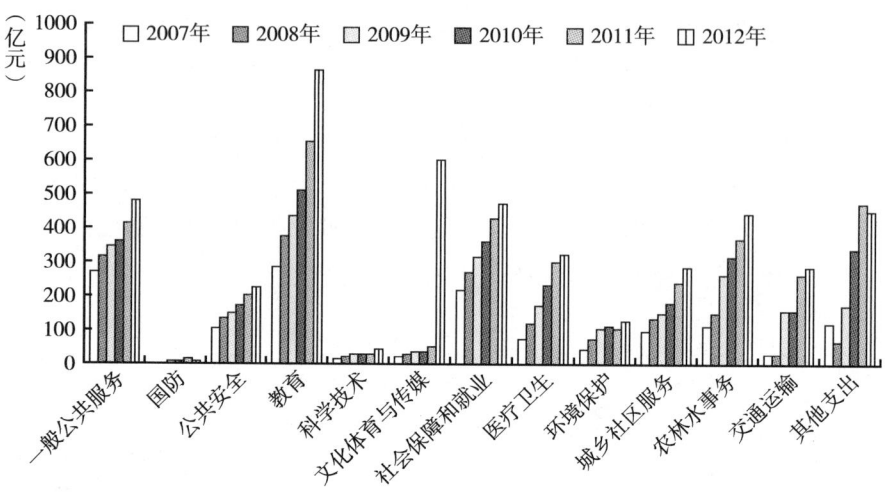

图 7 2007~2012 年河北省各项财政支出额

资料来源：作者整理。

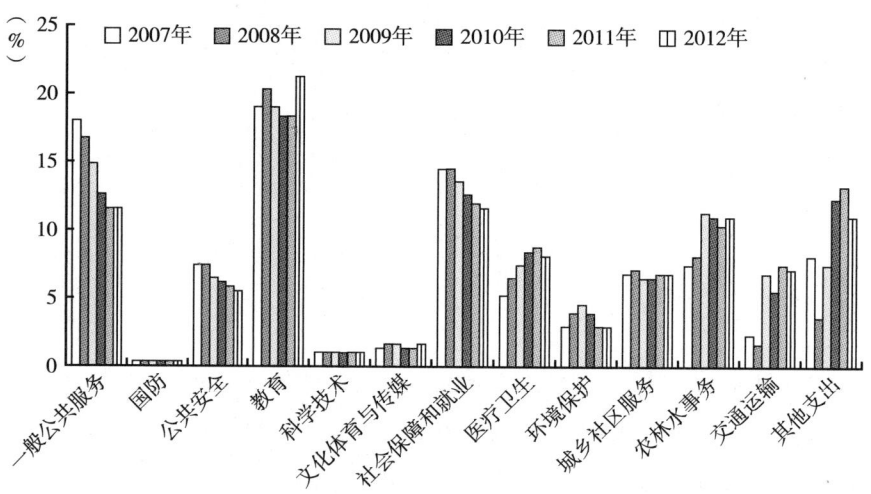

图 8 2007~2012 年河北省各项财政支出比重

资料来源：作者整理。

随着我国经济体制改革进程的加快，国民经济发展的重点已经不仅仅是经济总量的提升；推进城镇化建设，提高城乡人民的福利水平，实现城乡一体化已经成为财政关注的重点。所以，在目前的公共财政体制下，增加财政收入、调整财政支出结构、促进城镇化建设已成为重要议题。

（三）河北省新型城镇化建设资金需求规模分析

本报告对建设资金需求的预测主要是针对城镇的基础设施建设、公用事业建设、公共服务设施建设的投资资金，不包括城镇化前期的农村土地整理、失地农民转移与安置、农业产业化等需要的资金，并且从政府的角度来分析城镇化的资金缺口，因此，资金供给主要来源于政府财政。

通过对河北省财政支出情况的分析可知，从2008年开始，政府财政就一直处于入不敷出的状态，而财政支出主要是用于教育、一般公共服务、社会保障、医疗卫生方面，医疗卫生和交通运输支出比重增长速度较快。可以看出，财政支出很大一部分用在了城镇化建设方面，因此，财政不足成为阻碍城镇化进程加速的主要障碍之一。本报告采用定性分析法，利用固定资产和地区生产总值两组数据对2014～2020年河北省城镇化基础设施和公用事业以及公共服务的资金需求进行预测，为政府制定资金规划提供参考，促使其进行相应的财税制度改革和投融资体制改革，为城镇化提供充足的资金支持。

河北省正处于经济和城镇化快速发展阶段，2013年河北省生产总值为28301亿元，城镇化率为48%。一般来讲，国外在达到这一城镇化率的时候基础设施建设和公用事业投资费用占国内生产总值的比例为3%～8%，城镇公共服务投资基本上与基础设施和公用事业投资保持同步①，河北省城镇基础设施和公用事业投资占地区生产总值的比重为2.79%，所占比重偏低，要到达国际标准，需保证有一个较高的增长率，假设为12%，那么到2020年城镇基础设施和公用事业投资占地区生产总值的比重将达到6.16%。因此，我们以2008～2013年地区生产总值增速的平均值10.23%作为河北省未来几年的地区生产总值增长率的估计值。

构建河北省新型城镇化投资需求的预测模型：

$$Q = Y_i \times R_i (i = 2014, 2015, 2016, 2017, 2018, 2019, 2020)$$

其中，Q为年投资需求额，Y_i为第i年的地区生产总值，R_i为第i年的投

---

① 唐晓旺：《河南省新型城镇化投融资机制创新研究》，《管理学刊》2012年第5期。

资占地区生产总值的比例。通过该模型可以预测未来几年河北省新型城镇化基础设施和公用事业以及公共服务的投资需求①。

1. 河北省城镇化建设资金需求预测

城镇基础设施建设和公用事业建设主要包括：道路、桥梁、隧道等市内交通设施，水电气暖等各类光网的更新和维护，水、电力、热力、燃气生产和供应，邮政通信、文化体育场所的建设等。此外，公共服务建设也非常重要，主要包括就业、养老、住房、卫生、医疗等各项保障设施的建设。公共服务是人类生存和发展的基础条件，公共服务是否到位也是衡量城镇化水平高低的重要指标。我们运用模型对城镇化发展中的基础设施和公用事业以及公共服务的建设资金进行了预测，结果表明：2014～2020年河北省城镇化投资需求预计分别为2012亿元、2483亿元、3066亿元、3785亿元、4674亿元、5772亿元、7124亿元，7年累计需投资28916亿元，其中，城镇基础设施和公用事业累计投资需求为13985亿元，公共服务累计投资需求为14931亿元（见表15）。

表15 2014～2020年河北省城镇化建设投资需求预测表

年份	[1]	[2]	[3]	[4]	[5]	合计（亿元）
2014	31196.63	3.12	973	3.33	1039	2012
2015	34388.05	3.49	1200	3.73	1283	2483
2016	37905.95	3.91	1482	4.18	1584	3066
2017	41783.73	4.38	1830	4.68	1955	3785
2018	46058.21	4.91	2261	5.24	2413	4674
2019	50769.96	5.50	2792	5.87	2980	5772
2020	55963.73	6.16	3447	6.57	3677	7124
合计	—	—	13985	—	14931	28916

注：[1] 地区生产总值（亿元）；[2] 基础设施和公用事业投资占地区生产总值比例（%）（估计值）；[3] 基础设施和公用事业投资额（亿元）；[4] 公共服务投资占地区生产总值比例（%）（估计值）；[5] 公共服务投资额（亿元）。

2. 小结

2007～2013年河北省的地方财政收入的平均增长率为20.73%，本报告根

---

① 唐晓旺：《河南省新型城镇化投融资机制创新研究》，《管理学刊》2012年第5期。

据这一增长率预测了河北省 2014～2020 年的财政收入，并由上文分析可知 2012 年财政支出中 47.71% 用于城镇化建设，用该比值作为 2014～2020 年财政支出中用于城镇化建设的比例的预测值，因此，以该比例与财政收入的乘积作为城镇化的财政收入。通过上文分析得出了 2014～2020 年河北省城镇化建设投资需求的预测值。最后，通过计算上述两者的差值，计算出河北省政府每年的城镇化建设资金缺口的预测值，结果显示：2014～2020 年，政府城镇化建设资金累计缺口高达 1.1 万亿元。（见表 16）。因此，靠财政资金难以独立承担中国城镇化建设重任，必须发挥政府、企业、个人、外资等各方面的投资积极性，多方面拓展融资渠道，建立多元化的城市基础设施和公共服务投融资机制。

表 16　河北省政府的城镇化资金缺口预测

单位：亿元

年份	地方财政收入	用于城镇化的财政收入	城镇化资金需求	资金缺口	累计资金缺口
2014	2769	1321	2012	691	691
2015	3343	1595	2483	888	1579
2016	4036	1926	3066	1140	2719
2017	4873	2325	3785	1460	4179
2018	5883	2807	4674	1867	6046
2019	7103	3389	5772	2383	8429
2020	8575	4091	7124	3033	11462

四　政府的土地、融资风险防范与对策

（一）土地制度和投融资体制改革的必要性

在城镇建设过程中，人口、土地、资金是城镇化的三大要素，其中土地是推进城镇化的物质基础、空间载体和基本要素，资金是城镇化建设的保障。

土地制度改革是新型城镇化建设的突破口，是实现农业现代化、城乡一体

化和农民市民化的基础和前提。受土地供需矛盾影响,土地成为当前影响和制约地方经济发展的主要"瓶颈"。根据前文对河北省2014~2020年城镇建设用地规模的预测结果,2015年城镇建设用地需求约为1400平方千米,2020年约为1800平方千米。

河北省的城镇化土地利用目前主要有三种模式:城镇建成区外扩展模式、设立开发区扩张模式、旧城区改造升级模式(见图9)。这三种模式既涉及合理扩大城镇用地规模,也涉及盘活城镇存量建设用地的问题。在土地流转过程中,由于土地制度的不完善,出现了征地补偿标准低、农民"被上楼"、农民生活失去保障等一系列损害农民利益的问题,违背了新型城镇化"以人为本"的核心,更不利于和谐社会的构建。此外,当前我国土地仍处于粗放型利用阶段,存在"双重占地""摊大饼"式的土地扩张、利用等问题。因此,未来土地制度改革将主要聚焦在释放农村集体建设用地和加快城镇存量建设用地开发两个方面。

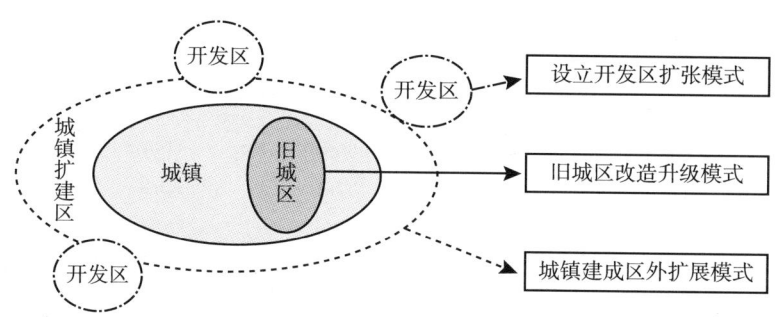

图9 河北省的城镇化土地利用模式

合理的投融资体制是城镇化建设的保障,为城镇化建设提供资金支持。在城镇化快速发展阶段,需要大量的资金,根据前文的预测结果,2014~2020年政府城镇化中用于基础设施建设和公用事业以及公共服务的累计资金缺口约为1.1万亿元。当前,政府通过"土地财政"来增加收入的问题比较普遍。"土地财政"不仅是对未来土地资源的透支,而且还抬高了房价,形成了房地产泡沫。为保证城镇建设顺利推进,必须进行投融资体制改革。

（二）政府的土地、融资风险

1. 政府的土地风险

目前，河北省辖区面积是1885.45万公顷，在我国34个省级行政区中居第14位，2011年人均土地面积4亩，人均耕地面积1.36亩，远低于全国人均土地面积10亩和略低于全国人均耕地面积1.38亩的水平。人多地少、耕地后备资源不足是目前河北省的现实问题。河北省的土地风险主要有：土地流转过程中的农民利益保障风险和土地利用过程中的风险。

（1）土地流转过程中的农民利益保障风险

在土地流转的过程中，由于制度与体制的缺陷以及监督的缺位，农民利益得不到有力的保障，具体来说包括以下几方面：一是现行的征地制度不够完善，地方政府滥用征地权大面积地违规圈地，剥夺农民权益，甚至出现农民"被上楼"的现象；二是土地补偿制度存在缺陷，主要的问题表现在补偿标准过低和补偿方式单一，过低的土地补偿使农民得不到土地增值带来的收益，大部分地区采用一次性货币支付的方式给予农民征地补偿，这种方式虽然简单、易实施，但是同时也使失地农民失去了未来的生活保障；三是征地程序不规范，监督机构不健全，损害农民利益的情况屡有发生。

（2）土地利用过程中的风险

①用地粗放，集约化程度低。目前，尽管城镇化用地规模在不断扩大，然而却有大量土地闲置浪费，利用效率不高。河北省市级以下园区，平均投资强度每亩不足100万元，年利税每亩不足万元。中小城市的"城中村"、农村的"空心村"现象也比较普遍。另外，土地对人口的承载能力不强也是新型城镇化过程中面临的问题，主要表现在土地城镇化快于人口城镇化：2003~2012年，河北省11个设区市城镇建成区面积增幅为69%，城镇人口增幅为36%，城镇用地增长率与城镇人口增长率之比值为1.92，高于全国平均比值1.85，前两者都高于国际公认的合理值1.12。例如，唐山市某区，建成区面积从10.2平方千米增长到30.5平方千米，增幅高达199.02%，然而同期城镇人口增幅仅为48.2%①。

---

① 许光辉：《河北省城镇化土地利用情况调查》，《中国国土资源报》2013年9月16日。

②双重用地问题突出。人口城镇化,从理论上讲农村居民点用地应逐年减少,然而实际情况并非如此。一方面,河北省城镇人均建设用地面积呈逐年上升趋势,城镇人均建设用地面积由2003年的80.01平方米/人增长为2012年的103.18平方米/人,增幅为29%;另一方面,河北省农村用地呈人减地增的逆向发展趋势,2000~2012年,全省农村人口减少了近1000万人,全省宅基地面积却增加了近200多万亩①。这两组数据说明了双重占地问题依然存在,农村居民点"空心村"现象正在加剧。双重占地问题造成土地闲置浪费,农村人均占地严重超标——农村居民点用地占了河北省总建设用地的60%左右。

③优质良田减少,耕地生产能力下降。城镇化建设必然会增加对土地要素的需求,而城镇化建设占用的土地往往是城镇周边的优质高产农田。政府为了使全省耕地面积不减少,通常的做法就是开发和整理耕地后备资源填补被占用的土地,但这种做法只是在耕地的数量上实现了占补平衡,在土地的质量上,新开发整理的耕地要远远低于城镇建设所占用的良田,从而使耕地生产能力下降。此外,河北省可供开发的耕地后备资源也在减少,2010年未被利用的土地为366万公顷②,比2000年的422万公顷减少了56万公顷,并且由于地理条件的限制可开垦为耕地的土地仅为16万公顷,比2000年的23万公顷减少了7万公顷。

2. 政府的融资风险

根据前文预测可知,未来几年河北省城镇化建设所需资金存在巨大缺口,在民间资本进入困难的情况下,政府必须通过借债来填补资金缺口。然而,在地方试点之前国家是不允许地方政府发债的,尽管河北省成为国家试点省,并于2011年首发地方债,但地方债的发行规模比较小并且用途受限。那么地方政府是如何借债融资的呢?地方政府主要通过地方融资平台来融资(见图10),这些地方融资平台是由地方政府来控股的,并向市场借债。然而,这种政府融资模式存在巨大的风险。

---

① 许光辉:《河北省城镇化土地利用情况调查》,《中国国土资源报》2013年9月16日。
② 河北省国土资源厅:《河北省土地整治规划2011~2020》,2012年8月。

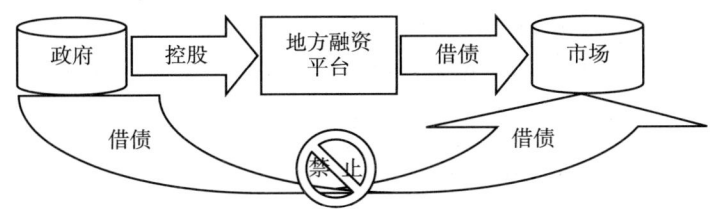

图 10　地方政府借债模式

（1）融资主体单一，政府风险大

城镇基础设施具有公共产品的属性，因此政府一直是城镇建设的主要投资主体，然而政府的财政收入无法满足城镇化建设的巨大资金需求，资金不足成为河北省城镇化发展的阻力。近年来，政府可以通过融资平台间接向市场借债，缓解城镇化的部分资金压力。然而，融资平台贷款名义上是公司贷款，实质上负债主体是控股的地方政府，政府几乎承担了所有的风险。地方债更严重的问题在于：地方政府还债能力有限，地方债多投向市政建设、交通运输等方面，其中除了土地收储，这些项目在短期内很少甚至基本没有现金流。另外，地方债是有利息的，而地方融资平台的资产收益率又很低，长此下去，债务会越滚越多。

（2）民间资本进入难，地方债规模小

尽管河北省不断鼓励民间资本进入城镇化建设领域，拓宽城镇化融资渠道，但是由于土地制度及相关政策的改革滞后，民间资本进入的门槛依然很高。另外，尽管河北省是地方债发行试点省，并于2011年首发地方债，全年总计发行73亿元，河北省地方债发行规模较小，并且主要用于保障房建设。因此，河北省地方债对于城镇化建设只能是杯水车薪，不能有效解决城镇化建设资金缺口问题。

（3）"土地财政"制约可持续发展

地方政府短期内没有现金流，但手里握着大量的土地资源，因此，"土地财政"成为政府融资的主要来源之一。政府通过融资平台以收储的土地向银行抵押贷款，用贷款再进行土地收储，进行基础设施建设，投入开发区以及进行房地产开发，然后地方政府用土地出让金归还银行贷款（见图11）。近年来，河北省城镇建设资金的1/2~2/3来自土地出让收入,仍然走"征地—出让—建设—以地融资"的老路。如果市场形势发生变化,土地出让收入低于预期,将面临较大还贷压力。虽然通过一次性出让土地的"土地财政"可以解决城镇化建设中的资金需求,但是,土地资源是有限的,以地融资具有不可持续性。

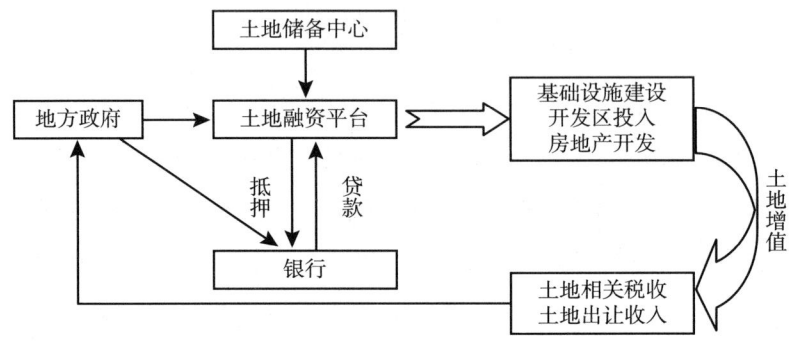

图11 地方政府土地融资机制

(三)应对土地、融资风险的对策

1. 土地风险的防范对策

(1)妥善处理土地流转过程中农民利益与保障问题

改革农村土地管理制度、征地制度和征地补偿制度,解决好农民进城后的"三块地"(宅基地、承包地、进城后住宅用地)问题。首先,要建立宅基地有偿使用、有序退出、有限流转制度,完善土地承包经营权流转机制;其次,要积极推进征地制度和征地补偿制度改革,按照被征土地的"未来用途"和市场价值来测算被征地农民的应分配利益,并给予合理补偿,让农民更多分享经济发展带来的土地增值收益;再次,丰富和完善补偿方式,要充分考虑失地农民未来的生活保障问题,从就业、医疗和养老保险等方面给予补偿,并建立进城落户农民城镇住房保障机制;最后,要规范征地程序,加强对执行工作的监督,切实保护失地农民的利益。

(2)释放农村集体建设用地,加快城镇存量建设用地开发

应对城镇化过程中土地资源不足有两条途径:一是对农村居民点的整理;

二是提高城镇土地利用效率（见图12）。合理地整理农村居民点是建设用地指标增长和耕地增加的主要来源。农民进城务工以后，大量农村集体土地闲置，建议加快建设农村集体土地流转制度，统一城乡土地市场，通过市场机制不仅可以增加农民财产性收入，同时也可以提高增量土地成本，避免城市"摊大饼"式的扩张。另外，通过整理农村宅基地减少居民点占地，复垦补充耕地总量，并作为城镇建设扩张的折抵指标，从而可以减少城镇建设占用优质耕地。

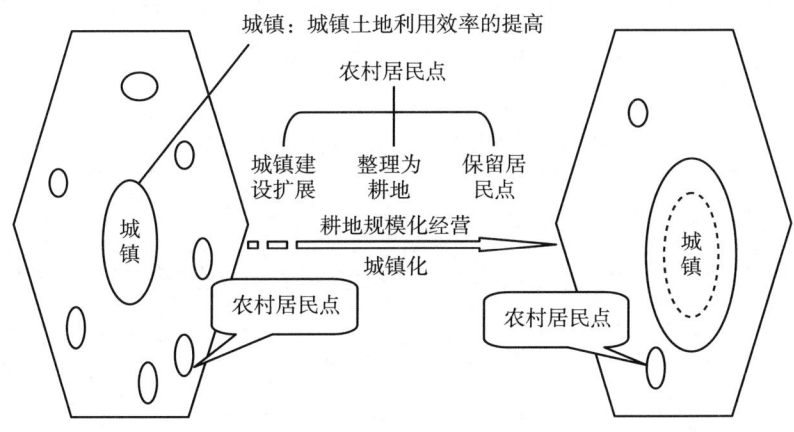

图12　城镇化过程中土地集约利用示意图

当然，以农村居民点作为后备土地来源并不意味着城镇建设用地规模就可以盲目扩展，要想满足城镇建设用地需求，就必须利用好现有土地，重点挖掘城镇土地使用潜力，提高城镇土地集约利用水平，优化土地利用结构。城镇土地置换是提高土地利用效率和优化空间布局的有效途径。

2. 融资风险的防范对策

（1）强化城镇化建设的财税支持

政府通过土地获得收入主要有三条途径：土地相关税收、土地非税收收入、土地抵押融资。政府目前过度依赖出让土地来获取收入。要通过改善财税制度来为城镇化提供资金保障，逐步摆脱城镇化建设对"土地财政"的过度依赖。第一，要按照"谁收益，谁交税"的原则开辟新的税种，同时加大对现有相关税种的征收力度，从而在一定程度上遏制地方政府的"卖地"冲动，避免城市盲目扩张;第二,加大城镇化的财政支持力度,成立城镇建设基金,统筹管理和使用,确保建设资金足额落实。

(2) 引导民间资本进入城镇化建设领域

引导民间资本进入城镇化建设领域是解决城镇建设资金不足的重要途径。首先,通过税收减免、财政补贴等方式,鼓励民间资本以参股、控股、独资等方式投资城市基础设施建设和公共服务事业;其次,疏通民间资本进入城镇化建设的渠道,鼓励民间资本以债权、参股等方式投资地方融资平台公司;再次,建立主要投向市场不能有效配置资源的非经营性项目的政府投入机制;最后,建立民间投资与政府投资的合作机制(见表17)。

表17 民间投资与政府投资的合作机制

项目类型	政府与民营企业合作模式
现有基础设施	租赁、出售、运营和维护合同承包
扩建和改造现有基础设施项目	购买-建设-经营(BBO)、租赁-建设-经营(LBO)、外围建设
新建基础设施	建设-经营-转让(BOT)、建设-转让-经营(BTO)、建设-拥有-经营(BOO)

参考文献

[1] 张贵:《做好顶层设计,提高新型城镇化质量》,《天津日报》2013年3月11日。
[2] 河北省人民政府:《关于加快城市化进程的实施意见》,2010年10月27日。
[3] 许光辉:《河北省城镇化土地利用情况调查》,《中国国土资源报》2013年9月16日。
[4] 河北省人民政府:《关于加快壮大中心城市促进城市群快速发展的意见》,2009年5月15日。
[5] 河北省建设信息中心:《河北城建投融资体制改革"破题"》,2009年2月18日。
[6] 王建国:《城镇化进程中建设用地需求合理预测方法研究》,河北农业大学博士学位论文,2007。
[7] 唐晓旺:《河南省新型城镇化投融资机制创新研究》,《管理学刊》2012年第5期。
[8] 陈丽丽:《城市化进程中失地农民利益受损的原因、影响及保护对策》,《福建论坛》(社科教版)2007年第8期。
[9] 河北省国土资源厅:《河北省土地整治规划2011~2020》,2012年8月。

B.3 产业发展与河北省新型城镇化

金浩 张玉苗*

摘　要：

产业发展与城镇化相互影响，相互促进，二者息息相关。首先，利用 IU 比、NU 比的国际标准值法对河北省 2000~2012 年城镇化与工业化的发展关系进行测度，结果显示河北省城镇化的总体水平已从严重滞后于工业化，逐步趋向于与工业化相协调；其次，根据对河北省三次产业发展与城镇化相关关系的分析发现，河北省依然处在工业化实现阶段，仍须依靠工业发展支撑城镇化，而第三产业对城镇化的带动作用并没有发挥出来；最后，通过构建城镇化与产业结构协调度评价指标体系，利用协调发展度模型，对河北省城镇化与产业结构协调发展的趋势进行量化分析，结果表明，河北省整体协调发展度呈上升趋势，但仍然存在很多问题，各设区市之间还存在较大差异。核心问题依然是产业结构相对落后，不能适应现代社会进步和高速发展的要求，需要采取有力措施来推动产业结构的优化升级，进而加快城镇化发展。

关键词：

产业发展　工业化　协调发展　新型城镇化

城镇化是社会发展的必然趋势，是我国成为现代化强国的必由之路。城镇化与产业发展存在十分密切的联系，配第-克拉克定理从产业结构方面清

---

* 金浩，河北工业大学经济管理学院院长、教授、博士生导师，研究方向为数量经济、区域经济、产业经济；张玉苗，河北工业大学博士研究生，研究方向为区域经济学。

楚地描述了产业发展的一般趋势,揭示了国民收入与劳动力同三次产业结构变动间的内在联系以及变化规律,即三次产业间的相对收入差异促使劳动力流向能获得更高收入的部门。因此,随着经济的发展,劳动力将首先由第一产业向第二产业转移,当人均国民收入进一步提高时,劳动力便转向第三产业。这种劳动力在不同部门、不同产业间的转移过程也自然地改变了其空间领域配置,伴随着产业结构的升级变化和经济要素的流动与聚集,城镇化也就应运而生了。

城镇化不仅以产业发展为动力源泉,而且在全面推进过程中的不断完善也始终需要产业发展作为支撑。回顾世界各国城镇化发展过程,位于拉美、东南亚的一些发展中国家由于没有考虑到自身的特殊条件与制约因素,在城镇化的实践进程中缺乏足够的产业支撑,因而形成一种"有城无市"的特殊现象,也由此引发了一系列经济社会问题。当前,我国城镇化已经进入质量全面提升的关键时期,作为发展中国家,我国也存在同样的问题。虽然我国近年来的城镇化发展速度较快,但产业支撑力度却不足,无法提供充足的就业岗位,造成城镇就业岗位的增加赶不上城镇人口的增长,无法保障新增城镇人口就业和生活的稳定。因此,促使城镇化与三次产业协调发展,实现城镇化与产业发展的良性互动,成为今后一段时期我国包括河北省经济社会发展的必然需要。

一 工业化与城镇化的互动关系和基本模式

产业发展过程对应于工业化,实际上就是工业化不同阶段即前工业化阶段、工业化实现阶段和后工业化阶段逐渐演进的过程,两者在产业结构的转换、发展和最终结果的形成方面是一致的。尽管一直以来各界对工业化的概念并无统一的标准和表述,但普遍认为,工业化是一个国家由落后的农业国向先进的工业国逐渐转变的历史阶段,是一个以工业为中心的非农产业迅速增长及比重上升的过程,是一个经济结构逐渐调整与产业结构不断升级的过程,这个进程可以等同于经济发展的进程。这种经济过程不仅扩大了经济容量,改变了社会的生产方式,而且改变了人们的生活方式,因此,工业化体现的是一个经济与社会共同发展的过程。

(一)工业化与城镇化的互动关系

工业化与城镇化息息相关,相互促进。工业化是城镇化的核心动力与加速器,城镇化是工业化的表现结果与依托。工业化以城镇化为基础,城镇化反过来作用于工业化,其中工业为城镇发展提供了物质保障与支撑,对城镇化具有巨大的推动作用,而城镇的集聚效应与服务功能又为工业化的进一步推进创造了条件[①]。工业化是现代经济发展的主旋律,而城镇化是现代社会发展的主旋律,两者是一个相互联系、不可分割的整体,共同反映了人类发展的基本进程。

从经济发展的进程来看,工业化对城镇化的带动作用具体体现在以下几个方面[②]。

第一,工业化发展从集聚效应方面带动了城镇化。工业的发展引起了比较利益的变化,进而导致了经济要素趋向更高利益的实际流动,促使产业专业化和资源利用效率的提高。这种集聚效应以工业集中为中心,并逐步扩展到市场规模、关联产业、要素供给、就业、服务业以及公共服务设施等多个方面,由此引起的人口与生产要素向城市的流动和集聚,成为工业化带动城镇化最重要的原因。

第二,工业化发展从社会消费结构与消费需求方面带动了城镇化。随着经济社会的发展和人均收入水平的提高,居民的消费需求与方式不断变化与升级,农村消费模式逐步向城市消费模式转变,进而为农村人口的迁移与城市人口的集中奠定了基础,而与此同时社会消费结构的不断升级则为市场规模的扩大与城市的发展创造了经济条件。工业化所导致的两者变化,是促使城乡人口角色转变的一个重要动因。

第三,工业化发展从产业结构转变方面带动了城镇化。工业产值与比重的不断上升带动了包括服务业在内的非农产业产值比重的上升,对城镇化进程起主导作用的产业逐渐从工业转向非农产业,在这个转变的过程中,劳动力也同样发生了流动与转移。这种产业结构与就业结构的升级变化不仅有利于带动落后产业,而且能发展先进产业,同时也对劳动力资源进行了优化配置,促进了城市发展能力与地域

---

① 杨利娟:《我国城镇化过程中产业发展问题浅析》,《经济研究导刊》2010 年第 11 期。
② 叶振宇:《城镇化与产业发展互动关系的理论探讨》,《区域经济评论》2013 年第 4 期。

形态的有序推进，有力地带动了城镇化，从根本上促使城乡结构的变迁。

此外，工业化与城镇化的相互作用还体现在城镇化在得到工业化助推的同时，也反过来促进工业化，推动工业化向深度和广度发展。一方面，城市的发展带动了资本、技术、劳动力和信息等各种要素的集聚，为工业化大规模生产创造了有利条件。另一方面，城镇化带来了需求的扩展和升级，改变了劳动者的生产生活方式，使得城乡经济结构不断得到优化对整个社会经济的发展具有长远和巨大的效益①（见图1）。

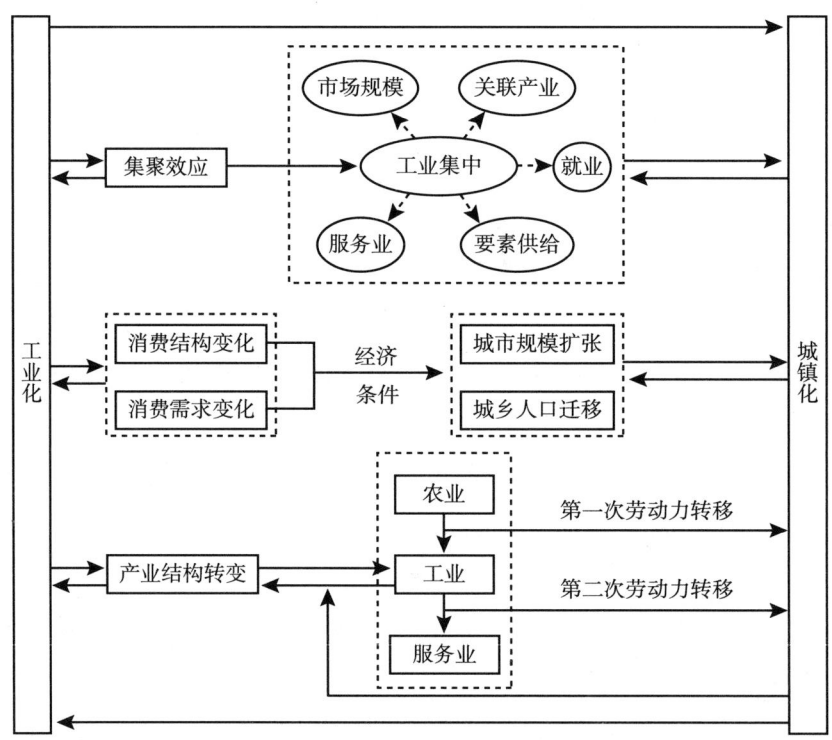

图1 工业化与城镇化互动关系

（二）工业化与城镇化的基本模式

一般来说，任何一个国家的城镇化都是与工业化相协调的，但在城镇化过

---

① 周叔莲、王延中、沈志渔：《中国的工业化与城市化》，经济管理出版社，2013。

程中，由于各国工业化社会所处的时代不同，以及经济基础和条件的差异，其工业化与城镇化的发展并不一定都遵循一个协调同步、相互促进的形式前进，而是处于不同的发展阶段。从两者的关系来说，具体可以分为工业化与城镇化同步模式、过度城镇化模式、滞后城镇化模式①。其中，除同步模式外，后两者都属于非协调发展模式，而对于非协调发展模式特征与原因的分析将对认识地区存在的问题以及寻找合理的政策和方向具有重要的作用。

(1) 工业化与城镇化同步模式

这种模式是指工业化与城镇化的发展进程与水平趋于相对一致的状态。在西方发达国家，以工业革命为起点的工业化引起了城镇化的萌芽，并在后来漫长的发展过程中，始终起到稳定的推动与促进作用。工业化最初是从劳动密集型部门开始的，这类工业部门能够大量地吸收农村剩余劳动力，使城镇化发展与劳动力转移进程同步，并逐步实现产业与就业结构的转变，这就是西方传统经典城镇化模式的特征。

(2) 过度城镇化模式

过度城镇化是指城镇化水平明显超过工业化与经济发展水平的模式，也称超前城镇化。这类城镇化并没有以工业与农业发展作为基础，而是依靠传统的第三产业来拉动。农村人口大量涌入城市，城市人口迅速增长，超过了其自然与生态环境的正常承受能力，城市无法为新增人口提供充足的就业机会与必要的生活条件，进而引发失业、环境污染、交通拥挤、社会动荡等一系列"城市病"，形成一种畸形的城镇化状态。过度城镇化产生的原因在于城乡二元经济结构所带来的人口流动的推力，只要这种结构还存在，推力就会一直持续下去，而政府没有采取合理的政策与宏观调控手段也是原因之一。

拉美国家是这个模式的典型代表，例如，墨西哥1993年的城镇化率就已达到74%，大于同期芬兰的62%、意大利的67%和瑞士的60%，但是其工业化与经济发展水平却远远落后于这些发达国家，人均GDP甚至仅为发达国家的1/5~1/4。

(3) 滞后城镇化模式

滞后城镇化模式指的是城镇化落后于工业化和经济发展水平的模式。这种

---

① 叶连松、靳新彬：《新型工业化与城镇化》，中国经济出版社，2009。

模式的产生原因在于政府为了避免城乡对立和"城市病"的发生，采取各种措施阻止城市人口的增加与规模的扩大，人为地限制城镇化的发展。这种模式虽然在一定程度上阻止了城市规模扩大过快所引起的负面效应，但同时也使得城市的集聚效应与规模效应不能发挥应有的作用，造成了另一种"农村病"。中国长期以来处于这种不协调的模式之中，城镇化滞后于工业化发展，严重影响了整个社会的进步。

除了这三种模式以外，还有一种模式称为逆城镇化，指的是城市市区人口郊区化，城镇布局分散化。表现在市区人口向郊区转移，城市人口向外围卫星城市转移。这种模式并不是城镇化的反向运动，而是城镇化发展到更高阶段的一种新形式。

二 河北省城镇化与工业化发展关系测度

（一）相关指标选取与评测方法

对城镇化与工业化发展关系进行测度时，通常使用城镇化率、工业化率和非农化率等指标。而对于测度方法，学术界广泛使用的一种方法是钱纳里标准模式判定。经济学家钱纳里等人在1965年通过对90个不同发展阶段的国家和地区工业化与城镇化关系的分析研究，概括出了两者的一般变动模式，得出了人均GDP越高，工业化与城镇化水平也越高的结论。

另外一个是 IU 比、NU 比的 0.5 和 1.2 国际标准值法①。IU 比指的是劳动力工业化率（工业就业人数比重）与城镇化率的比值，NU 比指的是劳动力非农化率（非农产业就业人数比重）与城镇化率的比值，其中 I 表示劳动力工业化率，N 表示劳动力非农化率，U 表示城镇化率。国际研究经验表明，当工业化与城镇化发展关系比较协调时，IU 比大致为 0.5，NU 比大致为 1.2。如果 IU 比明显小于 0.5，NU 比明显小于 1.2，则表明城镇化相对于工业化发展超前了，表现为城镇地区不仅集中了从事工业与非农产业的劳动力，而且集中了

---

① 刘奇中：《工业化城镇化互动协调发展研究》，《华东经济管理》2013年第2期。

大量农村人口,城市无法为过多涌入的农村人口提供充足的就业机会,容易引发城市病,属于过度城镇化。如果 IU 比明显大于 0.5,NU 比明显大于 1.2,则表明农村中还存在大量从事工业与非农产业的劳动力,未能向城镇集聚,城镇发展不足,属于滞后城镇化(见表1)。

表1 IU值、NU值与工业化和城镇化发展对比关系

IU 值	NU 值	工业化和城镇化发展的关系
趋于 0.5	趋于 1.2	比较协调
IU > 0.5	NU > 1.2	滞后城镇化
IU < 0.5	NU < 1.2	过度城镇化

大部分情况下,钱纳里标准模式判定法与 IU 比、NU 比的 0.5 和 1.2 国际标准值法是通用的,但由于利用钱纳里标准模式判定两者关系时,不同收入水平的国家或地区,在对比人均 GDP 时会涉及汇率的换算,利用不同的换算方法会得出不同的结果,所以为了避免混乱,本报告选择后一种方法对河北省工业化与城镇化发展的关系进行测度。

(二)河北省城镇化与工业化的发展关系测度

本报告基于 2000~2012 年的统计数据①,分别从不同角度对河北省城镇化与工业化的发展关系进行测度。

1. 相对于工业化水平,城镇化发展滞后

河北省工业化与城镇化发展关系如表2和图2所示,自2000年以来,河北省 IU 比始终大于国际标准 IU 比,表明河北省仍有大量从事工业的劳动力滞留在农村地区,没有集中到城镇地区,城镇化发展一直滞后于工业化水平。2012年,河北省 IU 比缩小到 0.732,仍大于国际标准值,但从总体趋势来看,河北省的城镇化发展已从过去严重滞后于工业化逐步趋向于与工业化相适应,两者的偏差程度正在逐年缩小。

---

① 数据源于 2001~2013 年的《河北经济年鉴》。

表2 河北省工业化率、非农化率与城镇化率的对比关系

年份	I	N	U	IU	NU
2000	26.20	50.44	19.60	1.337	2.573
2001	26.39	50.83	20.35	1.297	2.498
2002	27.05	51.60	21.34	1.268	2.418
2003	27.17	51.81	26.72	1.017	1.939
2004	28.23	54.14	30.96	0.912	1.749
2005	29.24	56.16	37.69	0.776	1.490
2006	29.99	57.76	38.77	0.774	1.490
2007	30.96	59.58	40.26	0.769	1.480
2008	31.41	60.24	41.89	0.750	1.438
2009	31.73	61.00	43.74	0.725	1.395
2010	32.36	62.12	44.50	0.727	1.396
2011	33.31	63.67	45.60	0.730	1.396
2012	34.28	65.09	46.80	0.732	1.391

说明：表中 I 为第二产业就业人数占总就业人数比重，N 为第二产业和第三产业就业人数占总就业人数比重，U 为城镇人口占总人口比重。

资料来源：根据《河北经济年鉴2013》计算整理。

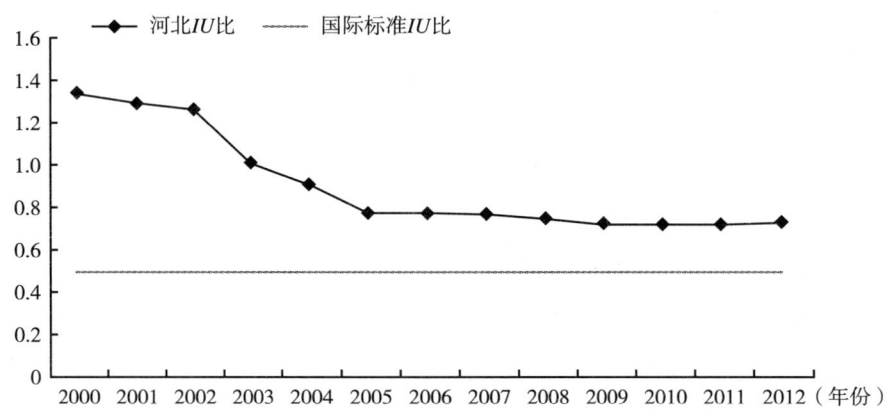

图2 河北省 IU 比与国际标准 IU 比相互关系

2. 相对于非农化水平，城镇化发展滞后

如表2和图3所示，河北省2000年以后的 NU 比始终大于国际标准比，说明农村地区仍然滞留了一定数量从事非农产业的就业人口，未能向城镇地区集聚，

表明相对于非农产业，河北省的城镇化发展落后了。不过从图3中也可以看出河北省的 NU 比是逐年下降的，与国际标准值的偏差度已由2000年的1.373减小为2012年的0.191，表明河北省城镇化滞后于非农化发展水平的程度在逐步缩小。

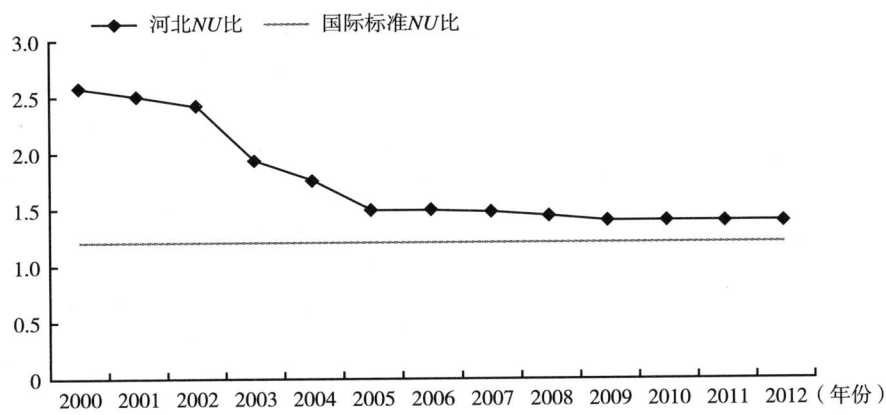

图3　河北省 NU 比与国际标准 NU 比相互关系

综合来看，无论是相对于工业化还是非农化的发展水平，河北省城镇化的总体发展处于滞后态势，但随着经济社会的快速发展，滞后程度越来越小，发展关系越来越趋于协调。在新的经济形势与政策导向下，河北省需要清醒地认识到差距，采取积极有效的措施，在保证工业快速发展的同时，加快城镇化进程，不断提升城镇化质量。以下从产业结构角度进一步分析河北省城镇化发展。

三　河北省产业发展与城镇化的互动关系分析

（一）河北省产业结构与城镇化发展现状

城市产业结构是城镇化发展的基础因素，其合理的转换与演变决定着城镇经济功能充分和有效的发挥，其通过资源要素在各个部门和区域间的流转和再配置，引起城镇化动力机制与空间形态的变化，进而影响城镇化的进程和路径，推动城镇化的发展。产业结构的转换主要包括产业结构的重化工化、高加工度化和软化三个方面。其中软化也可以称为高度化，指的是第一产业和第二产业产值比重不断下降，第三产业比重不断上升的过程。而城镇化发展主要依赖产业结构高度化，并以此为支撑。

表3列出了2012年河北省11个设区市城镇化发展水平与产业结构的对应关系。从表3中城镇化率所反映的情况可以看出，河北省各设区市之间的城镇化发展水平存在差距，排名较高的唐山和石家庄的城镇化率已经达到53%以上，廊坊也超过了50%，已进入城镇化快速发展时期。而排名相对较低的承德、保定、衡水和邢台等市的城镇化率与前三位相差约10个百分点，这些城市的普遍特点是第一产业比重较高，比重相对较低的非农产业发展落后，没有形成很好的拉动作用。张家口和秦皇岛的城镇化率在河北省内位于中上游水平，但对比发现，两市的第一产业比重相对较高，并且工业比重处于较低水平，因此可以说明，两市较高的第三产业发展水平在很大程度上提升了其城镇化的整体水平。

表3 2012年河北省各设区市产业结构与城镇化

单位：%

城 市	三次产业产值结构				人口城镇化率
	第一产业比重	第二产业比重	第三产业比重	工业比重	
河北省	11.99	52.69	35.31	47.08	46.80
石家庄	10.05	49.79	40.16	44.30	53.47
承 德	15.67	52.91	31.42	46.85	41.92
张家口	16.68	42.89	40.43	35.82	47.63
秦皇岛	13.38	39.29	47.33	33.04	49.67
唐 山	9.02	59.26	31.72	55.34	53.60
廊 坊	11.06	53.98	34.96	45.97	50.60
保 定	13.90	54.98	31.12	46.29	41.58
沧 州	11.35	52.59	36.06	47.59	44.03
衡 水	18.70	51.72	29.58	46.89	41.39
邢 台	15.69	54.15	30.16	49.73	42.85
邯 郸	12.69	53.59	33.71	48.72	46.58

资料来源：根据《河北经济年鉴2013》以及各市统计公报计算整理。

（二）河北省三次产业发展与城镇化相关关系分析

城镇化的发展水平会受到多种因素的共同作用和影响，其中产业结构的变动与调整起着举足轻重的作用。本部分利用统计分析软件 SPSS 18.0 对河北省产业结构变动与城镇化发展进程的相互影响进行量化分析，以期了解三次产业发展对城镇化产生的不同影响，进一步探究两者之间的内在关系。

首先，基于 2001～2013 年《河北经济年鉴》的统计数据，对河北省城镇化水平与人均 GDP 以及三次产业发展的相关指标进行相关关系分析，得到相关系数矩阵，用来描述城镇化率与各自指标的相关程度，如表 4 所示。

表 4　2000～2012 年河北省城镇化率与产业及就业结构相关系数矩阵

指　标	Y	Z	X_1	X_2	X_3	X_4	X_5	X_6
城镇化率（Y）	1.00							
人均 GDP（Z）	0.906	1.00						
第一产业产值比重（X_1）	-0.970	-0.909	1.00					
第二产业产值比重（X_2）	0.896	0.734	-0.894	1.00				
第三产业产值比重（X_3）	-0.066	0.176	0.002	-0.449	1.00			
第一产业就业比重（X_4）	-0.969	-0.975	0.963	-0.835	-0.056	1.00		
第二产业就业比重（X_5）	0.963	0.981	-0.958	0.819	-0.082	-0.999	1.00	
第三产业就业比重（X_6）	0.973	0.965	-0.965	0.851	0.025	-0.998	0.995	1.00

表 4 可以反映出以下内容。

（1）河北省城镇化率与三次产业结构变动的相关关系表现为：城镇化率与第一产业产值比重和第三产业产值比重呈负相关关系，相关系数分别为 -0.970 和 -0.066（见表 4），后者相关关系很弱；与第二产业产值比重呈显著正相关关系，相关系数为 0.896。

对比各个指标的原始数据变化趋势可以看出（见图 4），在河北省城镇化水平逐年提高和上升的过程中，总体呈现第一产业产值比重不断下降，而第二和第三产业产值比重的变化过程并不是一个稳定的态势。2000~2008年，第二产业产值比重不断上升，而第三产业比重处于一种上下波动的状态，2008年由于全球金融危机对实体经济的冲击，使得第二产业比重在2009年出现了明显的下降，第三产业比重则略有提高，而在2009年以后，两者又形成了一个相反的变动趋势。综合来看，尽管受金融危机影响，第二产业在河北省城镇化进程中始终是重要的支撑，也可以说明，河北省依然还处在工业化实现阶段，仍需依靠工业发展支撑城镇化，而第三产业对城镇化的带动作用还没有发挥出来，还有巨大的发展空间。

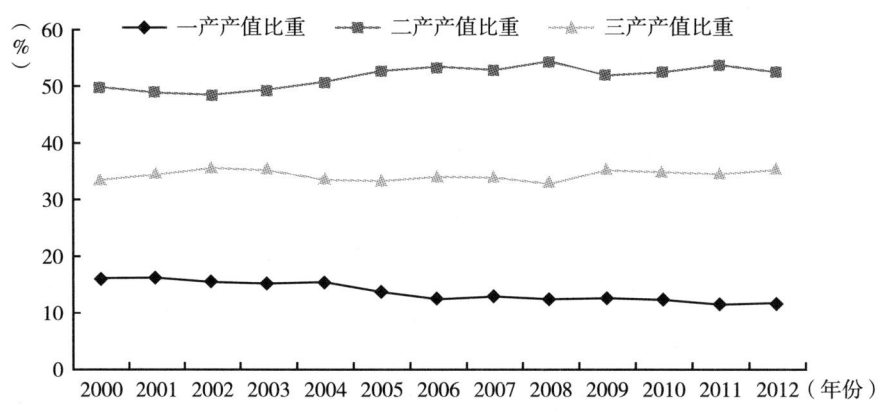

图4　2000~2012年河北省三次产业产值比重变动情况

（2）河北省城镇化率与三次产业就业结构变动的相关关系表现为：城镇化率与第一产业就业比重呈负相关关系，相关系数为-0.969；与第二产业和第三产业就业比重呈显著的正相关关系，相关系数分别为0.963和0.973（见表4）。对比原始数据可以看出（见图5），第一产业就业比重呈逐年下降趋势，而第二产业和第三产业就业比重则始终保持着稳步上升的趋势，两者对城镇化发展产生了积极的促进作用。

（3）作为城镇化发展的基础，工业化通过不断促进产业发展与升级的途径从核心层次影响着城镇化。对河北省而言，城镇化率无论是与第二产业的产值比重还是就业比重，都呈现出显著的正相关关系，并且从就业贡献方面看，工业化与第三产业也具有较强的相关关系，起到了很好的拉动作用，可以看出在河北省

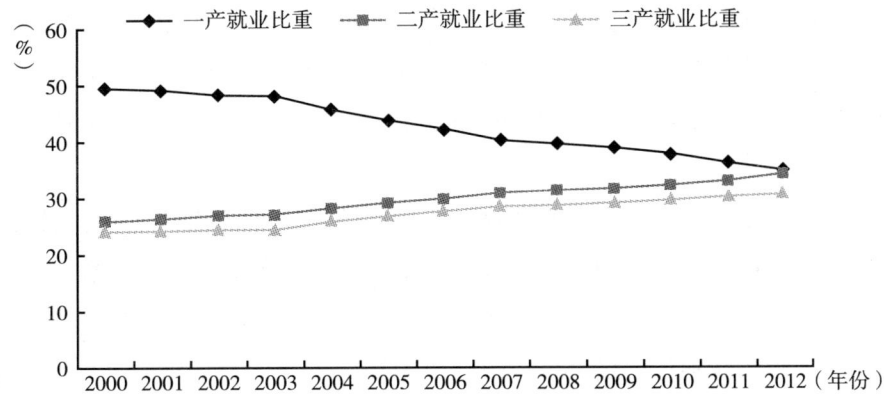

图 5　2000～2012 年河北省三次产业就业比重变动情况

未来一段时间的城镇化建设过程中，工业化依然是主要动力。

（4）随着经济的发展，第三产业作为城镇化的后续动力，将通过为城镇化提供服务和基础设施，不断增强城镇的吸引力，并通过其较高的就业弹性，吸收大量劳动力，从经济和社会等多方面推动城镇化继续向前发展。通过表 4 可以看出，第三产业对河北省城镇化起到的推动作用主要体现在就业方面，而其产值变动所产生的效应并没有起到相应的推动作用。2000 年以来第三产业产值比重波动较大，并未随工业化的提高而稳步增长，可能是因为第三产业内部结构的不合理性，导致了产业结构的不协调。这不仅制约了河北省工业化的稳定发展，影响了城镇化的建设进程，而且也对整个经济和社会的发展和进步产生了一定限制。

四　河北省产业结构与城镇化协调发展研究

（一）产业结构与城镇化协调发展的基本内涵

产业结构与城镇化之间存在密切的关系。产业结构的演化可以带动城镇化的发展，城镇化水平的提高也会为产业结构的调整与升级提供良好的基础，两者之间由此形成一个互动发展的系统。如果能够形成一种协调关系，则产业结构与城镇化之间将会实现良性互动；如果两者在发展过程中有冲突与不协调，则会使整个系统处于恶性循环状态,其中若产业结构演进的速度快于城镇化进程,超过了城市资源的承载力,则会对产业结构的进一步升级造成阻碍,若城镇化进程过快,没有相应产业结构优化升级的支撑,也会导致"城市病"的发生。

其一,三次产业的发展是推进城镇化的动力和基石。第一产业为城镇化提供基础保障,农业发展可以提供大量的劳动力和广阔的消费市场;第二产业为城镇化提供根本动力,工业发展可以提高城镇化水平;第三产业为城镇化提供后续动力,促进了城镇化的环境建设与质的提高。

其二,城镇化进程的不断推进反过来也可以为产业结构的优化升级提供良好的基础与环境。不仅有利于农业的产业化发展以及农业结构的优化;而且其快速发展也为工业化提供了良好的外部环境,加速工业化进程;城镇化所引起的集聚效应和规模效应为第三产业提供了广阔的发展空间和巨大的需求市场。

在对河北省城镇化与三次产业相关关系进行分析的基础之上,以下主要从动态的角度研究河北省以及省内11个设区市的产业结构与城镇化协调发展问题,通过构建城镇化与产业结构协调度评价指标体系,并构建发展测算模型,计算出河北省以及各市协调发展等级,由此找出影响协调发展的因素以及目前存在的主要问题。

(二)河北省产业结构与城镇化协调发展的分析模型

1. 指标体系的构建

产业结构与城镇化之间的相互关系十分复杂,为了更深入地研究两者的协调发展问题,我们将其分为城镇化子系统与产业结构子系统,以便清楚地分析两者之间的规律性。其中,城镇化作为一个复杂的发展过程,涉及各个方面的内容,因此城镇化子系统主要从4个准则层,即人口城镇化、经济城镇化、社会城镇化以及环境城镇化方面共选取10个指标来综合反映城镇化的发展水平。而产业结构子系统主要从两个准则层,即产业产值结构与就业结构方面共选取6个指标来测度和反映产业结构的发展水平,该指标体系如表5所示。

表5　城镇化与产业结构协调度评价指标体系

子系统	准则层	指　标
城镇化	人口城镇化	城镇人口占总人口比重(%)(X_1)
		城镇就业人口占总就业人口比重(%)(X_2)
	经济城镇化	人均GDP(元)(X_3)
		城镇居民人均可支配收入(元)(X_4)
		人均社会固定资产投资总额(元)(X_5)
	社会城镇化	每万人口拥有病床数(个)(X_6)
		每万人口拥有在校大学生数(人)(X_7)
	环境城镇化	建成区绿化覆盖率(%)(X_8)
		工业废水排放量(万吨)(X_9)
		工业废气排放量(吨)(X_{10})
产业结构	产业产值结构	第一产业产值比重(%)(Y_1)
		第二产业产值比重(%)(Y_2)
		第三产业产值比重(%)(Y_3)
	就业结构	第一产业就业比重(%)(Y_4)
		第二产业就业比重(%)(Y_5)
		第三产业就业比重(%)(Y_6)

2. 指标体系数据的选取及处理

根据表5所列指标，鉴于统计年鉴的出版时间等，我们选取了河北省以及省内11个设区市2000～2011年的统计数据，数据主要来源于历年《河北经济年鉴》《中国城市年鉴》《中国城市统计年鉴》《中国区域经济统计年鉴》等统计资料，并对数据进行处理与计算。

由于指标众多，各指标间的单位各不相同，为了消除量纲不同带来的影响，便于对各指标进行统一比较和综合汇总，我们需要对指标的原始数据进行无量纲化处理，处理方法见附录。

3. 指标权重的确定

由于各指标所代表的重要程度并不相同，因此在进行综合分析之前，需要对指标赋予不同的权重。确定指标权重的方法有很多，主要分为主观赋权和客观赋权两种，本报告主要采用层次分析法来确定各指标的权重，具体方法见附录。最终计算得出的各指标权重如表6所示。

表6 城镇化与产业结构协调度评价指标体系权重

子系统	准则层	权重	指标	权重
城镇化	人口城镇化	0.2041	城镇人口占总人口比重(%)(X_1)	0.0928
			城镇就业人口占总就业人口比重(%)(X_2)	0.1113
	经济城镇化	0.2653	人均GDP(元)(X_3)	0.0936
			城镇居民人均可支配收入(元)(X_4)	0.0936
			人均社会固定资产投资总额(元)(X_5)	0.0780
	社会城镇化	0.2653	每万人口拥有病床数(个)(X_6)	0.1206
			每万人口拥有在校大学生数(人)(X_7)	0.1447
	环境城镇化	0.2653	建成区绿化覆盖率(%)(X_8)	0.0663
			工业废水排放量(万吨)(X_9)	0.0995
			工业废气排放量(吨)(X_{10})	0.0995
产业结构	产业产值结构	0.5000	第一产业产值比重(%)(Y_1)	0.1666
			第二产业产值比重(%)(Y_2)	0.1667
			第三产业产值比重(%)(Y_3)	0.1667
	就业结构	0.5000	第一产业就业比重(%)(Y_4)	0.1666
			第二产业就业比重(%)(Y_5)	0.1667
			第三产业就业比重(%)(Y_6)	0.1667

（三）河北省产业结构与城镇化协调发展的综合分析

协调发展指的是不同系统之间以及系统内部各个要素之间的关系从低级、简单、无序到高级、复杂、有序的变化过程。协调发展不仅体现了协调的含义，也体现了发展的含义。而协调，指的是整个系统在各种外力作用下始终保持稳定，并逐步趋向均衡状态的一个过程。协调一般使用"协调度"来衡量，它指一个随着协调最终的目标以及相应环境条件变化而得出的一定的值域，超过给出的"值域"就认定为"失调"[①]。

协调度的取值范围介于0到1之间，协调度值越接近1，则产业结构与城镇化两者发展水平越协调，协调度值越接近0，则两者越不协调。系统协调度测算方法见附录。

---

① 柏程豫、吴旭晓：《工业化与城镇化协调发展中的工业支撑问题研究》，《开发研究》2013年第3期。

产业发展与河北省新型城镇化

1. 河北省产业结构与城镇化的协调度

依据确定的指标权重，首先计算城镇化与产业结构两个子系统的综合评价值，然后通过协调度模型计算得出2000～2011年河北省以及省内11个设区市的城镇化与产业结构的协调度，结果如表7所示。

表7　2000～2011年河北省以及11个设区市城镇化与产业结构的协调度

年份\地区	河北	石家庄	承德	张家口	秦皇岛	唐山
2000	0.779861	0.856582	0.932148	0.830549	0.888782	0.904468
2001	0.808571	0.919235	0.959529	0.829686	0.927063	0.908629
2002	0.809445	0.939464	0.962905	0.926254	0.907331	0.932997
2003	0.889452	0.943765	0.974367	0.971534	0.952042	0.970562
2004	0.911760	0.936754	0.952695	0.975702	0.917784	0.942035
2005	0.930096	0.966169	0.985662	0.999884	0.967777	0.995120
2006	0.944879	0.981149	0.987650	0.998311	0.981231	0.944319
2007	0.979729	0.982484	0.988967	0.999034	0.997779	0.967063
2008	0.997145	0.998612	0.999486	0.986562	0.999848	0.981786
2009	0.999449	0.998327	0.997514	0.982367	0.988433	0.999596
2010	0.993073	0.986862	0.978874	0.945272	0.965740	0.997402
2011	0.994427	0.997373	0.987254	0.918244	0.970516	0.999950
年份\地区	廊坊	保定	沧州	衡水	邢台	邯郸
2000	0.819018	0.824197	0.914723	0.899756	0.909073	0.854678
2001	0.858276	0.863928	0.963263	0.938262	0.945913	0.934585
2002	0.859099	0.900212	0.954956	0.965349	0.947802	0.968681
2003	0.866859	0.908901	0.949606	0.991111	0.948279	0.956998
2004	0.920374	0.941610	0.928822	0.985930	0.976314	0.955108
2005	0.967015	0.981495	0.886681	0.301657	0.990085	0.965440
2006	0.962099	0.999559	0.938116	0.962408	0.994183	0.971526
2007	0.989092	0.995803	0.965680	0.996023	0.998245	0.990761
2008	0.998937	0.999761	0.991551	0.999934	0.999828	0.999655
2009	0.999793	0.995178	0.997106	0.988350	0.992685	0.999713
2010	0.997439	0.981353	0.993592	0.962783	0.982032	0.993084
2011	0.996539	0.980694	0.996784	0.938490	0.992584	0.995117

通过表7中的数据变化，我们可以得到以下信息。

（1）从河北省以及省内11个设区市12年间的城镇化与产业结构协调度总体水平来看，所有地区到2011年的协调度值都在0.9以上，表明河北省全省在进入21世纪后对于产业结构优化升级所采取的措施和所做的努力都收到了很好的效果,各个城市在加快经济社会发展的同时也始终注重产业结构的调整与转变。

(2)从2011年省内各个城市之间协调度的横向比较来看,唐山、石家庄和邯郸等经济总量较大的城市的协调度水平排在省内前列,而张家口和衡水等经济发展相对较落后的城市,协调度水平也排在后几位,低于全省平均水平。由此可以说明,经济发展对于产业结构调整和城镇化发展的拉动作用明显。

(3)从全省和各个城市纵向的变化趋势来看,张家口、廊坊、保定和衡水后3年的协调度呈现下降趋势,结合原始数据看出,由于近几年城镇化发展较快,而产业结构的调整受历史遗留因素的影响没有跟上城镇化发展的步伐,因而导致整体协调度降低。如果不能及时调整,相对滞后的产业结构水平将会阻碍今后的城镇化发展。

2. 河北省产业结构与城镇化的协调发展度

和谐发展度包括系统协调度与综合发展水平两个方面,协调度只是测度产业结构与城镇化之间的协调发展程度,并不能完全体现出两者协调水平的高低。高协调度可能是高水平的发展程度,也可能是低水平的发展程度,因此,为了反映系统整体的协调发展水平,我们定义了协调发展度,具体测算方法见附录。

协调发展度的取值范围介于0到1之间,协调度值越接近1,则产业结构与城镇化两者协调发展水平越高,协调度值越接近0,则两者协调发展水平越低。在综合参考其他学者研究成果的基础上,本报告设定如下协调发展度的划分标准(见表8)。

表8 城镇化与产业结构的协调发展等级划分标准

协调发展度	0~0.1	0.1~0.2	0.2~0.3	0.3~0.4	0.4~0.5
协调发展等级	极度失调	严重失调	中度失调	轻度失调	濒临失调
协调发展度	0.5~0.6	0.6~0.7	0.7~0.8	0.8~0.9	0.9~1.0
协调发展等级	勉强协调	初级协调	中级协调	良好协调	优质协调

依据协调发展度公式，计算 2000~2011 年河北省以及省内 11 个设区市的城镇化与产业结构的协调发展度，结果如表 9 所示。

表 9　2000~2011 年河北省以及 11 个设区市城镇化与产业结构的协调发展度

年份\地区	河北	石家庄	承德	张家口	秦皇岛	唐山
2000	0.601101	0.661176	0.653662	0.649825	0.674284	0.657916
2001	0.617495	0.702806	0.667230	0.660277	0.705695	0.666473
2002	0.627005	0.727102	0.676627	0.698913	0.691701	0.686238
2003	0.677554	0.731794	0.704204	0.715046	0.753827	0.743082
2004	0.698796	0.725134	0.702097	0.717698	0.725816	0.742246
2005	0.733851	0.752514	0.745633	0.740057	0.766587	0.745524
2006	0.762052	0.775893	0.765678	0.748567	0.789904	0.786064
2007	0.797872	0.803389	0.782769	0.761046	0.813607	0.816864
2008	0.829024	0.835030	0.814911	0.798338	0.829162	0.843026
2009	0.851270	0.863200	0.846858	0.822122	0.836061	0.876583
2010	0.869068	0.873861	0.857002	0.836214	0.835370	0.899697
2011	0.880828	0.873341	0.865901	0.838397	0.842997	0.898502
年份\地区	廊坊	保定	沧州	衡水	邢台	邯郸
2000	0.619027	0.639744	0.635915	0.673085	0.657811	0.618491
2001	0.648637	0.663003	0.667920	0.698270	0.694702	0.671106
2002	0.661853	0.694748	0.678737	0.721775	0.703292	0.696474
2003	0.693269	0.720859	0.701027	0.750696	0.728295	0.709870
2004	0.720725	0.754763	0.707646	0.76246	0.756602	0.739101
2005	0.746002	0.762300	0.724053	0.631710	0.767015	0.765847
2006	0.765916	0.768995	0.770681	0.752718	0.799761	0.782682
2007	0.812140	0.808874	0.802982	0.808870	0.823590	0.807823
2008	0.841793	0.833048	0.838439	0.820183	0.845846	0.845464
2009	0.856766	0.846528	0.858949	0.833038	0.865878	0.877122
2010	0.878247	0.848814	0.894098	0.839359	0.875849	0.886001
2011	0.866627	0.855451	0.874590	0.853312	0.879201	0.896836

由表 9 可得到以下结论。

（1）从河北省整体情况来看，协调发展度呈现上升趋势，2000~2011 年的上升幅度较大，为 0.280。根据划分标准，河北省的协调发展等级可以划分为三个阶段：2000~2004 年为初级协调阶段；2005~2007 年为中级协调阶段；

2008~2011年为良好协调阶段。中级协调阶段停留时间较短，说明河北省在由初级协调阶段提高到良好协调阶段时，受经济发展与政府鼓励等多方面利好因素影响，发展速度较快。

（2）分城市情况看，各地区的城镇化与产业结构协调发展度均呈现上升趋势。其中，邯郸、廊坊、唐山和沧州的上升幅度排在省内前4位，分别为0.278、0.248、0.241和0.239，这4个城市在12年间城镇化与产业结构的协调发展速度较快。张家口、衡水和秦皇岛3个城市的上升幅度最低，分别为0.189、0.180和0.169，通过对比可知，这些城市的协调发展速度较慢，需在注重城镇化与产业结构协调度的基础上，提升发展速度。

（3）根据协调发展等级划分标准，全省各地区在2000~2011年逐步由初级协调发展为良好协调。大部分城市在此期间可以分为三个阶段，2000~2002年为第一阶段，处于初级协调水平，协调发展等级还较低；2003~2006年为第二阶段，逐步由初级协调上升为中级协调水平；2007~2011年为第三阶段，为良好协调，虽然等级进一步提高，但仔细分析可以看出，协调发展度在近5年一直在良好协调水平徘徊，说明各市的城镇化与产业结构协调发展在向优质协调阶段过渡中，处于相对缓慢甚至停滞的状态。

（四）主要结论与存在问题

（1）在产业结构与城镇化协调水平方面，全省及各城市普遍较高，并且大部分地区在十几年的时间内呈逐渐上升的趋势，体现了各地区近些年为实现产业结构优化升级与城镇化发展所做的努力。但不同城市之间协调度水平仍存在较大差异，个别城市协调度近两年有所下降，综合来看，唐山、石家庄、邯郸和沧州协调度较高且较稳定，张家口、秦皇岛、保定和衡水4个城市的水平相对较低，需要在巩固现有成果的基础上，进一步加强调整力度。

（2）在产业结构与城镇化协调发展水平方面，全省以及11个设区市在2011年的协调发展度虽然已经处于良好协调水平，但仍然还存在很多问题，而要向更高水平的优质协调方向发展，困难将会更大。各设区市之间还存在较大差异，张家口、秦皇岛、保定、衡水等市的协调发展度与省内其他城市比较，还处于较低水平。全省和各地区都还有很大的发展空间，有很长的路要走,核心问题依然是产业结构的相对落后不能适应现代高速度的社会进步和高效率的发展要求,需要政府不断采取更有力的措施来促进产业结构的优化升级,进而加快城镇化发展。

(3)全省产业结构层次依然较低,对城镇化的正向作用不明显。如图6所示,河北省2012年产业产值比重中第一产业比重为11.99%,第二产业比重为52.69%,第三产业比重为35.32%。从各市来看,除拥有特殊旅游资源的秦皇岛以外,产业结构都呈现出"二、三、一"的形式,与发达国家或地区的"三、二、一"的形式相比仍存在较大差距,河北省未来发展的主要途径依然是大力发展第三产业、做大做强第二产业。然而根据上文的相关性分析,河北省城镇化水平与第一产业产值比重呈负相关关系,与第二产业产值比重呈正相关关系,与第三产业产值比重相关关系不显著,说明河北省三次产业结构还不尽合理,对吸纳农村劳动力更具有优势的第三产业和以高耗能、高污染、低附加值的重化工企业为主的第二产业存在结构性的不协调,限制了城乡劳动力的转移速度,影响了就业结构的调整,不仅对城镇化发展造成阻碍,而且影响了协调发展等级的提高。

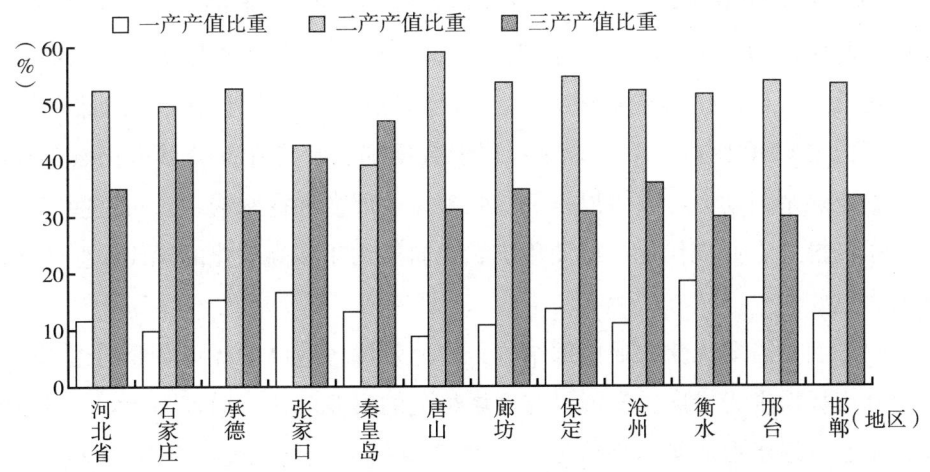

图6 2012年河北省及各市三次产业产值比重情况

(4)资源与环境矛盾的不断加剧制约了整个经济社会的发展和进步。多年以来,河北省受到资源价格较低、污染成本较小等因素的影响,产业结构发展一直不合理。工业产业中，以有色金属行业、石油加工业、化工业、造纸业和纺织业为主的高耗能、高投入产业所占比重过大，能源消耗和环境污染一直比较严重，被污染的环境成为经济发展的牺牲品，也制约着城镇化的发展。治理土地、大气和水资源污染已经成为现阶段关系河北省经济社会发展的重要问题。

五 积极推进河北省与产业发展相协调的新型城镇化对策

在对河北省城镇化与工业化的发展关系进行测度的基础上，通过分析城镇化与产业结构相关性以及省内各市之间产业发展与城镇化的协调发展水平，我们可以清楚地看到各地区之间存在的差异，进而有区分地进行政策的制定并实施。

（一）调整第一产业结构，强化特色农业产业，积极推进农业现代化

2012年河北省内非农人口占总人口比重在50%以上的城市只有石家庄、唐山和廊坊，2012年的统计数据也显示，承德、张家口、秦皇岛和保定的第一产业就业人员占比都在40%以上。承德、张家口、衡水和邢台等市的第一产业产值占GDP比重在15%以上。以上数据都反映出在部分城市仍然存在大量的农业剩余劳动力，其中以承德、张家口、邢台和衡水为主。对这些城市而言，积极推进农业现代化，促使传统农业向集约化和高效化的现代农业转变显得尤为重要。

一方面，需要优化农业内部结构，充分发挥各地区的优势农业的作用，以国内外市场需求为导向，发展具有地域特色的农业产业，培育和壮大一批乡镇龙头企业，逐步形成与当地资源特点相适应的专业化和规模化的产业发展格局，最大限度地挖掘农业的内在潜力。另一方面，将农产品种植、加工、贮藏和销售联合为一体，延长产业链，构建各地优势特色的农业产业体系，使各个环节实现基地规模化经营，创造更多的就业岗位，通过集聚效应带动城镇化发展。

（二）优化第二产业结构，加快改造传统工业，努力提高工业化质量

11个设区市中有8个城市的第二产业产值比重在50%以上，全省依然处于以工业为主导的模式之中。其中，唐山、保定、邢台和邯郸都是传统的工业型城市，都以煤炭、钢铁、机械和石油化工等重化工业为主，过去的粗放型发展方式已经严重阻碍了经济发展，亟须继续改变发展思路，走新型工业化道路。

其一，要加大科研力度，引导和支持企业积极采用高新技术和先进适用技术，加快技术改造与升级。传统工业型城市要在现有的工业基础之上，大力发展低能耗、低污染、高效率和高附加值的可持续发展的新型工业化，以提高工业质量和劳动生产率为中心，实现产业结构的优化升级。其二，对于工业发展相对落后的城市，在客观经济条件允许下，可以继续引导劳动密集型产业的发展，造就一批具有优势的产业，不仅为河北省的产业调整积蓄能量，而且使其成为吸纳就业的重要力量。

（三）大力发展现代服务业，提升第三产业层次

第三产业在对经济社会的影响方面不只体现在产业结构发展变化的一个高级阶段，其具有的知识、技术和劳动密集的综合特征，使其能够吸纳不同层次的劳动力，对城镇化的发展起着潜在并且巨大的作用。通过上文的分析可知，河北省的第三产业还远没有发挥其应有的作用，多数城市第三产业比重较低，尤其是现代服务业发展程度较为落后。

在改造传统服务业的同时，大力发展现代服务业，逐步改善非生产性服务业占比过重、第三产业内部结构效率低下和产业关联度弱的问题。重点发展现代物流、金融保险、商品零售、信息咨询以及旅游业等生产性现代服务业，增强服务业的发展活力，增加劳动力的就业渠道，提升服务业的整体水平，促进城镇化和第三产业协调共进。

（四）促进产业发展和城镇化之间的良性循环和协调发展

从前文的分析中可知，全省及各市产业发展和城镇化的协调发展度目前处于良好水平，但地区间差异明显。综合来看，张家口、秦皇岛、保定、衡水等

市的协调发展度相较于省内其他城市，还处于较低水平。因此，在调整优化产业结构和大力推进城镇化建设的同时，要更注重两者之间的协调发展。

产业结构的优化升级不仅包括产值结构的优化，而且包括就业结构的优化。产值结构的改变如果不能对就业结构产生正向带动作用，或者两者处于不同的发展层次，那么产业结构的整体水平也难以提升。而城镇化的发展需要以产业发展为基础和推动力，根据产业结构发展的不同阶段和水平调整城镇化的发展方向与途径，两者之间的相互促进与协调才是实现经济发展与社会进步的关键。

（五）以低碳经济理念加快产业转型，发展绿色产业

在资源和环境承载力不断下降的形势下，河北省推进城镇化的途径已经不能仅仅局限于眼前的、短期的好处，更应该以可持续发展的思路着眼于未来的、长远的利益，在实现经济利益和社会利益的同时，与自然生态环境保持一种和谐的发展关系。发展低碳经济是未来河北省在产业转型过程中需要明确和坚持的一个理念①。

第一，工业要加快淘汰高耗能、高污染的落后生产能力，并且进一步提高"高碳"产业准入门槛，不达标的"三高"企业不予准入。第二，提升和改造传统产业，生产低能耗、高附加值产品，实现产业结构的低碳化。第三，政府要加大投入和政策支持，鼓励实施低碳产业项目和低碳技术的研发与利用。第四，根据地域自然资源，有条件地发展太阳能、风能、水能、地热能等可再生能源和新能源，努力创造和培育一批绿色产业。

参考文献

［1］杨利娟：《我国城镇化过程中产业发展问题浅析》，《经济研究导刊》2010年第11期。

［2］叶振宇：《城镇化与产业发展互动关系的理论探讨》，《区域经济评论》2013年第4期。

---

① 河北省政府办公厅：《河北省城镇化发展"十二五"规划》（冀政办函〔2011〕45号），2011。

［3］周叔莲、王延中、沈志渔：《中国的工业化与城市化》，经济管理出版社，2013。

［4］叶连松、靳新彬：《新型工业化与城镇化》，中国经济出版社，2009。

［5］刘奇中：《工业化城镇化互动协调发展研究》，《华东经济管理》2013年第2期。

［6］柏程豫、吴旭晓：《工业化与城镇化协调发展中的工业支撑问题研究》，《开发研究》2013年第3期。

［7］河北省政府办公厅：《河北省城镇化发展"十二五"规划》（冀政办函〔2011〕45号），2011。

B.4 社会管理创新与河北省新型城镇化

李金海 孔金平 王小春 王 颖 文太林 刘新圣*

摘 要： 新型城镇化建设和社会管理创新是相互联系、不可分割的整体，城镇化的每一步推进都体现出改革原有社会管理体制的迫切要求，探索一条以社会管理创新带动新型城镇化建设的道路是当前的重要任务。社会管理创新是对传统社会管理方式的全面改革，是一项复杂的系统工程。首先，作为以往乡村治理主体的村委会面临着向承担城市治理功能的居委会转变的任务；其次，户籍制度改革是破解整个城镇化难题的关键；再次，医疗和社会保障建设是农村人口和进城务工人员最为关注的问题；最后，社会管理创新还要求切实保障城乡居民日益提高的公共服务要求，这意味着我们必须加快公共服务体系建设。河北省近几年在这几个方面都取得了重大进展，但是也存在诸多不足，尚不能完全满足新型城镇化的需要。因此，亟须在政府职能转变、充分引进市场主体参与、投入结构改善等方面推动各项改革。

关键词： 社会管理创新 新型城镇化 公共服务体系

---

* 李金海，河北工业大学人文与法律学院院长，博士，教授，硕士研究生导师，主要研究方向为项目管理；孔金平，河北工业大学公共管理研究所所长，公共管理系主任，博士，教授，硕士研究生导师，研究方向为地方公共管理创新；王小春，河北工业大学人文与法律学院公共管理系副主任，博士，副教授，研究方向为养老与医疗社会保障；王颖，河北工业大学人文与法律学院公共管理系讲师，研究方向为农村社会治理；文太林，河北工业大学人文与法律学院公共管理系讲师，研究方向为劳动与社会保障；刘新圣，河北工业大学人文与法律学院公共管理系讲师，博士，研究方向为中国政府与政治。

当前，河北省已经进入城镇化快速发展时期，推动新型城镇化发展的任务非常繁重。新型城镇化要求对传统的社会管理方式进行全面的变革，以社会管理领域的创新带动和促进新型城镇化建设。社会管理创新是一项复杂的系统工程。首先，作为以往乡村治理主体的村委会面临着向承担城市治理功能的居委会转变的任务；其次，户籍制度改革是破解整个城镇化难题的关键；再次，医疗和社会保障建设是农村人口和进城务工人员最为关注的问题；最后，社会管理创新还要求切实保障城乡居民日益提高的公共服务要求，这意味着我们必须加快公共服务体系建设。近年来河北省在这几个方面都取得了重大进展，但是也存在诸多不足，尚不能完全满足社会发展的需要。因此，亟须在政府职能转变、充分引进市场主体参与、改善投入结构等方面推动各项改革。

一 新型城镇化和社会管理创新

新型城镇化建设和社会管理创新是相互联系、不可分割的整体。城镇化的每一步推进都体现出改革原有社会管理体制的迫切要求。从全国范围来讲，河北省面临的这两项任务都比较严峻。在研究实现社会管理创新与城镇化建设协调发展的问题时，我们有必要首先厘清学术界关于社会管理和社会管理创新的概念界定，梳理已有的学术成果，在此基础上结合河北省实际，提出可行性的建议。

（一）社会管理的内涵和体系构成

明确社会管理的内涵和体系构成是把握社会管理创新的基础。社会管理具有动态性，其内容随着社会和历史的发展而不断地发生着变化。时代主题不同，社会管理的内涵也有所差异。美国政治学者阿尔蒙德和鲍威尔认为，"早期现代化国家的政治发展大致经历了在时间和空间上有所交错的三个阶段，即专制时代、民主时代和福利时代"①。专制时代需要的是社会秩序和社会稳定，

---

① 〔美〕阿尔蒙德、鲍威尔：《比较政治学：体系、过程和政策》，曹沛霖等译，东方出版社，2007，第377~378页。

民主时代则强调对自由权利的追求，而福利时代则强调福利的普遍化。西方学者的研究主要基于西方世界的发展历史。结合中国实际，我们可以简要地把社会管理划分为三种模式，即传统社会管理模式、工业社会管理模式和后工业社会管理模式。传统社会主要是指小农经济占据主导地位的社会，人口流动极小，宗法、道德、礼教等起着维护社会运转的作用。工业社会则是随着工业化的到来而兴起的，大量人口涌入城市，庞大的产业大军面临失业、救济、医疗等问题，在此情况下，政府通过政策、法律等全面主导社会的发展。而后工业社会则是伴随着信息技术的发展，社会成员利益和社会管理主体日益多元化，工业社会那种政府主导的统制型的社会管理方式已经越来越难以满足民众的需要。中国经历着前所未有的时空压缩过程，即西方世界几百年走过的路需要在几十年内完成。因此，我们国家社会管理的内涵也就相对丰富，社会管理创新的任务亦将非常繁重。

关于社会管理，最为宽泛的定义是：社会管理是政府与非政府组织对各类社会公共事务（包括政治的、经济的、文化的和社会的）所实施的管理活动①。比较狭窄的定义是：在一定的共同价值基础上，一定的规章制度下，一定的法律框架内，政府、社会、企业和公众规范社会行为，协调社会关系，解决社会问题，防范社会风险的活动②。基于此，本报告认为社会管理是政府和其他涉及公共利益的组织运用政策、法规、规章或者通过提供服务、参与建设等方式调整社会利益、化解社会矛盾、维护社会公正的活动。

根据社会管理的定义，社会管理内容非常丰富。第一，微观层面，社会管理包括城乡社区的治理，公共设施的使用和维护，邻里矛盾的化解；第二，中观层面，社会管理包括重要社会政策的出台，比如户籍、医疗、社会保障等；第三，宏观层面，社会治理一方面关系到社会价值基础，另一方面还包含对重大社会危机的处理。

（二）社会管理创新的内涵和要求

关于社会管理创新，目前学术界尚无统一的定义。比较有影响的一种观点

---

① 郑杭生：《走向更讲治理的社会：社会建设与社会管理》，中国人民大学出版社，2006，第253页。
② 丁元竹：《社会管理发展的历史和国际视角》，《国家行政学院学报》2011年第6期。

将社会管理创新界定为："在现有社会管理条件下，运用现有的资源和经验，依据政治、经济和社会的发展态势，尤其是依据社会自身运行规律乃至社会管理的相关理念和规范，研究并运用新的社会管理理念、知识、技术、方法和机制等，对传统的管理模式及相应的管理方式和方法进行改造、改进和改革，建构新的社会管理机制和制度，以实现社会管理新目标的活动或者这些活动的过程。"① 在上述认识的基础上，亦有学者进一步将社会管理创新表述为："政府和社会组织依据社会运行和发展规律，把握政治、经济和社会新的发展态势，研究并运用新的社会管理理论、知识、技术和方法等，创新社会管理理念、体制机制、方式方法，以实现社会善治的活动和过程。"② 本报告认为，社会管理创新是指政府和社会组织在一定的资源和环境承载力约束条件下，充分发挥规划、组织、协调、监督、控制等功能，创造性地满足人民群众物质和精神文化生活需求的活动。

（三）新型城镇化呼唤社会管理创新

新型城镇化是社会管理创新的最大推动力，社会管理创新是新型城镇化题中应有之义。随着党的十八大明确和系统地提出了"新型城镇化"的战略部署，各省市分别根据自己的具体情况提出了加快城镇化建设的方案和规划。河北省环绕京津，冀中、冀南、冀东城市群正在崛起之中，曹妃甸新区、渤海新区、北戴河新区等成为经济发展的新亮点。但是，我们也必须认识到，河北省城镇化发展速度低于全国平均水平，在东部省份中处在末位。这促使我们深入研究省情，加快推动新型城镇化建设。2013年7月，习近平总书记在主持党外人士座谈会时指出："积极稳妥推进城镇化，合理调节各类城市人口规模，提高中小城市对人口的吸引能力，始终节约用地，保护生态环境；城镇化要发展，农业现代化和新农村建设也要发展，同步发展才能相得益彰，要推进城乡一体化发展。"由此可见，新型城镇化道路是城乡统筹、节能集约、和谐发展的道路。政府是社会管理创新的最重要主体，是

---

① 莫于川：《社会管理创新的内容、路径与价值分析》，《检察日报》2010年2月2日。
② 刘旺洪：《社会管理创新：概念界定、总体思路和体系建构》，《江海学刊》2011年第5期。

推动新型城镇化建设的主导力量。同时，应该充分发挥市场力量和社会组织的作用。

二 河北省社会管理创新主要成就与面临形势分析

（一）村改居组织建设基本到位，但职能转变滞后

村改居是我国城镇化发展进程中特有的现象，是指村民委员会建制转为居民委员会，由原来的村委会管理体制向城市居委会管理体制转变，包括农民转居民、村委会转居委会、农村转为城市等，是破除城乡二元结构、推动城乡一体化的重要举措。2012年全省城镇化率为46.8%，《河北省国民经济和社会发展第十二个五年规划纲要》以下简称《河北省"十二五"规划纲要》中提出到2015年城镇化率达到54%，这就意味着村改居数量会日益增加，城市规模迅速膨胀，村改居工作将面临严峻挑战。所以，有效推进村改居工作，是城镇化平稳过渡的重要保障。在这一过程中，村改居社区必须改变以往农村村委会的管理模式，建立以和谐、共享为特征的新型社会管理体制。

河北省在推进城镇化建设的过程中，把村改居工作作为重中之重，尤其是城中村、城郊村的村改居工作，目前已经取得阶段性成果，社区规划、居委会组织建设已经基本到位。首先，合理规划社区。河北省坚持地域与管辖范围相统一的原则，合理界定社区居委会管辖范围。明确按照相关法律规定和政策，将城中村、城郊村改为社区。统筹规划村改居区域内的土地分属情况，撤销原有村委会，以村街为单位清晰界定产权归属，建立股份有限公司或者股份合作经济组织。其次，初步建成社会管理组织网络。在城镇化过程中，各地区原则上保留原村两委组织，并且配套其他委员会。基本建成居委会＋下属委员会＋居民小组的网络格局，实现对辖区居民的有效治理与服务。最后，社区居委会服务水平得到不断提高。根据《中华人民共和国城市居民委员会组织法》以及河北省城镇化的相关政策规定，社区各项制度基本配套完备，明确规定了社区两委的基本工作职责，确定社区居委会经费、居委会组成人员的工资与福利待遇由市、街两级财政按比例分担机制，为社区居委会组织开展工作提供有力

保障。但是在近几年村改居过程中仍然存在制度、职能、利益冲突等一系列问题。

1. 社区居委会立场转变难

自治组织转换过程中与上级政府组织的关系发生变化，原有村委会的主要成员由村民民主选举产生，基层政府予以指导和支持。居委会与村委会一样，虽同是自治组织，但改为居委会后，组织成员的产生方式发生变化，人员编制及薪酬由政府负责，导致居民的政治参与积极性降低。居委会没有行政权，但却执行街道办事处下达的各项管理任务。因此，由村改居而形成的社区居委会，从自治组织与政府"对立"转变为全面"依附"，成为政府的"发言人"，而非自治组织村民代表。社区居委会的行政化使得社区管理者往往只听命于上一级政府的决策安排，对政府命令以外的事情则不太关心，从而忽视了本社区的建设与管理以及村民的实际需求。

2. 社区居委会职能转化滞后

《中华人民共和国村民委员会组织法》第5条明确规定："村民委员会应当支持和组织村民依法发展各种形式的合作经济和其他经济，承担本村生产服务和协调工作，促进农村生产建设和社会主义市场经济的发展。"《中华人民共和国城市居民委员会组织法》及其修正草案规定其职责主要为宣传法律和政策、维护居民合法权益、做好计划生育和优抚救济等协调和服务工作。

村改居涉及职能的变化，尤其是原有服务和协调本村生产、促进农村生产建设和经济发展，管理本村集体所有的土地和其他财产等经济职能发生了较大变化，发展农村集体经济的领导职责被取消，由管理职能转化为服务职能，开展自治活动，并进行社区管理和为社区提供公共服务。这一转变对相关人员的文化素质、工作能力等都提出了更高要求。但是改革后的村委会虽然挂牌为社区居民委员会，但大部分没有完成从行政职能向服务职能的转变，仍然按照村委会的管理职能运行，与社区居委会管理标准脱节。同时，社区两委工作人员大都由原村两委班子组成，对新社区职责与功能尤其是服务职能的认识普遍模糊，所以处理工作的方式和方法也较为陈旧，缺少人性化和服务性。

3. 利益冲突加剧

改制后的社区居委会虽然不再承担发展农村集体经济的职能，但是在土地征用、拆迁补偿、补偿安置费的发放、村集体财产的核定、村集体经济股份制改革等方面都发挥着重要作用,所以在此过程中与居民的利益冲突仍然大量存在。在村改居的过程中,农民改为居民,集体土地转为国有,这种强制性的"一刀切"的做法使所有土地归为国有,农民土地权益被剥夺。而土地开发过程中所产生的巨大利益却与村民毫无关系,广大农民的基本权益无法得到保障,这必然导致农民与政府、居委会之间产生矛盾。此外,补偿标准低、就业难、保障水平低等,都是加重农民负担、影响社会稳定的重要因素。

4. 社区居民缺乏归属感

征地前土地由农民集体所有,土地是农民主要的生活保障,但是在征地后,政府往往给予他们象征性的一次性补偿,且补偿标准较低,无论是补偿水平还是补偿方式都直接影响农民以后生活的稳定性,如果处置不当会导致农民生活水平下降。村改居后,村民虽然身份发生变化,但是其文化素质低、思想观念落后、法制意识淡薄却是不争的事实。所以在参加就业培训以及寻找就业途径方面表现极为消极,就业难现象严重,多数居民以征地补偿费与房屋出租收入为主要收入来源,收入不稳定导致居民缺乏安全感。另外,应该由当地政府承担的公共设施建设、就业服务、养老保险、公共卫生、社区教育等职能,仍然由原村集体来承担,村改居之后的居民也并没有获得与其他城市社区居民平等的待遇,结果导致居民普遍缺乏归属感,对村改居之后的生活环境、生活状态不认同,处于不满意的状态。

(二)户籍制度改革起步早,但速度慢,城镇化率仍低于全国平均水平

河北是农业大省,农业人口占比大。根据《河北省"十二五"规划纲要》,2015年城镇人口要占到全部人口的54%,2020年城镇人口占全部人口的64%[1],进入全国城镇化发展先进行列。所以,推进城镇化建设,实现城乡统筹发展,加快户籍制度改革是必要的保证措施。

---

[1] 人民网河北频道:《加快推进城市化进程工作会议:河北力争五年内城市化率达54%》,http://he.people.com.cn/GB/197037/13083908.html。

从全国范围来讲，河北省户籍制度改革起步较早，有力地推动了城镇化的进程。一是石家庄开省会城市之先河，2001年8月1日起实施《户籍制度改革实施细则》，使得外来人员进城落户不再成为难题；二是2003年7月21日河北省人民政府批转《关于我省户籍管理制度改革的意见》，提出了户籍管理制度改革的目标和原则，明确了具体改革内容；三是2009年4月28日河北省政府发布《关于进一步深化户籍管理制度改革的意见》，河北省城镇落户条件进一步放宽，意见就引进省外人才到河北省城镇落户、实行高校毕业生先落户后就业政策和针对高层次人才的人才居住证制度等做了明确规定；四是2010年12月8日河北省再次出台户籍改革新政，进一步降低到城市落户门槛，为城市住房购置者、县城以上城市就业或缴纳养老保险六个月以上者、毕业未满三年的大专以上学历毕业生以及无固定住所群体提供落户的绿色通道。

从以上河北省户籍制度改革的历程中可以看出，为推进城镇化建设，河北省城镇户籍入户门槛在逐步降低。在一系列举措下，2012年河北省城镇化率为46.8%，比上年提高1.2个百分点，城镇人口达到3410.53万人，比上年增加108.86万人。其中，唐山市、石家庄市、廊坊市城镇化率超过50%，分别为53.60%、53.47%和50.60%。其他市依次为：秦皇岛为49.67%，张家口为47.63%，邯郸为46.58%，沧州为44.03%，邢台为42.85%，承德为41.92%，保定为41.58%，衡水为41.39%①。但据统计，2012年全国城镇化率为52.57%，目前河北省仅有唐山和石家庄的城镇化率达到全国平均水平，整体水平亟待提高。所以本报告认为，《国务院办公厅关于积极稳妥推进户籍管理制度改革的通知》（国办发〔2011〕9号），已经为我国，尤其是河北省指出了户籍制度改革的方向。通知明确指明户籍改革事关人民群众切身利益，各地区、各有关部门要从全局和政治的高度，充分认识做好这项工作的重要性、复杂性；国家基本户籍管理制度属于中央事权，地方在国家确定的基本原则和政策范围内，结合本地实际制定具体措施；强调落实放宽中小城市和小城

---

① 河北省统计局：《2012年河北省城镇化率为46.8%，石唐廊超过50%》，http://finance.stockstar.com/SS2013043000000823.shtml。

(三）医疗卫生和社会保障体系建设取得长足进展，但仍有巨大提升空间

适应城镇化建设的需要，河北省进行了持续不断的新的医疗卫生和社会保障体制改革，取得了非常明显的成就。

首先，提高医保补助标准，建立了基本药物制度。2003年，河北省选择3个县（市）开展新农合试点工作；2008年，将新农合推广到全省；2012年，河北省对新农合的财政资助力度加大，补助标准达每人每年240元，最高报销额度提高至7万元，达到了75%左右的报销比例。2012年选择了张家口市和其他10个设区市的12个县（区）开展20种重特大疾病救助试点，试点地区规定病种最高救助封顶线不低于1万元。为缓解居民看病贵的问题，国家基本药物制度在河北省建立，零差率销售药品得到施行。2009年，先行在石家庄、唐山等5市的120个社区卫生服务机构和全省42个县（市）561个乡镇卫生院进行试点，2011年药品加成在省内政府办的基层医疗卫生机构全部取消，并搭建了以省为单位集中招标、统一采购、量价挂钩、统一支付的新基本药物集中招标采购平台。

其次，建立城乡20～30分钟医疗服务圈，缓解看病难。自医改以来，建立健全基层医疗卫生服务体系始终是河北省医疗卫生工作的重中之重。2009～2012年，支持补助建设139个县级医院，为11个县级中医院购置设备和390个乡镇卫生院的基础设施建设提供补助。如今，河北省的医疗服务圈已达到二级甲等县级医院进县，政府办卫生院进乡镇，标准化卫生室进村的标准。

再次，提高医疗卫生公共服务水平，保障城乡居民少得病。自医改以来，河北省逐步免费向城乡居民提供11类41项公共服务，如健康档案管理、健康教育、老年人保健、慢性病人管理、传染病防治等。截至2012年8月底，全省城乡居民健康档案建档率分别达到80%、71%；免疫接种率达95%以上；孕产妇产前健康管理率达89%。为15岁以下人群免费补种乙肝疫苗303.6万

人份;为42169名贫困白内障患者免费实施复明手术①。

最后,在社会保障方面,河北省先后出台了养老保险中断接续办法,合理解决了"五七工""家属工"参加基本养老保险等历史遗留问题,基本解决了关闭、破产国有企业退休人员参加医疗保险问题。在新农合的基础上,还陆续出台了新农保、城镇居民基本养老保险(后两者于2012年合并为城乡居民基本社会养老保险)等一系列社会保险政策,逐步扩大制度覆盖范围,企业职工基本养老保险实现省级统筹,工伤、失业保险实现设区市统筹。建立了社会保险扩面征缴挂钩机制,覆盖面不断扩大。

目前其存在的问题主要是,医疗卫生资源投入城乡差距仍然较大,城镇居民与农村居民人均医疗卫生事业经费比例为4∶1②,在城镇化过程中,农村医疗卫生经费投入有待进一步提高;新农合中二级、三级医院起付线偏高,使得重病患者负担较大,而且报销程序较为烦琐,相关手续有待简化、信息化建设有待加强;各社会保险险种参保率还有待继续巩固和提高,应加强城镇企业中新入职大学生、灵活就业人员、农民工和被征地农民等群体的参保续保管理工作;城镇居民基本养老保险基础养老金的支付水平(每人每月55元)难以满足老年人基本生活所需,有待提高;面对日益严峻的人口老龄化现状,中小城市在城镇化过程中,由于资源有限,基础薄弱,其养老服务体系亟待加强;城乡低保制度以及医疗救助制度应注重公平和公正,制度监管有待加强;各种社会保险险种的城乡衔接不甚健全,有碍人力资本的流通,有待出台明文规定。

(四)公共事业发展迅速,但基本公共服务水平和满意度排名仍靠后

随着河北省经济社会的发展和人民生活水平的提高,人们的需求层次由生存型向发展型转变,在基本的物质需求得到满足的情况下,开始关注教育、就业、社会保障、医疗卫生、文化体系、环境保护等公共物品和公共服务。顺应

---

① 长城网:《河北省医疗卫生事业五年发展成就》,http://heb.hebei.com.cn/system/2012/11/13/012235244.shtml。
② 李素枝、于向辉:《河北农村医疗卫生保障体系存在的问题与解决对策》,《经济研究导刊》2012年第25期。

现代社会公民日益增长的公共服务需求，河北省坚持科学发展的理念，转变政府职能，创新社会管理，改革公共财政体制，不断完善公共服务体系，取得了积极的成效。

1. 优化财政支出结构，增加公共服务的财政支出

从近几年的公共财政支出来看（见表1），公共财政支出保持了较快的增长速度，从支出结构来看，教育、社会保障和就业以及农林水事务支出占据较大的比重，这也体现了河北省教育优先的发展理念，并注重就业和社会保障等民生问题，发展农林水事务，服务农村经济，推行公共服务均等化。

表1 2010~2012年河北省分项目地方财政支出

支出项目	2010年 金额（亿元）	2010年 比重（%）	2011年 金额（亿元）	2011年 比重（%）	2012年 金额（亿元）	2012年 比重（%）
地方财政总支出	2820.24	100.00	3537.39	100.00	4079.44	100.00
一般公共服务	358.13	12.70	414.93	11.73	481.97	11.81
国防	7.08	0.25	11.55	0.33	10.48	0.26
公共安全	176.08	6.24	200.98	5.68	227.17	5.57
教育	514.30	18.24	652.11	18.43	865.54	21.22
科学技术	29.65	1.05	33.22	0.94	44.74	1.10
文化体育与传媒	37.09	1.32	50.45	1.43	59.29	1.45
社会保障和就业	358.78	12.72	426.23	12.05	470.21	11.53
医疗卫生	235.48	8.35	302.75	8.56	323.17	7.92
环境保护	115.16	4.08	105.48	2.98	127.93	3.14
城乡社区事务	178.75	6.34	239.37	6.77	283.51	6.95
农林水事务	312.66	11.09	366.10	10.35	443.62	10.87
交通运输	155.72	5.52	261.36	7.39	287.04	7.04
其他支出	341.36	12.10	472.86	13.36	454.77	11.14

资料来源：《河北经济年鉴2013》。

2. 教育事业稳步发展

河北省财政教育支出增长较快（见图1）。农村义务教育经费得到有效保障，学生营养改善计划进展顺利，城乡免费义务教育全面实现，公办本科高校生均预算内教育事业费由3958元提高到1.2万元。学前教育加快发展，高中阶段教育基本普及，职业教育特色鲜明，高等教育质量不断提高。2012年，幼儿园在园幼儿196.2万人，特殊教育在校生1万人，普通小学生562.2万人，初中在校生217.4万人，普通高中在校生117.7万人，各类中等职业教育在校生93.4万人，普通高等学校113所，本专科招生34.2万人，在校生116.9万人，增长1.7%，毕业生31.6万人，增长1.5%（见表2）。研究生教育招生12318人，比上年增长4.4%，在学研究生35914人，增长5.4%，毕业生10441人，下降8.9%。小学学龄儿童入学率达到99.8%，小学毕业生升学率达到99.97%，初中毕业生升学率也达到了86.2%。在各项公共服务项目中，河北省公共教育的发展成绩比较突出。

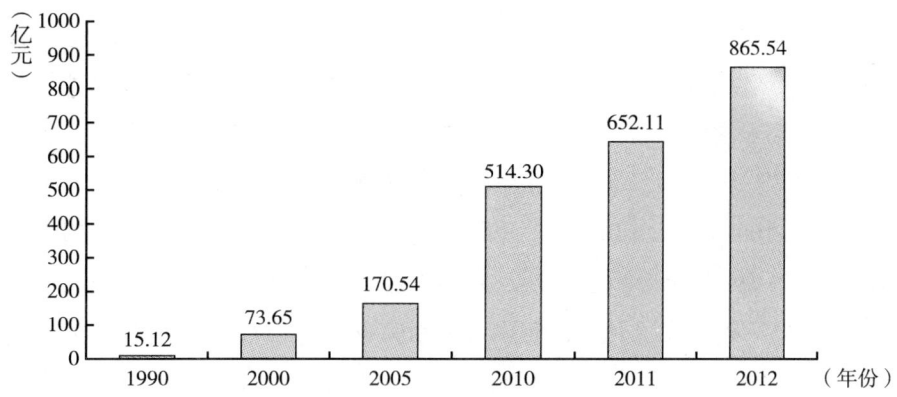

图1　河北省历年财政用于教育支出

资料来源：《河北经济年鉴2013》。

表2　2012年河北省各类学校招生、在校生和毕业生情况

指标	学校数(个)	招生数(万人)	在校生数(万人)	毕业生数(万人)
普通高等学校	113	34.2	116.9	31.6
职业中学	216	12.3	39.3	16.1
普通中学	3000	116.2	335.1	112.7
小　　学	12898	106.3	562.2	79.6

资料来源：《河北经济年鉴2013》。

3. 就业服务和社会保障体系不断完善

就业是民生之本。河北省开展了包括农村劳动力就地就近转移培训工程、就业创业服务进校园工程、创业帮扶工程、就业见习工程、小额贷款工程、就业援助工程等各项工作，取得了良好的效果。在社会保障方面，河北省政府坚持全覆盖、保基本、多层次、可持续的原则，积极推进覆盖城乡居民的社会保障体系。企业职工基本养老保险实现省级统筹，连续8年提高企业退休人员养老金水平，城乡居民社会养老保险和基本医疗保险实现制度全覆盖，各项社会保险参保人数均稳步增长。2012年末全省城镇参加基本养老保险人数为1125.68万人，比上年末增加65.87万人。参加城镇基本医疗保险人数1628.17万人，增加65.98万人。其中参加城镇职工基本医疗保险人数735.54万人，参加城镇居民基本医疗保险人数892.63万人。参加城镇基本医疗保险的农民工72.32万人，比上年末减少12.71万人。参加失业保险的人数达501.74万人，比上年末增加3.04万人。比上年末参加工伤保险的人数694.7万人，比上年末增加54.31万人，其中参加工伤保险农民工180.65万人，比上年末增加23.93万人。参加生育保险的人数634.38万人，比上年末增加41.28万人。164个县（市、区）开展了新型农村合作医疗工作，新型农村合作医疗参合率为96.24%。全省列入新型农村社会养老保险试点地区参保人数3334.57万人。基层医疗卫生服务体系不断完善，城市社区卫生服务街道覆盖率达到99%。新农合筹资标准由100元提高到290元，城乡低保标准超过全国平均水平，养老机构床位数5年新增14.3万张。各类社会福利机构较往年均获得较大发展（见表3），对养老、救孤起到积极作用。

表3　河北省收养性社会福利单位基本情况（2012年）

项目	院数(个)	工作人员(人)	床位(张)	年末收养人数(人)
社会福利院	36	997	7614	5444
儿童福利院	9	78	595	389
城镇养老服务机构	383	3860	33617	20480
农村养老服务机构	1442	8583	116998	85928
其他福利机构	291	1107	8931	5850

资料来源：《河北经济年鉴2013》。

4. 文化事业蓬勃发展

近年来，河北省公共文化服务体系稳步发展，人民群众享受到更加丰富的文化服务。文化事业的成就主要体现在：一是文化服务基础设施发展迅速，省市博物馆、图书馆等一批公共文化设施投入使用并实现免费开放。截至2012年末全省共有艺术表演团体129个，博物馆75个，文化馆180个，公共图书馆169个，档案馆184个；二是开展各项文化惠民工程，例如非物质文化遗产保护工程、流动舞台车工程、送书下乡工程等；三是积极推动农村文化建设，"十一五"期间，创建了99个民间文化艺术之乡，其中32个被文化部命名为中国民间文化艺术之乡。同时，制定了《关于鼓励和扶持农民自办文化发展的实施意见》，覆盖城乡居民的公共文化服务体系逐步健全。

虽然，河北省近年来优化财政支出结构，公共服务事业发展迅速，但是与其他省份相比，依然存在很大差距。根据中国社会科学院2012年就"38个主要城市基本公共服务满意度"的排名，石家庄位列27名，属于较低水平①。另一项关于中国基本公共服务均等化进程的报告对各省区的基本公共服务比较的结论是：除教育服务之外，河北省卫生、文化、环境、就业、社会保险和社会救济等基本公共服务水平排名26位，并且与全国平均水平的差距在日益拉大②。随着人们收入水平的提高，要满足日益增长的公共服务需求，河北省公共服务事业还面临诸多挑战，例如，基本公共服务基础薄弱，保障水平不足；基本公共服务的均等程度有待提升，地区之间、城乡之间公共服务资源分配不均（见表4）；基本公共服务提供机制有待完善等。

表4　各市文化、卫生主要指标（2012年）

市	公共图书馆（个）	公共图书馆图书藏量(万册)	卫生机构数（个）	卫生机构床位数（张）	卫生技术人员（人）
石家庄市	26	325.46	6451	44896	54191
承德市	11	85.68	3787	16057	16594
张家口市	15	133.66	5611	17835	16407
秦皇岛市	6	124.74	3541	15632	16376
唐山市	13	218.05	8904	36702	41166
廊坊市	10	190.50	5643	16244	19966

---

① 侯惠勤等主编《中国城市基本公共服务力评价（2011~2012）》，社会科学文献出版社，2012，第245页。

② 卢洪友等：《中国基本公共服务均等化进程报告》，人民出版社，2012，第64~65页。

续表

市	公共图书馆（个）	公共图书馆图书藏量（万册）	卫生机构数（个）	卫生机构床位数（张）	卫生技术人员（人）
保定市	23	193.04	11726	37037	43752
沧州市	15	102.40	9952	26169	31363
衡水市	12	53.83	5675	13908	15956
邢台市	20	108.16	9274	24637	26452
邯郸市	20	147.92	8519	35613	32831
全省	171	1683.44	79083	284730	315054

资料来源：《河北经济年鉴2013》。

三 进一步推动河北省社会管理创新的对策建议

新型城镇化是以城乡统筹、城乡一体、产城互动、节约集约、生态宜居、和谐发展为基本特征的城镇化，是大中小城市、小城镇、新型农村社区协调发展、互促共进的城镇化。新型城镇化的核心在于不以牺牲农业、生态环境为代价，着眼农民，涵盖农村，实现城乡基础设施一体化和公共服务均等化，促进经济社会发展，实现共同富裕。

（一）总体思路

近年来，河北省在村改居、户籍制度、医疗卫生和社会保障体系、公共事业方面进行了积极的探索，已经取得了不少成功经验。社会管理创新是一项复杂的系统工程，涉及面非常广泛。首先是政府治理方式的变化，城镇化意味着大量农村劳动力进入城市，进城的农民需要尽快转变为市民。其次是户籍制度改革，由于长期形成的城乡二元结构，户籍成为分隔城乡的最大障碍。户籍也是公共资源分配不均的最重要原因，因此，户籍改革是整个城镇化的关键和难点。再次是以医疗卫生和社会保障改革为抓手切实保障农村居民和进城务工人员的权利。最后要建立健全公共服务体系，广泛采取措施满足当前城乡居民教育、文化以及休闲、体育等多样化的需求。

1. 在郊区和城乡结合部继续推动村委会改居委会的改革

此项改革意味着以往乡村管理体制向城市社区管理体制的重大转变，是破除城乡二元结构、推动城乡一体化的重要举措。在村改居的过程中政府应注重保护农民的基本权利,并且以政府职能转变为核心,突出居委会的服务功能。在安置就业、保障教育和医疗、提供公共服务设施等方面应进行一系列的改革。

2. 深化户籍制度改革

早在2001年,河北省就制定实施了《户籍制度改革实施细则》,使得外来人员进城落户不再成为难题。2010年12月8日河北省进一步降低城市落户门槛,保障进城务工人员、大学毕业生等人群享有城市居民的权利。目前,当务之急是逐步取消附加在大城市户口上的"隐性福利",保证公共资源的均等化。

3. 进一步完善医疗卫生和社会保障体系

医疗和社会保障是群众,尤其是农村人口和进城务工人员最为关心的问题。河北省从两方面入手着力深化医疗卫生体制改革,一方面,在农村以新型农村合作医疗制度的完善为基础,逐步扩大基本药物的报销范围,强化乡卫生院和村卫生室的建设。另一方面,积极探索公立医院改革路径,以县级公立医院改革为突破口。2012年,全省11个县级医院综合改革试点县以破除"以药补医"机制为关键环节,以改革补偿机制和落实医院自主经营管理权为切入点,取消药品加成等,推进综合改革,2013年在全省推开。在社会保障方面,从最敏感的问题入手,巩固扩大保障范围,提高支付水平,尤其是研究社会保障的转移接续制度。

4. 探索构建现代公共服务体系

以服务型政府建设带动公共服务体系的建设,积极培育社会组织,构建多元化的公共服务主体,创新公共服务的提供方式,合理调整财政支出结构,加大公共服务支出,推进城乡公共服务的一体化。

(二)推进村改居的对策建议

1. 政府要采取合作协商态度,不要进行刚性权力控制

首先,政府部门要充分考虑农民利益,保障农民权益。在村改居过程中提高补偿标准,及时发放补偿金及安置费,调整补偿分配机制,将土地收益与土地补偿标准相挂钩,切实提高补偿水平。重视村改居农民的就业培训与就业安置,提高农民就业能力,开辟多元化收入渠道,为农民生活质量提高提供坚实

基础。

其次，政府部门应该改变权力控制的工作方式和工作作风，充分尊重社区居委会的自治地位，由管理社区转变为服务社区。街道办和居委会之间是政府组织与自治组织的关系，是合作和协商的关系，而不再是命令与服从的关系。但是政府仍然要承担社会管理和社会服务的职责，保证村改居居民与城市居民享受同等的待遇。在资金方面，政府仍然是资金的主要供给方，但要依靠财政、街道、部门、社区等多方参与，政府始终要做好财政拨付工作，保证资金能够及时到位。

2. 构建社会管理模式下的社区组织结构框架：居委会+企业组织+社会组织

村改居是由村委会向居委会过渡的必要阶段。在社会管理模式下，社区组织应该是和谐的，居委会与企业组织、社会组织应在政府的引导下共同致力于社区发展、促进城市的和谐进步。

首先，健全社区居委会的组织机构框架。村改居通常由几个村落合并而成，而且外来人口众多，这就向社区管理提出了严峻挑战，所以建立强有力的社区居委会是极其必要的。在组织结构方面应该加强与城市社区居委会的衔接，根据居民需要和社区管理服务需要，村改居可以下设人民调解、治安保卫、公共卫生、计划生育、群众文化等工作委员会，这样可以更好地开展活动，也能更好地与基层政府进行衔接。在此基础上社区还应该建立社区服务站或社区工作站等专门的服务机构，社区服务站或工作站是区政府职能部门和街道办事处设在社区的工作平台，负责管理外来人口并为其提供服务，满足居民日益增长的服务需求。另外，健全村改居社区居民小组制度，按照就近原则和便于自治原则，把原有村民以及新增居民划分成若干居民小组，并且配齐各组负责人员，这样更便于居委会进行网格化管理。

其次，清晰界定社区居委会与企业的关系。我国多数村改居对原有村集体资产都进行了股份制改造，从而保障村民的合法权益。但是在此过程中必须公正且谨慎地对待清产核资、股份界定和量化、身份界定、资产分配权限以及改制之后的经营模式等问题。社区资产较为庞大，且自主开支，必须处理得当，否则会直接影响社区居委会与居民的关系，也会给居委会开展工作带来极大不便。此外，社区居委会要处理好与物业单位的关系，物业公司是企业，要为居民提供服务，社区居委会是居民利益的代表，对物业单位要进行协调和监督，从而保障社区居民的利益，维护社区环境与安全。

最后，不断扶持社会组织的发展，更好地满足居民需求，这也是创新社会管理的必然要求。在原有村社会组织的基础上，政府应该赋予社会组织充分发展的空间，尤其是在居民生活方面，如建立专业技术协会、慈善组织、互助性组织、文化组织等。通过组织活动逐渐培养居民自我管理、自我服务与自我约束的能力，同时也能够增进社区团结，规范居民个体行为，有利于村民融入城市。

3. 调动社区居民参与积极性

其一，应逐步推进社区居民委员会直接选举制度，从制度层面赋予居民政治参与权的合法性，让居民深刻认识到自己积极参与的必要性，在此基础上形成的居民委员会也更具有合理性和坚实的民众基础。其二，必须及时、有效地公开拆迁安置、相关费用补偿等重要事项，务必使居民准确与便利地获知信息，社区居委会及其下属委员会应及时宣传，有效利用居民小组，深入了解居民需求与意见，做好与民众的有效沟通。

4. 营造舒适环境，增强村改居社区居民归属感

第一，不断完善村改居地区基础设施，为居民营造一个安全、舒适的生活环境。农村变为城市，农民改为市民不是身份证件的变更，而是生活理念的完全变化。我国长期以来形成的城乡二元模式，让农民对城市居民身份、城市生活有所期待，所以在村改居之后必须让农民感觉到城市生活的美好，而不是更加悲观。应重点改善居民生活环境，如交通、水电、便民设施、健身场所、公园等，让村改居居民享受到城市生活的便利与惬意，提高满意度。第二，充分做好村改居地区的精神文化建设工作，使居民生活更加丰富和多元化。应成立文化娱乐社团，建立文化广场，举办丰富的文化娱乐活动，提高居民参与的积极性，增强居民的归属感。

（三）加快户籍制度改革的对策建议

1. 以中小城市和小城镇户籍改革为重点

11个设区市、22个县级市、114个县城和969个独立建制镇共同构成了河北省的城镇体系,其结构为金字塔型的——大中小城市和小城镇组成,塔尖是有一定影响力的骨干城市,以少数特大中心城市为主(石家庄和唐山),塔身是其他中心城市和中小城市,塔基是数量众多的小城镇①。目前,由于沧州市、邢台市、承德市、保定市和衡水市等中小城市以及众多小城镇的城镇化水平低于河北省平均水平,所以,其城镇化潜力和压力较大,结合国家政策要求,应将其作为加快户籍改革的重点地区和对象。一方面,中小城市应根据本地经济发展需要,积极加大对大、中专院校毕业生以及各类人才引进落户的力度。另一方面,针对中小城市和小城镇近郊农民,在尊重农民意愿、确保农民利益的基础上,可以参考天津市华明镇的做法,将户籍改革与土地流转有机结合,以加快农民市民化进程。

2. 加快省外人员尤其是省外务工人员的户籍改革进程

目前,河北省 2010 年户籍新政中的"县城以上城市购置住房,或在县城以上城市连续务工六个月以上即可落户"的规定主要是针对省内人员的,而随着现代经济的发展,人力资本的流动并不拘泥于省内,所以,注重省外人员尤其是省外农民工的落户问题也是河北省户籍改革的一个重要着力点。

3. 加大中小城市和小城镇户籍吸引力,控制大城市户籍福利承载力

户籍制度在中国并非是一种单纯的人口登记制度,在它身上附着复杂的利益关系,涉及教育、住房、就业、医疗、社会保障、公共服务等各个领域。户籍甚至成为一种身份标志,不同户籍意味着将获得不同形式、不同程度的福利,户籍制度成了各种社会政策和公共服务的载体。一般而言,大城市户籍意味着会得到更好的教育、医疗等各种社会福利,而中小城市则逊色得多。所以,当今时代就易出现大城市"一户难求",中小城市和小城镇"有户不要"的局面。面对这种局面,目前应从两方面着手,即控制大城市户籍福利承载力,加大中小城市户籍吸引力。

所谓控制户籍福利承载力,主要针对大城市而言。其一,应逐步取消与户籍制度挂钩的各项公共政策,逐步减少大城市户籍的福利"含金量"。例如社

---

① 赵艳霞、祖海芹:《河北省户籍制度改革政策建议》,《合作经济与科技》2011 年第 10 期。

会保障主要与就业身份相关联，而不应与户籍身份相关联，只要有就业关系，无论在哪里就业，劳动者都应该有自身的社会保障账户。教育、健康、计划生育、住房等基本公共服务也应该逐步实现属地化，并通过属地化和均等化来淡化与户籍的联系。其二，流动人口可以"低门槛、渐进式"的方式获取大城市户籍背后的福利。例如可以按照流动人口居住时间累进地增加社会福利，流动人口居住满1年时可以享受某些福利，居住满5年或10年可以增加某些社会福利，直到其逐步成为本地市民①。

所谓加大中小城市户籍吸引力，主要是指提升中小城市和建制镇的吸引力。其一，应加大对其的公共投入和社会基础设施建设力度，缩小城乡之间和地区之间的差别，使得中小城市和建制镇基础设施健全，公共服务完善，环境优美，人们乐于在此定居，这样，其户籍"含金量"就会得到大幅度提高，人们自然会乐于甚至力争成为本地户籍居民。其二，为合理引导人们进入中小城市和城镇，加快城镇化进程，中小城市和建制镇一方面应降低落户门槛，另一方面可附加一些福利权益，如针对本地户籍居民可以给予阶段性的集体收益分红等。总之，对大城市户籍做福利"减法"，对中小城市和建制镇户籍做阶段性福利"加法"，加快中小城市和建制镇的城镇化进程。

4. 推动城市户籍改革和区域户籍改革的联动

近年来，若干省份和地区开展户籍制度改革，取消"农业户口"和"非农业户口"，统一城乡户口，并取得了一定的成效。如广东省近年陆续出台政策逐步推进户籍制度一体化，渐进增加农民和农民工的社会福利，实现户籍制度区域内一体化。随着人口流动性的增强，需要通过户籍改革的跨地区合作，保证户籍改革的实现。应使不同城市户籍实现顺利转接，包括各种社会福利体系的衔接，不仅在技术上，也要在制度上探索衔接的体制。因此，户籍改革需要从一个城市内部扩展到区域，在类似长三角、珠三角和京津冀等人员流动比较活跃的地区，以大城市户籍改革为动力推

---

① 李涛、任远：《城市户籍制度改革与流动人口社会融合》，《南方人口》2011年第3期。

动区域户籍改革一体化①。河北省是京津冀区域发展中的重要一极，必要时，应建立石家庄、天津市和北京市的户籍转换衔接的绿色通道和常规机制，以加快人才流动和合理配置，获得共赢。从根本上说，户籍制度改革还有赖于建立全国统一的社会保障与社会福利制度，从而消除因户籍带来的公共资源分配不公平现象。

（四）完善医疗卫生体系的相关建议

河北省应着力从以下几个方面不断完善医疗卫生体系②。

1. 巩固完善基本药物制度和基层医疗卫生机构运行新机制

（1）从基层医疗卫生机构编制管理、补偿机制、人事分配等层面深化改革。健全多渠道补偿机制，确保基层医疗卫生机构的长期稳定运行，在财政预算中设置专项账户，对基层医疗卫生机构进行专项补助和经常性差额补助，并确保补助得以有效落实。将医保支付政策和一般诊疗费制度进一步落实到位，为基层医疗卫生机构的正常运转提供坚实保障。

（2）不断扩大基本药物制度的实施范围。有序推进村卫生室实施基本药物制度，通过购买服务，将非政府办基层医疗卫生机构纳入基本药物制度的范围中去。

（3）以实际用药情况为导向，将更多更常用的药品增加到省增补药物目录中，注重慢性病和儿童用药品种的增加，不断完善基本药物的类别和品种，以更好地满足群众基本用药需求。

（4）坚持以省为单位在网上集中采购基本药物，将招采合一、量价挂钩、双信封制、集中支付、全程监控等采购程序和政策落实到位，探索建立短缺基本药物储备机制。

（5）提高基层医疗卫生机构服务能力。支持村卫生室、乡镇卫生院、社区卫生服务机构标准化建设，统筹建设集体产权的村卫生室，原则上按每个街

---

① 李涛、任远：《城市户籍制度改革与流动人口社会融合》，《南方人口》2011年第3期。
② 河北省人民政府：《河北省人民政府关于印发河北省"十二五"期间深化医药卫生体制改革规划暨实施方案的通知》（冀政函〔2012〕140号），http://www.chinalawedu.com/new/201303/wangying20130306165419928 65541.shtml。

道办事处或3万~10万居民规划设置1所实施基本药物制度并承担公共卫生服务职能的社区卫生服务中心。建立并不断完善分级诊疗、双向转诊制度，积极进行基层首诊负责制试点。

（6）推进全科医生制度建设。为每万名城市居民至少配备2名全科医生，并且全科医生要向乡镇卫生院进军。此外，中医医疗服务能力要在城乡基层得到加强和提高，力争到2015年，中医药服务能够在95%以上的社区卫生服务中心和90%的乡镇卫生院、70%以上的社区卫生服务站和65%以上的村卫生室具有可获得性。

（7）加快推进基层医疗卫生机构信息化。建立以省为单位的基层医疗卫生信息系统，将基本药物供应使用、居民健康管理、基本医疗服务、绩效考核等基本功能一体化，并逐步实现与基本医保等信息的有效衔接。

（8）提高基本公共卫生服务均等化水平。重视人均基本公共卫生服务经费标准的逐步提高，将健康档案、健康教育、预防接种、传染病防治、儿童保健、孕产妇保健、老年人保健等基本卫生服务免费提供给城乡居民。

2. 积极推进公立医院改革

（1）全面推进县级公立医院改革。从人才、技术、重点专科等方面加强县级医院公共卫生服务能力，统筹县域医疗卫生服务体系，力争使县域内就诊率提高到90%左右。改革人事分配制度，落实县级医院用人自主权，建立健全以聘用制度和岗位管理制度为重点的人事管理制度，并逐步变身份管理为岗位管理，而医院对全部人员实行统一管理。加强人才队伍建设，引导经过住院医师规范化培训的医生到县级医院就业，并为其在县级医院长期工作创造条件。

（2）开展医疗集团试点。选择实力较强的三级医院和县级医院为核心医院，分别以多个下级医疗机构为成员，在自愿结合、互惠互利、共同发展的基础上，通过整体托管、技术合作、人员流动、优势互补、双向转诊等途径，建立纵向组合式的医疗集团，发挥和增强医疗机构整体服务能力，有效落实分级医疗制度，降低医院运行成本。

（3）控制医药费用增长。确定公立医院门诊和住院均次医药费用增长幅度等控制管理目标，纳入公立医院目标管理责任制和绩效考核范围。公立医

门诊和住院均次医药费用增长不超过当地GDP增幅。积极探索收费方式改革，开展按病种收费改革试点。加大临床路径管理和临床检查检验结果互认推行力度，所有二级医院应开展临床路径管理。

（4）鼓励和支持民办医疗机构不断发展。加快出台鼓励民办医疗机构发展的实施细则，细化并落实鼓励社会资本办医的各项政策，积极引进有实力的企业、社会慈善力量、境外优质医疗资源、基金会、商业保险机构等创办医疗机构，对创办和发展非营利性医疗机构的单位给予优先支持。

（五）完善社会保障体系的对策建议

1. 巩固扩大社会保险覆盖面

进一步巩固扩大城镇职工养老保险、新农保、城镇职工医疗保险、新农合、城镇居民医疗保险、失业保险、工伤保险等社会保险的覆盖面，做到应保尽保。针对农业户籍人员，重点抓好新农保和新农合的参保工作，针对非农业户籍人员，尤其是被征地农民，重点抓好养老保险和医疗保险的参保工作，还要为农民工、灵活就业人员、非公有制经济组织从业人员的参保工作提供绿色通道，进一步将关闭和破产企业的退休人员等困难群体置于社会保险的保障之下。

2. 切实提高社会保险支付水平

在养老保险方面，针对城镇居民养老保险和新农保，应在目前每人每月最低55元的基础上，加大中央财政和省（市级）财政补贴力度，完善制度设计，逐步提高养老金给付水平。在医疗保险方面，城镇居民医保和新农合政府补助标准应在每人每年240元的基础之上进一步提高至360元以上，通过提高个人缴费水平等措施，使筹资机制更好地与经济发展水平相协调。职工医保、新农合和城镇居民医保最高支付限额分别达到全省职工年平均工资、居民可支配收入、农民人均纯收入的6倍以上，且分别不低于10万元、8万元和8万元。个人卫生支出占卫生总费用的比例降低到30%以下。职工医保、新农合、城镇居民医保政策范围内住院费用支付比例均达到75%左右。

3. 积极推进养老服务体系建设

加快建立以居家为基础、社区为依托、机构为支撑的养老服务体系。政府应做好"保基本、兜底线"的基础工作，着力保障特殊困难老年人的养老服务需求，加大对中小城市基层和农村养老服务的投入，培育特色老龄产业市场，公办养老机构重点做好为无收入、无劳动能力、无赡养人和抚养人、失能半失能等生活困难老年人提供无偿或低收费服务等。同时，应积极推动社会力量发展养老服务业。

4. 完善城乡低保制度和医疗救助制度

增加救助资金支出，保障底层群体的基本需求。在城乡低保制度方面，提高制度实施的公平性与透明性，避免低保制度被"搭便车"，使其覆盖到有真正需要的底层人民，并通过提高资助水平，将低保家庭成员、五保户、重度残疾人以及城乡低收入家庭纳入城镇居民医保或新农合的制度覆盖范围中去。针对救助对象，逐步降低甚至取消医疗救助起付线，提高最高支付线，将住院自负医疗费用救助比例提高至70%以上。注重对重特大疾病的救助，全方位实施救助工作，必要时将医疗救助基金和政府补助等作为困难病人急救医疗费用的最后保障。

5. 积极完善保险关系转移接续制度

目前，养老保险、医疗保险和生育保险均存在转移接续的问题。对于养老保险，一方面，应科学合理地解决城镇职工养老保险异地转移接续问题；另一方面，还要解决城镇职工养老保险与新农保和城镇居民养老保险之间的转移接续问题。对于医疗保险，其一应合理解决异地医疗报销结算的问题，其二应解决城镇职工医疗保险与城镇居民医疗保险之间的衔接问题。对于生育保险，应逐步解决其属地管理的问题。

6. 加强社会保障基金监管

为保证社会保障基金的完全完整，应切实加强社会保障基金的监管，防止其被挪用、挤占。同时，在保证其安全性的基础上，还应改善投资环境，力促其保值增值。

（六）建设现代公共服务体系的对策建议

1. 积极推进政府职能转变、加快建立公共服务型政府

政府改革的滞后，是市场化改革进程中面临的主要矛盾。2003年，党的

十六届三中全会通过的《中共中央关于完善社会主义市场经济体制若干问题的决定》提出：深化行政审批制度改革，切实把政府经济管理职能转到主要为市场主体服务和创造良好的发展环境上来，并明确政府的基本职能是经济调节、市场监管、社会管理和社会服务。2004年，温家宝在讲话中首次提出了"服务型政府"的概念。政府转型的目标应该是建设服务型政府。建设服务型政府的关键是树立以人为本、以民为本、以公共服务为本的理念。在我国政府的职能体系中，不同层级政府的职能定位不同。中央政府的经济调控和市场监管的职能较强，而省以下各级政府的经济调节和市场监管职能较弱。因此，河北省各级政府应当统一思想，明确将主要职责定位于社会管理和公共服务。

2. 创建多元化的公共服务主体和实施方式

明确了政府的公共服务的主体责任，并不意味着公共服务皆由政府大包大揽。随着人们物质水平的提高，民众对公共服务的需求也呈现丰富化和多样化的趋势，而政府的公共服务能力很难满足民众多样化的需求，而丰富多样的社会组织恰好弥补了政府的这一缺失。当前，河北省各类社会组织少、相关从业人员少，发展缓慢。而社会组织在诸如养老服务、环境保护、灾害救援等公共服务领域中具有天然的优势。因此，在转变政府职能、推进事业单位分类改革的同时，应当积极培育各类社会组织，构建多元化的公共服务主体。在公共服务领域中不断创新公共服务的提供方式，探索诸如签约外包、特许经营、公私伙伴关系等经营策略，并以信息化、精细化和网络化为目标，不断提高公共服务能力和水平，降低服务成本。

3. 在城镇化进程中推进城乡公共服务一体化

2003年以来，河北省积极推行城镇化战略，并将新型城镇化进程作为河北省建设"经济强省、和谐河北"的重大战略选择。城镇化的核心是人的城镇化，如果在城镇化中农民工不能实现市民化，不能享受市民待遇，则仍不能打破城乡二元结构，还会加剧社会矛盾，最终城镇化也只是土地的城镇化。河北省在城镇化建设中应整体谋划，推动大中小城市与小城镇协调发展及城镇化与新农村建设整体推进。当前应重点抓好石家庄、唐山两个城乡一体化试点市的工作，及环首都14县（市、区）统筹城乡发展先行区和冀州、任丘、巨鹿、涉县等一批统筹城乡发展示范县建设。在借鉴其他省份的先进经验及自我探索中加快推进城乡公共服务的一体化。

4. 建立公共服务的财政保障机制

财政保障是直接影响政府公共服务能力和公共服务绩效的因素，随着河北省的经济发展，各级财政应当不断加大对公共服务的支出水平，增长幅度应当不低于政府财政收入。在保证政府财政投入增长的情况下，应当合理调整财政支出的结构，压缩行政管理支出，加大公共服务支出，在公共服务支出中也应当避免"撒胡椒面"式的投入，应当对公共服务做出科学分类，突出重点。从目前的情况来看，政府应加大对教育、就业与社会保障、公共卫生与医疗保障、生态环境保护等基本公共服务的财政投入。在促进城乡、区域基本公共服务均等化的目标下，加大对农村地区和落后地区的基本公共服务的财政投入，努力实现城乡、区域间的基本公共服务的均衡发展。

5. 创立公共服务绩效考核与评估机制

绩效评估是对工作效率、服务质量、公众满意度的分析和评议。绩效评估是一种有效的管理工具，评估具有导向作用，有什么样的考核评估制度就有什么样的政府行为。对公共服务进行绩效评估有助于提高政府的服务水平和社会满意度。公共服务的绩效评估首先应当注重评估指标的筛选，需要重点关注基本公共服务均等化和服务水平等指标。并且，应建立有效的奖惩和问责制度，明确责任部门和责任人员。

参考文献

[1]〔美〕阿尔蒙德、鲍威尔：《比较政治学：体系、过程和政策》，曹沛霖等译，东方出版社，2007。

[2]郑杭生：《走向更讲治理的社会：社会建设与社会管理》，中国人民大学出版社，2006。

[3]丁元竹：《社会管理发展的历史和国际视角》，《国家行政学院学报》2011年第6期。

[4]莫于川：《社会管理创新的内容、路径与价值分析》，《检察日报》2010年2月2日。

［5］刘旺洪：《社会管理创新：概念界定、总体思路和体系建构》，《江海学刊》2011年第5期。

［6］城市化网：《河北省城镇化率为45.60%，唐山最高衡水最低》，http：//www.ciudsrc.com/new_chengshihualv/gedi/2012-09-29/37062.html。

［7］凤凰网：《到2012年底河北全省城镇人口规模达3410.5万人》，http：//big5.ifeng.com/gate/big5/hebei.ifeng.com/news/fengguanyanzhao/detail_2013_10/01/1288616_0.shtml。

［8］人民网河北频道：《加快推进城市化进程工作会议：河北力争五年内城市化率达54%》，http：//he.people.com.cn/GB/197037/13083908.html。

［9］河北省统计局：《2012年河北省城镇化率为46.8%，石唐廊超过50%》，http：//finance.stockstar.com/SS2013043000000823.shtml。

［10］长城网：《河北省医疗卫生事业五年发展成就》，http：//heb.hebei.com.cn/system/2012/11/13/012235244.shtml。

［11］李素枝、于向辉：《河北农村医疗卫生保障体系存在的问题与解决对策》，《经济研究导刊》2012年第25期。

［12］侯惠勤等主编《中国城市基本公共服务力评价（2011～2012）》，社会科学文献出版社，2012。

［13］卢洪友等：《中国基本公共服务均等化进程报告》，人民出版社，2012。

［14］赵艳霞、祖海芹：《河北省户籍制度改革政策建议》，《合作经济与科技》2011年第10期。

［15］李涛、任远：《城市户籍制度改革与流动人口社会融合》，《南方人口》2011年第3期。

［16］河北省人民政府：《河北省人民政府关于印发河北省"十二五"期间深化医药卫生体制改革规划暨实施方案的通知》（冀政函〔2012〕140号），http：//www.chinalawedu.com/new/201303/wangying2013030616541992865541.shtml。

B.5 教育培训与河北省新型城镇化协同发展

刘兵 梁林*

摘　要：

进城农民工的教育培训及其随迁子女的义务教育是河北省新型城镇化建设过程中农村人口向城镇流动而衍生的两个重要社会问题。本部分按照"现状－问题－对策"的脉络，首先分析了河北省农村劳动力教育培训和义务教育发展现状。其次总结了目前存在的主要问题，还应用 Logistic 人口预测模型对未来 8 年内河北省尚处在义务教育适龄阶段的农民工随迁子女数量规模进行了预测，结果显示：这一群体的数量在 2020 年将占到全省适龄学生总数的 14.06%，使得河北省城镇中小学的承载能力未来将面临严峻考验。最后，为解决一代农民工教育培训的问题，设计了包括"农村职业教育＋城镇学校学历教育＋社会就业培训"的新型培育路径；针对二代随迁子女义务教育问题，提出了农民工随迁子女接受义务教育的"政府＋学校＋家庭＋社会"四位一体综合保障体制。

关键字：

农民工教育培训　随迁子女义务教育　Logistic 人口预测模型

作为京津地区劳动力的重要保障和供给地区，河北省 2012 年城镇化率仅

---

* 刘兵，河北工业大学教授，博士生导师，研究方向为组织行为与人力资源管理、教育管理；梁林，河北工业大学京津冀发展研究中心助理研究员、博士后（在站），研究方向为人力资源管理。

为46.8%，与京津两市甚至全国平均水平相比，还存在较大差距，直接影响了京津冀地区人口综合素质的全面提升。为推进新型城镇化进程，打造发展新引擎，河北省政府明确提出到2015年，城镇化率力争实现54%的战略目标，努力成为京津冀地区社会经济发展的第三极①。城镇化的关键在于人口的城镇化，主要涉及两类人群：第一，进入城镇务工的农民；第二，农民工的随迁子女。而人口城镇化率的稳定提高又在于实现进城农民的市民化待遇，让进城农民真正能够在城镇中安居乐业。综观近年来河北省的城镇化进程，大量农民工由于职前教育的缺乏和自身素质不高，在进城务工后还需要接受培训和再教育，因此，需要从农民工自身出发，积极开展教育与培训工作，提升其人力资本价值。另外，农村人口流动的家庭化趋势愈加明显，已经逐渐成为人口迁移的主流形式。"举家搬迁"使得城镇中出现了大量农民工随迁子女，并且这一群体大多处于义务教育的适龄阶段。但受传统观念影响以及各项社会管理体制的相对滞后，相当部分的农民工随迁子女在城镇接受义务教育的过程中遇到了诸多难题，没有得到和城市儿童同等的教育，已经严重影响了农民工家庭在城镇中的发展和流向，这一问题已被社会各界广泛关注。因此，本报告将基于教育培训的视角，以河北省教育发展现状和相关规划为依据，主要利用《中国统计年鉴》《河北省统计年鉴》和在教育部、国家统计局、河北省教育厅、河北省统计局查询到的数据，重点解决两个问题：第一，分析进城农民工在接受教育培训过程中的问题，提出相应对策；第二，预测未来处在义务教育阶段的随迁子女数量和规模，分析其在接受教育过程中的困难，并提出应对策略。

一 进城农民工教育培训

河北省是农业大省，拥有大量的农村人口，截至2012年末，全省农业人口为3876.96万人，占总人口的53.20%②。而河北省农民平均受教育年限不

---

① 《河北省政府工作报告》，2013年1月26日。
② 《河北统计年鉴2013》。

足7年,高中以上文化程度者仅占11.58%,系统接受农业职业教育的农村劳动力不到5.00%①。

(一)农村劳动力从业和家庭现状

1. 农村从业人员状况

截至2012年末,河北省第一产业就业人员为1426.27万人,占全部就业人员的34.91%,延续了30年来的下降趋势,并且农村总人口由2000年的4933万人减少为2012年的3877万人,而从事农林牧渔业人员的比例却由2005年的1600.43万人减少为2012年的1414.65万人②。可见,河北省农民流向城镇的趋势日益明显,农村劳动力由第一产业向第二、三产业转化的趋势明显。

2. 农民家庭基本情况

随着人口总量的提高,河北省农村总户数也在逐年增加,并且农民家庭劳动力状况也发生了显著变化。2013年《河北经济年鉴》调查抽样的结果显示,平均每户常住人口已由2000年的4.11人减少为2012年的3.62人,平均每户整、半劳动力已由2000年的2.74人减少为2012年的2.67人,而占常住人口比重则由2000年的66.67%上升为2012年的73.76%③。可见,在农村家庭中,剩余常住人口中劳动力人口比例依然较高,说明虽然大量农村人口正在向城镇迁移,但仍有大量剩余劳动力,并且农村人口正在由以从事农业为主逐步向从事工业、建筑业和服务业转变。

(二)进城农民工教育培训过程中的主要问题

通过对河北省农民就业现状的归纳,结合在河北省各地的实地调查,我们发现目前河北省农村劳动力在农村接受职前教育培训环节和进入城镇务工之后的培训环节均存在诸多问题,主要表现在职前教育资源匮乏、政府重视程度不

---

① 张亮、张媛、赵邦宏:《河北省农民培训的有效路径:培育新型职业农民》,《保定学院学报》2013年第2期,第46~50页。
② 2005~2013年《河北经济年鉴》。
③ 《河北经济年鉴2013》。

够、企业积极性欠佳和培训机构水平较差等。

1. 农村教育培训实力有限，职前培训缺失

目前，河北省大部分地区的农村劳动力培训仅涉及义务教育和农业科技培训，较少关注剩余劳动力迁移至城镇工作的问题。而且农村的教育和培训工作需要政府教育管理和基层部门之间的密切合作，但在实践中，并未建立起农民教育和培训统筹管理、指导和服务的机制，并且受教育资源和地方财政力量有限的制约，农民进入城镇的职前培训基本处于空白状态，农民培训的实际进程远远落后于城镇化的增长速度。

另外，相当一部分农民认为外出进城务工并不是主业，只是一种"兼职"，属于临时行为，并不能完全替代在家务农。对自身知识素养的顾虑以及对外出进城务工风险的不确定的看法，使很多农民不愿意放弃对农村自留土地的经营权，也导致他们进城后只期望从事加工、建筑、餐饮、家政等行业的低技术含量的体力工作，不愿也没有精力参加更高级别的培训。

2. 政府重视程度不够，农民工培训推行缓慢

受传统城乡二元管理机制的限制，目前河北省各级城镇政府在对进城农民工的教育培训方面的财政投入仍相对不足，城乡在教育和培训资源的配置上存在显著差距，并且这种差距并不会因农民工进城而发生改变，农民工与普通市民在获得教育和培训的权利方面存在严重的不平等。尽管各地政府管理部门已经意识到对农民工开展教育培训工作的重要性，但是在实际操作过程中，作为农民工迁入地的政府往往认为对农民工的培训属于迁出地政府的职责，因而不愿在农民工培训工作上投入更多的力量。尽管一些经济发达地区，如石家庄和唐山已经开始建立专项资金用来补贴农民工培训，但由于涌入城镇的农民工数量庞大，造成人均培训费用仍然较低。培训未能取得良好的效果。

3. 就职企业投资培训的积极性不高

当前，国内外市场环境日益复杂多变，河北省企业面临着越来越大的经营风险。企业在员工培训方面的投入捉襟见肘，就农民工群体而言，因大多数农民工并未与企业签订长期的劳动雇佣合同，企业出于成本控制的考虑，不愿在农民工培训上投入更多资源，培训农民工的积极性不强，特别在雇工时段性较强的行业，如建筑业中，"偏重使用轻于培养"的现象更加明显。

4. 社会培训机构整体水平较差

目前，河北省为了落实国家有关农民工培训的相关规划和意见，大力鼓励公立职业技术学校和社会机构开展农民工就业培训和再教育工作，但就目前状况来看，社会办学力量薄弱、各级政府管理混乱、培训体系无序和培训内容单一盲目等问题依旧严重，社会培训机构整体水平仍然有待提高。

二 进城农民工随迁子女义务教育

（一）义务教育发展现状

近年来，河北省各级政府和教育管理部门注重义务教育工作，义务教育取得了显著成就。截至 2012 年末，河北省 15 岁及以上人口文盲率下降到 3.67%，低于全国平均水平[①]。义务教育工作的实施，全面提高了教育质量，基本确保了省内教育事业的均衡发展，提升了河北省人口的综合素质，有效地保障了河北省新型城镇化建设的快速发展。

1. 义务教育阶段学生总量结构

我们通过整理分析 2001～2013 年《河北经济年鉴》和河北省教育厅提供的相关数据，得到了 2000～2012 年河北省中小学招生、在校生和毕业生的数量及其变化情况，如表 1 所示。

首先，从招生数量来看，中学招生数量减少趋势明显，而小学招生数量较为稳定。2012 年，全省初中招生数量为 77.77 万人，比 2000 年减少了 73.23 万人，占 2000 年初中招生数量的 48.5%；2012 年，全省小学的招生数量为 106.26 万人，比 2000 年减少了 0.8 万人，占 2000 年小学招生数量的 0.7%。其次，从在校生数量来看，中学和小学在校生数量减少的趋势均比较明显。2012

---

① 《河北经济年鉴 2013》。

表1 2000～2012年河北省中小学招生、在校生、毕业生数量

单位：万人

年份		2000	2001	2002	2003	2004	2005	2006	2007	2008	2009	2010	2011	2012
招生数量	初中	151.00	149.82	147.69	142.97	126.00	115.20	107.49	45.25	80.08	73.36	72.16	72.72	77.77
	小学	107.05	93.34	78.96	72.74	71.50	72.00	80.07	88.52	91.44	87.58	95.60	103.85	106.26
	合计	258.05	243.16	226.65	215.71	197.50	187.20	187.56	133.77	171.52	160.94	167.76	176.57	184.03
在校生数量	初中	411.71	421.37	433.25	429.49	403.53	370.43	336.83	306.24	274.18	241.86	221.25	215.03	217.37
	小学	813.73	747.65	674.55	606.58	547.00	500.36	470.25	465.44	475.66	488.65	511.59	541.09	562.22
	合计	1225.44	1169.02	1107.80	1036.07	950.53	870.79	807.08	771.68	749.84	730.51	732.84	756.12	779.59
毕业生数量	初中	113.42	115.80	124.06	136.61	141.19	138.40	133.03	115.32	105.27	99.07	87.69	75.25	70.31
	小学	154.93	153.78	152.69	145.92	128.09	117.46	108.58	93.54	80.20	73.39	72.18	73.28	79.61
	合计	268.35	269.58	276.75	282.53	269.28	255.86	241.61	208.86	185.47	172.46	159.87	148.53	149.92

资料来源：2001~2013年《河北经济年鉴》。

年，全省初中在校生数量为217.37万人，比2000年减少了194.34万人，占2000年初中在校生数量的47.2%；2012年，全省小学的在校生数量为562.22万人，比2000年减少了251.51万人，占2000年小学在校生数量的30.9%。最后，从毕业生数量来看，中学和小学毕业生数量减少的趋势均比较明显。2012年，全省初中毕业生数量为70.31万人，比2000年减少了43.11万人，占2000年初中毕业生数量的38.0%；2012年，全省小学的毕业生数量为79.61万人，比2000年减少了75.32万人，占2000年小学毕业生数量的48.6%。

从整体来看，进入21世纪以来，虽然河北省义务教育阶段招生数量在2007年出现较大规模的下降，从2000年的258.05万人减少至133.77万人，但2008~2012年，却能基本稳定在160万~180万人，这使在校生和毕业生数量在2009年左右达到平稳状态，在校生规模稳定在730万~750万人，毕业生数量稳定在150万~170万人，如图1所示。

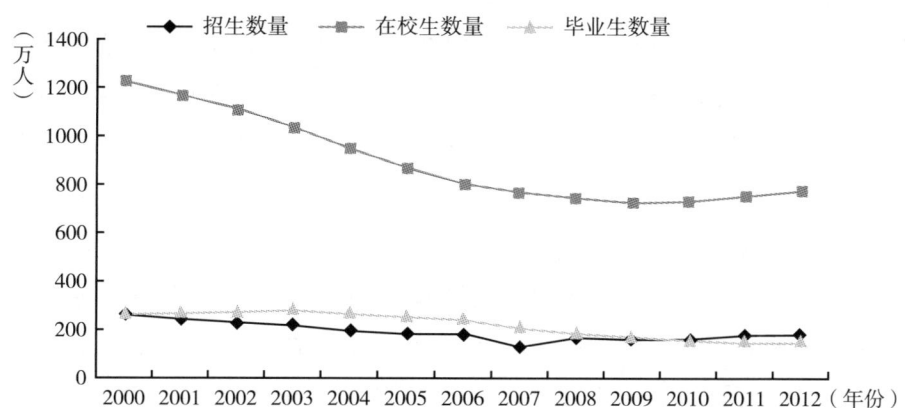

图1　2000~2012年河北省中小学招生、在校生、毕业生数量的变化情况

资料来源：2001~2013年的《河北经济年鉴》。

在校生规模的总量变化与人口规模和教育发展情况紧密关联，受到河北省整体人口增速放缓的影响，在校生规模还将进一步缩小。表面上看中小学的入学和教学压力将得到缓解，但是随着河北省人口城镇化速度的加快，大量农民工举家搬迁至城镇，大量农村儿童将涌至城镇中小学接受义务教育，这将极大地考验城镇义务教育的承载能力，也将造成目前农民工随迁子女在义务教育阶段的各种难题被进一步放大。

2. 教育资源总量结构

教育资源的总体状况对城镇义务教育的结构规模和教育教学质量均能产生直接影响。教育资源的内涵涉及很广，本报告仅就教育资源中的核心资源，即学校、教师队伍和教育经费进行分析。我们通过整理分析2001～2012年的《河北经济年鉴》、《中国人口和就业统计年鉴》和《中国教育经费统计年鉴》以及河北省教育厅提供的相关数据，得到了2000～2012年河北省中小学学校数量、教师数量和教育经费支出情况及其变化趋势。

（1）义务教育阶段的学校情况

从学校数量来看，中小学数量均明显减少，如图2所示。2012年，全省初中数量为2435所，比2000年减少了1759所，占2000年初中学校的41.9%；小学数量减少的情况更加明显，2012年，全省小学的数量为12898所，比2000年减少了23567所，占2000年小学数量的64.6%。中小学数量的大幅减少主要是受到适龄生源人数减少的影响，为了更好地整合中小学教育资源，地方政府和教育管理部门通过裁撤、合并等方式，对现有中小学进行了整合，造成了学校数量上的减少，但这也在客观上造成城镇化进程中农民工随迁子女入学和择校更加困难的现象。

（2）义务教育阶段的教师情况

从教师数量来看，其总体也呈逐年减少的趋势，但与学校数量的变化趋势相比明显减弱，如图3所示。2012年，全省初中教师数量为16.78万人，比2000年减少了4.22万人，占2000年初中教师数量的20.1%；小学的情况更加平稳，2012年，全省小学的教师数量为31.70万人，比2000年减少了1.25万人，只占2000年小学教师数量的3.8%。可见，虽然在校生规模逐年减少，并且中小学学校的数量大幅减少，但是教师总体数量依然比较稳定，2011年初中师生比由2000年的1∶18.5提高至1∶15.01，而小学的师生比由2000年的1∶24.7提高至1∶17.1①。随着师生比的提高，义务教育

---

① 《河北经济年鉴2013》。

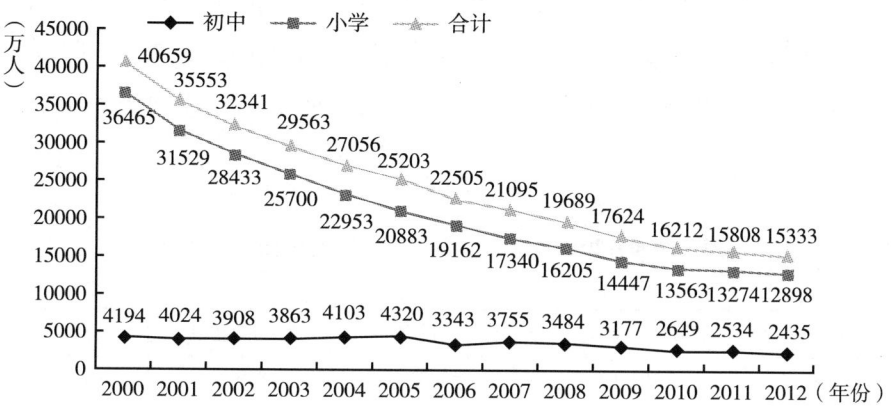

图 2　2000～2012 年河北省中小学的数量和变化趋势

资料来源：2001～2013 年的《河北经济年鉴》。

质量将得到更好保障，这从客观上保障了农民工随迁子女入学后将得到更优质的教育。

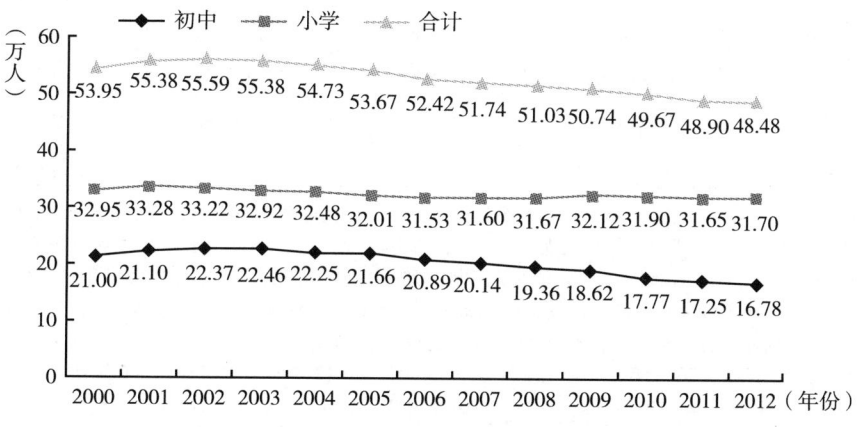

图 3　2000～2012 年河北省中小学的教师数量和变化趋势

资料来源：2001～2013 年的《河北经济年鉴》。

（3）义务教育阶段的学生均教育经费支出情况

①河北省初中生均教育经费支出及与全国平均水平的比较。从初中生均事业性和基建支出数量上来看，均呈现增加的趋势，如表 2 所示。2011 年，全省初中生均事业性经费支出为 7665.06 元，比 2000 年增加了 6873.99 元，

是2000年经费支出的9.69倍;生均基建经费支出为104.75元,比2000年增加了46.23元,是2000年经费支出的1.79倍。说明河北省在初中阶段的事业性经费和基建经费支出均有了较大提高,但是基建支出的增幅仍稍显缓慢。

表2 2000~2011年河北省初中生均教育经费支出情况*

单位:元

年份	事业性经费支出	基本建设支出	河北省总额	全国总额
2000	791.07	58.52	849.6	1210.42
2001	911.84	45.1	956.94	1371.18
2002	1028.92	49.34	1078.26	1533.48
2003	1102.47	41.04	1143.51	1667.95
2004	1354.22	64.75	1418.97	1925.43
2005	1743.89	59.2	1803.09	2277.32
2006	2168.51	47.55	2216.05	2668.63
2007	3204.53	52.03	3256.56	3632.61
2008	4176.70	64.63	4241.33	4531.83
2009	5814.08	82.35	5896.43	6013.02
2010	6310.85	116.73	6427.58	6526.73
2011	7665.06	104.75	7769.8	8179.04

注:1. 事业性经费支出:分为"个人部分支出"和"公用部分支出"两部分。(1)个人部分支出包括"工资福利支出"、"对个人和家庭的补助"两部分。(2)公用部分支出包括"商品和服务支出"和"其他资本性支出"两部分。2. 基本建设支出:反映各级发展和改革部门集中安排用于学校或单位购置固定资产、土地和无形资产,以及购建基础设施、大型修缮所发生的支出以及与之配套完成上述项目的非公共财政预算资金支出,不包括公共财政预算配套资金。

资料来源:2001~2012年的《中国统计年鉴》,2001~2012年的《中国教育经费统计年鉴》,教育部2000~2012年全国教育统计数据,2000~2012年河北省教育经费统计公告。

初中生均教育经费支出,呈现逐年增加的趋势,如图4所示。2011年,全省初中生均教育经费支出为7769.8元,比2000年增加了6920.2元,是2000年经费支出的9.15倍。而且和全国平均水平相比,差距在逐年缩小,说明进入21世纪以来,河北省在初中阶段的生均教育经费支出正在逐年增加,与其他省份的差距在逐渐减小,基本达到了全国平均水平。

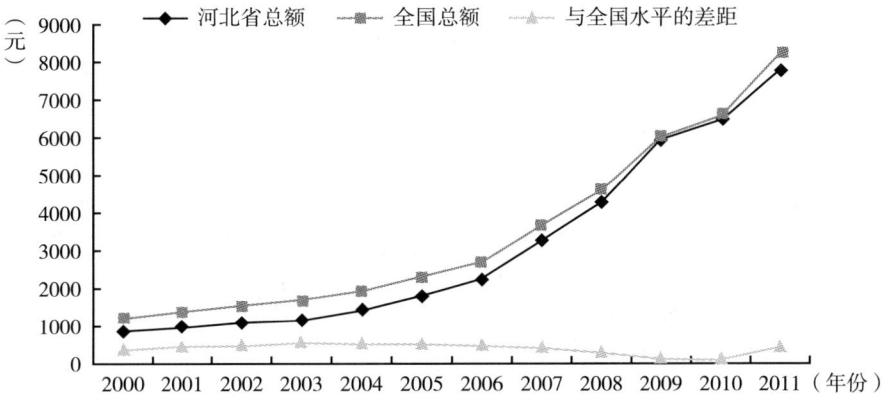

图4　2000～2011年河北省与全国中学生均教育经费支出情况比较

资料来源：2001～2012年的《中国统计年鉴》，2001～2012年的《中国教育经费统计年鉴》，教育部2000～2012年全国教育统计数据，2000～2012年河北省教育经费统计公告。

②河北省小学生均教育经费支出及与全国平均水平的比较。小学生均事业性和基建支出数量，均呈现出增加的趋势，如表3所示。2011年，全省小学生均事业性经费支出为5172.37元，比2000年增加了4631.34元，是2000年经费支出的9.56倍；生均基建经费支出为56.25元，比2000年增加了37.49元，是2000年经费支出的3倍。说明河北省在小学阶段的事业性经费和基建经费支出均有了较大提高，但与初中情况相类似，基建支出增幅仍稍显缓慢。

表3　2000～2011年河北省小学生均教育经费支出情况

单位：元

年份	事业性经费支出	基本建设支出	河北省总额	全国总额
2000	541.03	18.76	559.80	792.36
2001	687.17	20.93	678.10	971.47
2002	843.32	16.90	860.22	1154.94
2003	994.66	19.38	1014.05	1295.39
2004	1263.50	36.12	1299.61	1561.42
2005	1727.41	37.06	1764.47	1822.76
2006	2050.46	26.47	2076.93	2121.18

续表

年份	事业性经费支出	基本建设支出	河北省总额	全国总额
2007	2671.24	40.12	2711.36	2837.54
2008	3496.40	3.19	3499.65	3410.09
2009	4012.36	34.60	4046.96	3965.71
2010	4573.89	53.12	4627.01	4931.58
2011	5172.37	56.25	5228.62	6117.49

资料来源：2001~2012年的《中国统计年鉴》、2001~2012年的《中国教育经费统计年鉴》、教育部2000~2012年全国教育统计数据、2000~2012年河北省教育经费统计公告。

小学生均教育经费支出，呈现出逐年增加的趋势，如图5所示。2011年，全省小学生均教育经费支出为5228.62元，比2000年增加了4668.82元，是2000年经费支出的9.34倍。而且和全国平均水平相比，差距在逐年缩小，且在2008年和2009年超过了全国平均水平，但在2010年又回落至全国平均线以下，说明进入21世纪以来，河北省在小学阶段的生均教育经费支出正在逐年增加，与其他省份的差距在逐渐减小，基本达到全国平均水平。

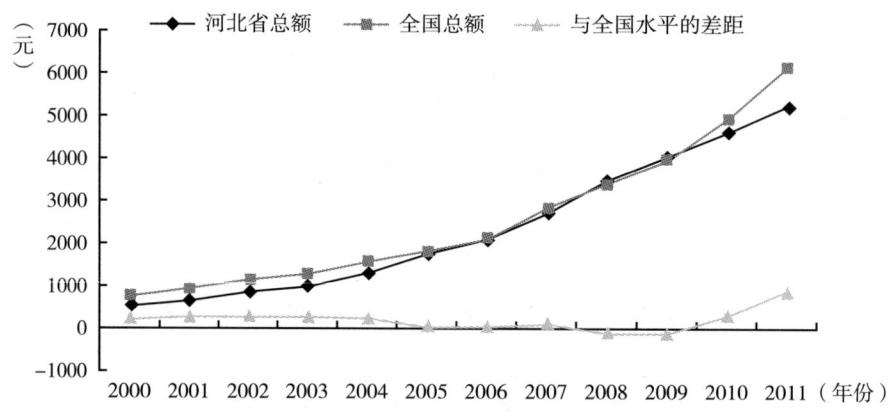

图5　2000~2011年河北省与全国小学生均教育经费支出情况比较

资料来源：2001~2012年的《中国统计年鉴》、2001~2012年的《中国教育经费统计年鉴》、教育部2000~2012年全国教育统计数据、2000~2012年河北省教育经费统计公告。

③河北省义务教育阶段教育经费支出总额及在GDP中所占比例。从教育经费总支出额来看，河北省现阶段的教育总体投入在全国依然处于较低的水

平，如表4所示。2011年教育经费的总支出仅占GDP总量的3.448%。但是随着河北省经济总量和社会各界对教育事业重视程度的提高，教育经费支出总量逐年均在增长，尤其是义务教育经费的投入逐渐稳定在50%左右，并且仍在提高。

表4 2004~2011年河北省义务教育阶段的教育经费支出情况

年份	教育经费总支出（亿元）	GDP（亿元）	教育经费总支出占GDP比例（%）	义务教育经费支出（亿元）	义务教育经费占教育经费比例（%）
2004	269.92564	8477.63000	3.184	128.34836	47.550
2005	317.37640	10012.11000	3.170	155.07888	48.863
2006	347.85420	11467.60000	3.033	172.31085	49.535
2007	437.28135	13607.32000	3.214	225.92643	51.666
2008	554.70824	16011.97000	3.464	282.75314	50.973
2009	605.21184	17235.48000	3.511	340.36576	56.239
2010	743.69712	20394.26000	3.647	378.92341	50.951
2011	845.25603	24515.76000	3.448	449.98941	53.237

资料来源：2005~2012年的《河北统计年鉴》，2005~2012年的《中国教育经费统计年鉴》，教育部2000~2012年全国教育统计数据，2000~2012年河北省教育统计提要。

（二）农民工随迁子女接受义务教育过程中的主要问题

通过对河北省义务教育发展现状的归纳分析，结合在河北省各地的实地调查，我们发现目前在大量农民工随迁子女从农村学校涌入城镇学校的过程中，河北省城镇中小学的教育承载力都面临着严峻的挑战，也出现了诸多的问题和困难，主要表现在教育资源分配不均衡、农民工子女入学困难、入学后的不适应和家庭教育与学校教育分离等方面。

1. 教育资源分配不均衡

目前，河北省总体的经济实力仍处于全国中游水平，受经济总量的限制，有限的教育资源仍然偏重于城镇的学校建设，并且受到我国一直以来实行城乡二元制管理体制的影响，现行的义务教育也基本执行地方负责、分级管理的办学模式，形成了以省市财政拨款为主的义务教育财政体系。

因此，城镇教育资源的规划与配置主要以满足本地户籍人口的教育需求为前提，义务教育拨款也是以本区域户籍人口中的适龄学生数量为主要依据。这就造成了公立学校在占有大量优质教育资源的同时，还能够拒绝农民工随迁子女在本地共享教育资源，导致目前河北省仍有相当部分的进城农民工随迁子女受户籍限制无法就读于公办学校，尤其是无法进入省市重点学校，只能就读于办学条件相对较差的农民工子弟学校。而农民工子弟学校却又普遍面临着不公平待遇，主要是地方政府对农民工子弟学校的政策导向较为模糊，帮扶力量有限，致使大多数农民工子弟学校分配的教育资源偏少，在办学环境、师资队伍、教学管理和学生安全等方面产生了很多问题，甚至合法的办学身份都不能解决，长期处在不被社会和农民工群体认可的境地。可见，现行的义务教育资源分配体制造成了教育资源分配的不公平性，已经不能满足当前河北省新型城镇化发展过程中农民工随迁子女的教育需求。

2. 农民工随迁子女入学依然困难

目前，河北省农民工随迁子女入学门槛依然较高，接受平等的教育仍存在困难。部分农民工随迁子女辍学和失学，原因主要为两方面。

第一，目前仍存在违规收费行为。目前河北省进城农民工因受教育程度低、人脉资源不广等限制，主要在装备制造、低端服务、生产加工、建筑等技术含量较低的行业就业，工资普遍不高。但多年来，河北省的经济较为发达的城市公办学校在招收农民工随迁入子女时普遍收取借读费或赞助费。这种面向进城农民工随迁子女收取额外费用的行为，也是一种带有歧视性的做法，有违教育公平性原则，实际造成了农民工随迁子女不能平等接受义务教育的现象。近年来，尽管河北省各地为了落实"两为主"的政策，均在努力采取措施减免借读费和赞助费等不合理收费，但是对于国家已经出台的免收义务教育补偿金、借读费学杂费等政策[①]和河北省的相关制度文件[②]等，省内某些地区执行

[①] 《国务院关于做好免除城市义务教育阶段学生学杂费工作的通知》（国发〔2008〕25号，2008年8月12日）。

[②] 《关于治理义务教育阶段择校乱收费问题的通知》（冀教基〔2012〕9号，2012年6月12日）、《关于免除城市义务教育阶段学生学杂费的通知》（冀财〔2008〕22号，2008年1月28日）、《河北省农村义务教育阶段学生免收学杂费实施管理办法》（冀财教〔2006〕113号，2006年11月29日）。

情况仍不乐观,依然存在一些公办学校向农民工随迁子女额外乱收费的现象。这些费用对大部分进城农民工来说,是沉重的负担,也阻碍了农民工子女进入公办学校就学。

第二,入学程序过于烦琐,脱离了农民工的实际情况。虽然大部分城市已经开始执行公办学校招收农民工子女的政策,但在制定入学程序时并未考虑到农民工的实际情况,入学过程中需要办理各种证明,手续复杂,这也在一定程度上加大了农民工子女入学的难度。

3. 随迁子女在城镇学校入学后存在适应不良现象

目前,农民工随迁子女数量正在快速增加,这一特殊群体并不能完全适应以城市学生为主体服务对象的传统教学方法和管理体系,农民工随迁子女在城镇学校的学习过程中发生了适应性障碍。农民工随迁子女大多是在某一年级转校的学生,在从原有农村学校转入城镇学校的过程中,主要是在适应新环境和学习新方法方面存在障碍,尤其是在河北省南部方言特色比较突出的地区,很多随迁子女的普通话水平较差,造成与新老师和同学沟通出现障碍,导致很多随迁子女在转入城镇学校后,受到同学的孤立,甚至被老师误解为内向、孤僻、心理不健康等。长久的沟通障碍,会形成恶性循环,使农民工随迁子女难以适应城镇学校的学习和生活,无法跟上班级的教学进度。

4. 家庭教育与学校教育分离

随着社会的发展,农民工普遍更加重视子女教育的问题,他们意识到接受优质教育是提高社会地位、改换门庭的有效途径,甚至是唯一途径。在这一思想的影响下,进城农民工逐渐形成了对城市教育的盲目崇拜,认为农村学校在教育硬件资源和师资力量等方面落后于城市学校,并认为子女在农村学校接受教育改变命运的概率较低,必须要通过转入城镇学校来得到更优质的教育。正因如此,越来越多的农民工采取了举家搬迁的方式,将子女从农村带入城市中,期望得到更好的教育服务。但由于农民工还存在"将子女送入学校就学后,家庭的责任就是为子女筹措学杂费,子女教育完全是学校的责任"的误区,并且受自身教育程度的限制,大多也不能辅导子女学习,对子女的心理波动也不够关注。这种特殊的家庭氛围造成目前农民工随迁子女受到的家庭教育与学校教育发生脱节，并且这种现象还有越发严重的趋势。

（三）义务教育阶段在校生规模预测与城镇化现实矛盾

1. 义务教育阶段在校生规模预测

鉴于河北省义务教育阶段的在校生规模和教师数量具有变动性、开放性和难以预测的特点，可以利用 Logistic 生物模型进行预测，该模型在人口数量和规模预测方面已经取得了较多的研究成果，其原型为：

$$\begin{cases} x' = ax - bx^2 \\ x(t) = x_0 \end{cases} \quad (1)$$

$x(t)$ 表示 t 年份河北省义务教育阶段在校生的数量。因数量规模较大，故可以认为 $x(t)$ 是连续可微的。a 和 b 为模型参数，可通过带入已知数据计算得到。

通过推导可得：

$$x(t) = \frac{ax_0}{bx_0 + (a - bx_0)e^{-a(t-t_0)}} \quad (2)$$

以及：

$$\begin{cases} a = \frac{1}{v}\ln\frac{\frac{1}{x_0} - \frac{1}{x_1}}{\frac{1}{x_1} - \frac{1}{x_2}} \\ b = \frac{a\left(\frac{e^{av}}{x_1} - \frac{1}{x_0}\right)}{e^{av} - 1} \end{cases} \quad (3)$$

为了计算模型中 a 和 b 的取值，采用《2001～2013 河北省经济年鉴》和河北省教育厅提供的数据，选择 $t_0 = 2000$、$t_1 = 2006$、$t_2 = 2012$ 三年的数据（在校生规模的具体数据见表 1），可得到 $x_0 = x(2000) = 1225.44$，$x_1 = x(2006) = 807.08$，$x_2 = x(2012) = 779.59$。其中，$t_1 - t_0 = t_2 - t_1 = v = 6$。

进而，可得到 $a = 0.3783$，$b = 0.000571$。

故此，可以得到 $x(2013 \sim 2020)$ 的预测值，如表 5 所示。

表5　2014～2020年河北省义务教育阶段在校生数量的预测值

单位：万人

年份	2014	2015	2016	2017	2018	2019	2020
合计	712.747	696.1249	685.1789	677.8771	672.9644	669.6399	667.3815

2. 在校生规模预测与城镇化现实需求的矛盾

河北省教育厅的不完全统计显示，截至2004年1月，河北省共有10.71万名进城农民工的随迁子女处在接受义务教育的年龄段，而截至2012年末，河北省处在接受义务教育年龄段的农民工随迁子女数量上升至33.88万①。10年时间，进城农民工的子女数量增加了2.16倍，年平均增速为21.6%左右，并且其数量随着河北省新型城镇化的提速，还将进一步增加。

到2020年，河北省城镇化率要达到54%的目标②，结合2000～2012年河北省各年城镇化率的数据（见表6），2013～2020年，河北省年均城镇化增长速率要保持2.4%以上的增速。由此，到2020年河北省进城农民工随迁子女处在义务教育阶段的数量预计将至少达到93.82971万左右③，占全省义务教育阶段在校生数量的14.06%（结合表5中预测数据），远高于2012年4.3%的比重。可见，随着未来农民工随迁子女数量的激增，省内各地的中小学将面临极大的压力。各级政府和教育管理部门必须采取积极对策，降低随迁子女的入学门槛，保障教育资源分配的公平性，全面提高农民工随迁子女的教育质量，否则，未来几年农民工随迁子女中将有大量学生无法接受义务教育，导致失学率和辍学率的升高，无法实现"十二五"规划中的经济发展、城镇化建设和教育质量等相关目标，并且大量失学青少年也将成为社会不稳定因素，阻碍河北省和谐社会的有序发展。

---

① 《2012年河北省教育厅工作总结》，河北省教育厅，http://www.hee.cn/col/1224160316328/2013/01/04/1357265685020.html。
② 《河北省国民经济和社会发展第十二个五年规划纲要》，2011年1月16日。
③ 因逐年数据获取困难，故以城镇化平均增长率作为系数，采取线性预测的方式，估计近似值。

表6 2000～2012年河北省人口数据和城镇化率

单位：万人，%

年份	总人口数	城镇人口数	人口城镇化率
2000	6674	1308	19.60
2001	6699	1363	20.35
2002	6735	1437	21.34
2003	6769	1809	26.72
2004	6809	2108	30.96
2005	6851	2582	37.69
2006	6898	2674	38.76
2007	6943	2795	40.26
2008	6989	2928	41.89
2009	7034	3077	43.74
2010	7194	3201	44.50
2011	7241	3302	45.60
2012	7288	3411	46.80

资料来源：《河北经济年鉴》（2001～2013年）；《河北省城镇化发展"十二五"规划》（冀政办函〔2011〕45号），2011年11月23日。

三 进城农民工新型培育路径与随迁子女教育综合保障体系

在河北省新型城镇化进程中，大量农村剩余劳动力要迁移至各级城镇从事工业和服务业工作，进城农民工日渐成为城镇化建设的主力军，其素质、能力、水平直接影响到城镇化的速度和质量。并且，随着农民工随迁子女数量的快速增加，其素养将对城镇化进程起到更加深远的影响。可见，进城农民工教育培训及其随迁子女义务教育问题已经成为制约河北省新型城镇化快速推进的关键问题。因此，本文将针对两个问题进行顶层设计，分别构建进城农民工新型培育路径和随迁子女教育综合保障体系，进一步采取更积极的措施，以大力提升农民工人力资本价值。

（一）进城农民工的新型综合培育路径

鉴于河北省农村教育培训现状和进城农民工培训过程中的主要问题，结合相关调研和专家论证结果，本文认为河北省进城农民工的新型培育路径是"农村职业教育＋学校学历教育＋社会就业培训"三种原有路径的融合，期望农民工入城前在农村接受良好的职前教育，入城后通过政府的统筹协调，由学校和社会共同努力，通过培训提升农民工的人力资本价值，促使他们尽快融入迁入地的生活和工作中，成为河北省新型城镇化建设的生力军。

1. 农村职业教育

农村职业教育是农村教育体系中重要的一环，承担着提高农村劳动力技能素质的责任，主要以丰富技能和解决就业为主要目的。积极开展农村职业教育不仅能培养实用型农村人才，为新农村建设服务，更能够实现转移农村剩余劳动力进入城镇、塑造技能型农民工人才的目标，有必要大力发展农村职业教育。可以采取如下举措。

第一，逐步兴办各种类型和用途的农村职业学校，通过调查分析各地农民自身的培训需求，有针对性地开展培训，并且要根据农民的实际文化水平，做好因材施教工作。第二，建立健全全省范围内的农村职业教学和管理体系，根据农民不同的培训需求和就业意向进行分类教学，还可以考虑在农村开办"农村学院"等民间职业教育机构。第三，通过河北省教育厅和地方政府组织考察小组，深入学习国内其他省份和地区提高农民文化和技能素质的先进经验。第四，地方政府要积极加大对农民的宣传力度，通过行政强制和经济鼓励等方式，促使农民参加农村职业教育。

2. 学校学历教育

针对河北省农民工进城前在迁出地普遍只接受义务教育的现状，为提高农民工职前教育的质量，需要以实用为基本原则，构建城镇公办职业技术教育体系。

公办职业技术学校教育主要以学历教育为目的，通过地方财政的支持，开办针对各行业的对口专业，利用较强的师资和设备等教学资源，进行应用性教学活动。通过公立职业技术学校开展进城农民工的教育培训工作，可以有效提高农民工的基本文化素养和技能水平，便于进行系统性学习，有利于农民工完成农村青年向城镇市民的彻底改变。具体举措为以下两点。

第一，在进城农民工就业技能培训中，需要以农民工目前和未来的就业需求为导向，开发培训内容，注重提高农民工的文化素养和经营理念，以满足城镇市场经济和科技发展所需的素质要求。在培训内容、时间安排、收费标准等方面，要考虑到农民工的实际困难，采取多种形式，满足农民工就学的愿望。第二，注重培训与就业的对接。通过创新培训机制，以市场就业需求为导向，以项目运作的方式开展培训，努力提高培训质量和培训后的就业率。

3. 社会就业培训

逐步建立以河北省各级政府和职业教育管理部门为主导，民办机构、所在企业和行业协会为主体的多元化培训实施机构，通过政府的统筹、协调、管理和服务，运用市场机制，广开办学渠道，保障进城农民工通过社会渠道得到优质的就业培训。河北省各级政府部门针对进城农民工的培训主要应承担两方面的工作。①采取有效措施，加强相关培训机构和项目的统筹组织工作，促使各种农民工培训途径发挥出各自的作用。②监督劳务中介部门建立起城市农民工人才资源信息库。通过劳动中介机构，逐步建立农民工就业市场，为农民工的就业和培训提供基础服务。通过政府部门的有效组织，农民工通过社会资源开展就业培训的渠道主要有以下三方面。

第一，民办机构培训，是由专门的民间机构组织承办，有针对性地培训相关人员，以营利和公益服务为主要目的的培训途径。目前，河北省内已经开办了大量民办培训结构，比如保定虎振技校、唐山聚友技校等，其特点就是办学针对性强和毕业就业率高，针对特定行业或职位的岗位设置，根据市场行情和需求调整专业设置和招生数量，设计培训内容，开展培训课程。但同时也具有费用高、授课时间集中的缺点，使得一部分农民无法承担，导致参加此类培训的意愿降低。第二，所在企业培训，是指进城农民工入职后，在供职企业接受企业培训的途径。企业开展培训的针对性往往更强，适用于具体岗位的培训，通过在企业的培训，农民工能够快速掌握所在岗位的需求，并且熟悉企业文化，为在企业长期工作奠定基础。第三，行业协会培训，是指由各行业组织的专业协会为所属行业大量农民工提供的一种培训途径。

综上所述,农民工培训是一项具有极高复杂性的系统工程,培育农民工转变为市民的路径与农民工自身素质、迁入地的经济社会背景等条件密切相关。因此,需要通过社会各方的共同努力,融合农村职前教育、城镇学校教育和社会就业培训来形成新型的综合培育路径,以创造更好的农民工培训效果。

(二)保障农民工随迁子女接受义务教育的四位一体综合体系

到2020年,河北省要实现高质量普及九年义务教育,巩固率达到96%的目标[①]。要达成这一目标,关键在于农民子女的教育普及,尤其是保障进城农民工的子女得到高质量的义务教育。

根据前文对未来农民工随迁适龄子女数量的预测结果,未来农民工随迁子女数量将大幅增加,需要河北省各级政府和教育管理部门以及城镇中小学校采取积极应对措施,来面对严峻的挑战。然而进入21世纪以来,虽然河北省各地政府对农民工子女教育的政策照顾越加倾斜,积极进行了多方面的改革,也取得了卓有成效的成绩,但还未能从本质上解决农民工随迁子女在接受义务教育过程中的困难。

因此,通过多方面的调研和相关专家论证,本文提出了"政府+学校+家庭+社会"四位一体的综合保障体制,期望通过四方的共同努力形成教育合力,同时建议河北省及各市、县的相关管理部门可以采取从以下四方面实行更深层次的改革,以整合和发挥各方力量,为农民工随迁子女创造健康和谐的居住和学习氛围,让他们得到更好的教育,促使他们尽快融入当地,成为河北省新型城镇化建设过程的重要力量。

1. 政策层面的制度性保障

从制度和政策层面进行探讨,河北省保障农民工随迁子女接受义务教育的措施随国家政策导向依次经历了"认识-疏导-重视-强化"的变化过程,目前已经聚焦于探讨与户籍制度相关的教育体制改革问题,认为户籍制度是农民工子女入学和择校过程的最大障碍。因此,本文提出了以下建议,为河北省制定人性化的政策提供参考。

---

① 《河北省中长期教育改革和发展规划纲要(2010~2020年)》。

第一，大力改革户籍制度，进一步放宽农民工所在城镇的暂住证、就业证的办理和限制条件，方便在城镇购买固定住所或拥有稳定工作和生活的农民工办理农业户口转非农业户口，并以国家政策为依据，逐步改变原有城乡二元结构带来的城乡之间分离的弊端，实现统一居民身份的一元户籍制度，从而使迁入城镇的农民获得与原有市民平等的权利，逐渐打破城乡之间教育平等化的障碍。可见，进行户籍制度改革是解决农民工随迁子女教育难题的关键。并且，还需逐渐改变或弱化户籍的各项附加福利，转变户籍与养老、医疗、教育等权益相结合的现状，推进城镇一元化管理模式的实现。

第二，实施农民工子女电子学籍登记卡制度。考虑在省内建立统一的电子学籍登记卡。当子女随父母涌入城市时，将登记卡和父母的暂住证、婚育证、就业证在迁入地的教育管理部门、民政部门和公安部门登记备案，即可作为随迁子女入学的根据。做到人卡结合，人动卡动，同时实现学生学籍的网络化管理，并与学生档案数据库相联系，从而简化学生入学程序，减轻各学校的管理压力。

第三，对于河北省内南部的邯郸、邢台、衡水、保定以及北部的张家口、承德等地域广阔、人口众多、经济相对落后的城市，政府应制定相应政策，鼓励广大农民进入京津和省内经济发达城市务工，通过倾向性政策引导农民工举家搬迁至管理和制度正规的城市工作和生活，同时解决子女的教育问题。

第四，完善省内义务教育财政管理制度。改变传统的财务体制中城乡义务教育财务分割的做法，将城镇的教育财政支出由县级以上财政管理部门统一规划和拨付，保障教育经费的稳定性和持续性。同时，还可以考虑由政府牵头，吸引企业和社会力量赞助建立农民工子女义务教育专项支持基金，通过开展"希望工程助学进城计划"等各种措施，全面保障农民工子女接受到义务教育阶段的基础教育，降低随迁子女的辍学率。

第五，进一步落实农民工随迁子女接受完义务教育之后的高考入学方案。为落实2011年颁布的《河北省中长期教育改革和发展规划纲要（2010～2020年）》提出的高等教育大众化水平进一步提高，毛入学率达到42%以及主要劳动年龄人口中受过高等教育的比例达到20%以上，具有高等教育文化程度的人数比2009年增倍的远景目标，河北省政府已于2013年1月1日起开始实施《关于进城务工人员随迁子女接受义务教育后在当地参加升学考试工作的实施方案》（冀政办函〔2012〕117号）。方案中提出要大力保障农民工随迁子女公平获得等的受教育权利和升学机会，规定凡是具有河北省内两年以上高中学籍，同时能够提供家长的就业失业登记证和暂住证的，即可在河北省报名参加高考，并且享有与城市考生同等的录取待遇。这一文件的出台，大大放宽了对外地或随迁考生在参加高考方面的限制，有利于农民工随迁子女完成义务教育阶段学习后，进一步获得接受高等教育的权利，有利于提高随迁子女的受教育程度。

2. 教育资源的配置保障

在教育资源的整合配置方面，建议采取以下措施。

第一，统筹协调全省的学校布局，实现义务教育的均衡发展。根据河北省教育厅2013年初公布的统计数据，河北省172个县（市、区）在2012年已经全部实现了县域义务教育初步均衡发展，其中11个县（市、区）实现了县域义务教育基本均衡。在义务教育均衡发展的基础上，河北省各级政府和教育管理部门还应继续注重省内各市合理调整规划各类学校布局，按照"高中生在城区和县城入学，义务教育学生就近在所在城镇入学"的原则，根据各市、县和镇的具体情况合理分配规划学校硬件资源的建设规模和资金投入量。可以通过强弱联合的办学模式，将城市具有优质资源的学校与乡镇具有劣质资源的学校结成互帮互助的对口支援小组，从各个方面出发提升边远学校的办学水平，还可以通过合并的方式，彻底转化改造边远学校的劣质教育资源，扩大优质教育资源覆盖面，让农民工随迁子女也能够享受到同城市学生均等的优质教育。

第二，大力改善省内城镇中小学的办学条件，安置农民工随迁子女入学。截至2013年1月，河北省开展的"校舍安全工程"已经累计投入287.5亿元，开工面积为2934.5万平方米，已竣工验收并交付使用的面积为2074.7万平方米。2012年全年共投入校舍维修改造资金6.47亿元，新建改扩建学校889所①。通过财政上的大力投入，可以逐步实现城镇标准化学校的

---

① 《2012年河北省教育厅工作总结》，河北省教育厅，http://www.hee.cn/col/1224160316328/2013/01/04/1357265685020.html。

建设，积极推进标准化学校建设，力争到2015年实现河北省义务教育标准化学校比例达到50%以上，2020年达到85%以上的目标①。河北省教育厅还颁发了一系列制度文件②，旨在指导和推动各地加快中小学标准化建设进程，同时加快推进各地中小学信息化建设和应用水平。

第三，规范省内义务教育阶段的收费。据河北省教育厅统计，2012年全省县级以上教育行政部门共派出657个检查组，检查各级各类学校16698所，查出违规收费792.6万元，清退538.8万元，罚没112.1万元，处理责任人137人，其中给予党政纪处分的有13人③。可见，违规收费的现象在省内还没有杜绝，需要河北省教育管理部门进一步落实义务教育阶段免试就近入学的基本政策，继续大力推行教育收费公示制度，明确治理义务教育择校乱收费的具体措施，并严格执行。同时，加强在各地的政策宣传，进一步强化监督检查的力度，对于违规收费的行为进行警示、纠正和处罚。

第四，加强学校管理，不断提高管理水平。政府教育管理部门需要积极开展教育督导与评估活动，根据公立学校和农民工子弟学校不同的特点，制定不同的监督和评价体系。同时，加强对农民工子女的学生学籍、学习过程的管理，不断提高公立学校的办学水平和招生能力。通过政策引导和限制，让有能力的公办学校尽量放宽进城农民工子女入学门槛，合理配置教育资源。进一步努力提高教育教学质量。通过政府教育管理部门的督导和指引，让广大中小学保质保量地完成规定课程的讲授，保障农民工随迁子女在学校就学期间的全面发展。

第五，强化教师队伍的建设。可以通过组织全省各等级教师的专业培训以及师德素质培养活动，不断提升中小学教师的个人素养和教学水平，促使城镇中小学教学质量的稳步提升。同时，还应加大宣传和督导力度，推进师德师风建设。通过完善中小学教师的师德评价体系，构建以校为本的师德建设机制。继续开展师德宣讲活动，大力宣传优秀教师的楷模先进事迹，大力弘扬新时期

---

① 《河北省中长期教育改革和发展规划纲要（2010~2020年）》。
② 《关于印发河北省义务教育学校标准化建设验收办法和验收细则的通知》（冀教基〔2012〕8号）；《关于印发河北省义务教育学校办学条件基本标准试行的通知》（冀教〔2011〕32号）；《关于印发河北省义务教育标准化学校建设规划方案的通知》（冀教财〔2011〕51号）。
③ 《2012年河北省教育厅工作总结》，河北省教育厅，http：//www.hee.cn/col/1224160316328/2013/01/04/1357265685020.html。

人民教师的高尚师德。还需强化师德监察力度,严格禁止公办和民办中小学教师从事有偿家教工作,打骂、侮辱学生等有悖师德的不良行为。

第六,积极鼓励和支持社会力量开办民工子弟学校或民办学校,以作为公立学校的重要补充,从多种教育角度出发保障农民工随迁子女的就学。在我国传统的教育体制中,义务教育作为一种特殊的公共产品主要由国家和政府投入。但是,随着大量农民工举家搬迁至城镇中生活,公办学校的教育资源出现了紧缺的现象,需要有一部分民办学校来作为公办学校的有效补充,以更好地承担农民工随迁子女的义务教育。目前,河北省内的民办子弟学校大多面临着资金困难,校舍、教学设备等硬件教育资源与公办学校存在较大差距。农民工子弟学校大多建立在流动人口密集的地带,能够极大弥补公办学校的缺失,便于农民工随迁子女就近入学,得到更好的教育,理应得到政府的财政支持。可以考虑通过新建、兼并、建分校等方式,增加达标的农民工子弟学校数量,满足进城农民工随迁子女接受义务教育的需求。同时,建议教育管理部门对达到办学标准的农民工子弟学校或民办学校,考虑实施按照接纳农民工随迁子女学生数量拨款的办法,投入一定的公共财政经费,帮助其更新教学设施设备、制订基础课程授课计划、培训教师队伍和加强教学管理水平等。

3. 家庭方面的关爱保障

在引导农民工家庭教育良性发展方面,建议采取以下措施。

第一,努力改善家庭居住环境。农民工家长需要尽可能创造良好的家庭居住环境,为子女提供相对好的学习空间和环境。

第二,注意提高家长自身素养。通过社会和学校的宣传,引导农民工家长提升自身素质,加强在文化、法制和教育方面的学习,时刻注意规范自身的言谈举止,给孩子起到良好的带头模范作用。

第三,加强与孩子在感情上的沟通。在日常生活中,农民工父母不仅要满足孩子物质上的需求,更要重视对孩子情感和精力上的投入,多安排时间与孩子交流,加强与孩子的主动沟通,关注孩子在学习和生活过程中遇到的问题,帮助孩子分析产生问题的原因,耐心疏导孩子成长过程中遇到的心理障碍,及时解决相关问题,并且努力发掘孩子的优势和兴趣爱好,帮助他们充满热情地学习。

第四,培养孩子的自信心。农民工家长应尊重孩子,在平时的生活中,鼓励孩子开发多方面的能力和素质，加强对孩子心理健康教育的关注，注意培养孩子的自信心，鼓励孩子积极主动地参加各种社会活动，树立正确的人生观和价值观。

4. 全社会的氛围保障

在动员全社会力量创造积极氛围方面，建议采取以下措施。

第一，加强农民工平等地位的宣传力度。通过对大众传媒途径的疏导和规范，社会上的主流媒体都应积极宣传进城农民工平等的社会地位，应该享有市民的合法权益，农民工随迁子女也应得到公平教育的权利。通过广泛宣传农民工的平等地位，强化社会各界对农民工及其子女的认同感，并在全社会营造出关爱农民工随迁子女生活和接受教育的和谐社会氛围。

第二，建立健全困难家庭儿童的捐赠和救助体系。通过政府的积极引导，筹措全社会的力量，整合各种社会资源，开展各种慈善募捐活动，组织社会志愿者在城镇中小学开展义务支教活动。同时，针对经济上困难的进城农民工家庭，建立健全随迁子女义务教育救助体系，并将符合条件的农民工随迁子女全部纳入救助体系，帮助农民工家庭解决困难，保障适龄的农民工随迁子女获得义务教育的平等权利，为他们接受义务教育提供帮助。

第三，鼓励各方社会力量共同出资开办农民工子弟学校。随着未来农民工随迁子女数量的大量增加，仅依靠公立学校接收所有的随迁子女存在一定的困难，因此，政府应该鼓励各方社会力量在符合政策和基本办学条件的基础上，大力开办农民工子弟学校，以缓解当地公立学校的压力。为办好做强农民工子弟学校，政府相关部门需要在办学资质和土地使用审批、校舍建设、师资队伍培养上给予一定的优惠政策，帮助它们走上正轨。

参考文献

[1] 中华人民共和国统计局：《中国统计年鉴》（2000～2012年），中国统计出版社，2000～2012。

[2] 中华人民共和国统计局：《2012年国民经济和社会发展统计公报》，2013年2月22日，http://www.stats.gov.cn/tjgb/ndtjgb/qgndtjgb/t20130221_402874525.htm。

［3］河北省人民政府：《2013年河北省政府工作报告》，2013年1月26日。

［4］张亮、张媛、赵邦宏：《河北省农民培训的有效路径：培育新型职业农民》，《保定学院学报》2013年第2期，第46~50页。

［5］河北省教育厅：《河北省教育统计提要》（2000~2012年），河北省教育厅财务处网站，2000~2012。

［6］教育部和中华人民共和国统计局：《中国教育经费统计年鉴》（2000~2012年），中国统计出版社，2000~2012。

［7］河北省统计局：《河北经济年鉴》（2001~2013年），中国统计出版社，2001~2013。

［8］河北省教育厅：《河北省教育经费统计公告》（2000~2012年），河北省教育厅财务处网站，2000~2012。

［9］《关于做好免除城市义务教育阶段学生学杂费工作的通知》，国务院办公厅，国发〔2008〕25号，2008年8月12日。

［10］《关于治理义务教育阶段择校乱收费问题的通知》，河北省教育厅，冀教基〔2012〕9号，2012年6月12日。

［11］《关于免除城市义务教育阶段学生学杂费的通知》，河北省财政厅，冀财〔2008〕22号，2008年1月28日。

［12］《河北省农村义务教育阶段学生免收学杂费实施管理办法》，河北省财政厅和教育厅，冀财教〔2006〕113号，2006年11月29日。

［13］《2012年河北省教育厅工作总结》，河北省教育厅，2013年8月29日，http://www.hee.cn/col/1224160316328/2013/01/04/1357265685020.html。

［14］《河北省国民经济和社会发展第十二个五年规划纲要》，河北省发改委，2011年1月16日。

［15］《河北省城镇化发展"十二五"规划》，河北省政府办公厅，冀政办函〔2011〕45号，2011年11月23日。

［16］《河北省中长期教育改革和发展规划纲要（2010~2020年）》，河北省教育厅，2013年8月23日，http://hebei.hebnews.cn/2011-03/01/content_1688747.htm。

［17］《河北省义务教育学校标准化建设验收办法和验收细则》、《关于印发河北省义务教育学校标准化建设验收办法和验收细则的通知》，河北省教育厅，冀教基〔2012〕8号，2012年5月8日。

［18］《河北省义务教育学校办学条件基本标准（试行）》，河北省教育厅关于印发《河北省义务教育学校办学条件基本标准（试行）》的通知，冀教〔2011〕32号，2011年6月29日。

［19］《河北省义务教育标准化学校建设规划方案》、河北省教育厅和财政厅关于印发《河北省义务教育标准化学校建设规划方案》的通知，河北省教育厅和财政厅，冀教财〔2011〕51号，2011年10月25日。

B.6 乡村文化转型与河北省新型城镇化

冯石岗　张慧芝　辛　宇*

摘　要：

城镇化最根本的意义是人的城镇化，是人的文化思想从传统农业社会转向现代工业社会。所以，度量城镇化的程度、成效，最重要的标准之一就是：乡村文化向城镇化转型的态势。本部分主要采用了"外在动力-自觉响应-转型状态"模型，对河北省乡村文化城镇化转型的态势进行了量化评价。结果显示：近年河北省城镇化一直在逐步推进，其中起最稳定作用的是村民自身对城镇化的认同；目前城镇化的"后发外生型"特征，政府的引导也起到重要作用。

关键词：

文化转型　动力-响应-状态指数　新型城镇化

鉴于中国新型城镇化不同于"西方模式"的"后发外生型"特征，城镇化过程对"人"的关注就显得尤为突出，只有实现"人"思想意识的城镇化才是真正实现了城镇化，所以在新型城镇化过程中，乡村文化的城镇化转型就显得至关重要。与此同时，考量城镇化进程的态势，既可从制度、经济视角界定，也可从文化转型视角分析，从中国城镇化实际出发，对目前乡村文化城镇化转型的程度、态势开展量化研究，而后者显然更具意义。

---

* 冯石岗，河北工业大学马克思主义学院院长、教授、博士生导师，研究方向为哲学、科学技术社会；张慧芝，河北工业大学马克思主义学院教授、博士后，研究方向为区域历史地理；辛宇，河北工业大学马克思主义学院讲师、博士，研究方向为历史学、区域文化研究。

一 河北省乡村文化城镇化转型量化评价的总体特征

（一）乡村文化与城镇文化

文化作为一个概念，内涵十分广泛，笼统地说是一种社会历史现象，具体讲是指一个国家或民族的历史地理、风土人情、传统习俗、行为方式、思考习惯、价值观念、文学艺术等。不同学科对于文化有不同的分类。本部分从文化基本内涵出发，依据传统农业社会到工业化、城镇化、农业机械化的历史性特征，及中国经济社会发展历史进程，将乡村文化与城镇文化特征概括如下。

1. 生产文化

主要是指不同历史时期社会生产的类型、方式及工具等特征。在传统农业社会，广大农村腹地以人力、畜力为主要动力，以自给自足的小农经济为主；城镇化后，广大农村腹地的社会生产则要转向专业化、规模化、机械化及商品化。

2. 消费文化

主要是指在一定社会历史条件下，人们在消费过程中遵循的消费理念及由此而呈现出的消费行为。在传统农业社会，尚俭、自足、生存性等特征明显；现代社会则趋向享受、异质、自我发展性等特征。

3. 思维文化

人的思维就是人对外部信息内容的处理过程，受不同文化影响，思维的具体过程、方式会呈现出不同的特征。在传统农业社会，人们的思维更多呈现出对经验、道德的依赖，现代社会则要求思维的科学、理性。

（二）乡村文化城镇化转型的内涵

有学者从文化转型视角，提出现代化模式有"西方之路"与"东方之路"之分，前者属"早发内生型"，后者属"后发外生型"，中国城镇化进程中文化转型属于较为典型的"后发外生型"，即在政府引导下，在制度、政策、法令等保障下，由上而下逐步开展文化转型。鉴于此，政府在文化转型中的动力作用十分突出，同时外因必须通过内因起作用，政府引导只有唤起村民内心的自觉才会真正起作用。

城镇化的主体是人的城镇化，改变村民的思想观念，培育、提升现代意识，自发认同工业化、城镇化，这既是新型城镇化的动力，也是新型城镇化的目的。但这是一个复杂的社会系统工程，且需要一段较长的时间。

（三）文化转型量化评价的指标体系

根据乡村文化城镇化转型内涵、特征，本部分构建了"外在动力－自觉响应－转型状态"量化评价模型，用于乡村文化转型的量化评价。

第一，文化转型的"动力机制"主要包括四个方面：政治动力、经济动力、文化动力、社会环境动力（见表1）。

表1 河北省文化城镇化转型外在动力指标及权重

一级指标	二级指标	三级指标
文化转型外在动力（0.5）	政治动力（0.15）	文化工程的投入成效（0.15）
	经济动力（0.15）	人均地区生产总值（GDP）（0.08）
		农村居民人均纯收入（元）（0.07）
	文化动力（0.1）	冀文化的社会生产力（0.05）
		村民对城镇化的态度（0.05）
	社会环境动力（0.1）	城乡居民人均可支配收入比值（0.04）
		城乡居民家庭恩格尔系数比值（0.06）

第二，文化转型的"响应机制"主要是指在动力机制作用下，居民采取的改变自身文化素质的途径、措施，主要包括三个方面：职业教育、学习、文化自信（见表2）。

表2 河北省文化城镇化转型自觉响应指标及权重

一级指标	二级指标	三级指标
文化转型自觉响应（0.3）	职业教育（0.1）	有一技之长的人数比例（0.06）
		具有中等职业学历的人数比例（0.04）
	学习（0.1）	读书类型（科学、哲学、艺术、专业技术、通俗娱乐）（0.05）
		读书时间（小时/人/周）（0.05）
	文化自信（0.1）	对待城镇文化的认同度（0.05）
		对待乡村文化的依赖度（0.05）

第三，文化转型的"状态"就是在文化转型动力机制作用下，居民通过一定的途径、措施努力改变自己以往的文化体系。主要评价指标包括四个方面：思维文化、生产文化、消费文化、文化软实力（见表3）。

表3 河北省文化城镇化转型状态指标及权重

一级指标	二级指标	三级指标
文化转型状态(0.2)	思维文化(0.05)	人际关系圈(家族、地域、工作、兴趣)(0.025)
		解决问题依据(法律规章、经验、道德、习俗、方式)(0.025)
	生产文化(0.05)	妇女收入占家庭收入比例(0.025)
		家庭经营收入占家庭收入比例(0.025)
	消费文化(0.05)	农村居民家庭恩格尔系数(0.025)
		农村居民家庭文化消费支出(元)(0.025)
	文化软实力(0.05)	村民幸福指数(0.025)
		人与自然和谐度(0.025)

1. 外在动力指标体系

文化转型的"后发外生型"模式，决定了中国目前乡村文化城镇化的动力群主要来自个体外部，即主要来自国家层面的政策引导。

2. 自觉响应指标体系

文化转型是人们接受新的文化类型并逐步内化的过程，它是人类的文化自觉响应。新型文化出现的基础是新型生产力的发展，新的生产方式必然催生新的思维方式。鉴于中国目前城镇化的"后发外生型"特征，在政府自上而下的引导下，当村民认识到城镇文化的先进性时，会自觉地通过各种方式提升自己并接受新型文化的信息。

3. 转型状态指标体系

人类对于新型文化的自觉响应，是一个系统工程。转型体现在人类生存方式（或者叫生存模式）的各个方面，需要一个时间过程，在不同的时间段，会呈现出开始、初步、成熟、完成等不同状态特征。

（四）"外在动力-自觉响应-转型状态"模型构建

1. 数据获取

（1）统计数据。主要包括官方发布的各种统计年鉴，河北省《国民经济和社会发展统计公报》，中华人民共和国国家统计局网站、国家统计数据库、河北省统计局网站、河北经济信息网、河北农业信息网、河北省新农村建设等网站公布的统计数据，以及各科研机构的研究数据。

（2）问卷调查。文化内涵、外延十分广泛，文化转型又具有一定的隐形特征，所以一些数据无法直接获得，还有一些区域性系统数据无法获得，如文化转型状态之"软实力"下三级指标体系等。针对类似情况，课题组采取了问卷调查、实地走访等方式获取数据。

2. 各指标权重系数的确定

对量化评价中各指标权重的确定，本报告采用了德尔菲法，咨询专家由京、津、冀三地科研机构、高校及政府管理人员构成。

3. 数据无量化处理

指标的无量化处理，计算公式如下：

对于数值越大、文化转型程度越高的指标：$X_{大ij} = (x_{ij} - x_{j\min})/(x_{j\max} - x_{j\min})$

对于数值越小、文化转型程度越高的指标：$X_{小ij} = (x_{j\max} - x_{ij})/(x_{j\max} - x_{j\min})$

其中，x_{ij} 和 X_{ij} 分别为第 i 年第 j 个指标的原值和标准化后的数值；$x_{j\max}$ 和 $x_{j\min}$ 分别为第 j 个指标的最大值、最小值。

4. "外在动力-自觉响应-转型状态"量化评价

通过各级官方公布的统计数据、科研机构研究数据及问卷调查、实地调研所得，2008~2012年"河北省文化城镇化转型量化评价指标变动情况"如表4所示。

指标体系综合评价值计算公式为：

$$W_i = \sum_{j=1}^{n} A_j \cdot X_{ij}$$

其中，W_i 为第 i 时期的综合评价值。计算结果如表5所示。

表4　河北省文化城镇化转型量化评价指标变动情况

评价因子	2008年	2009年	2010年	2011年	2012年
文化工程的投入成效	10.1	9.2	4.9	10.8	10.2
人均地区生产总值(元)	23162.0	24583.0	29089.87	33718.56	36701.0
农村居民人均纯收入(元)	4795.0	5150.0	5958.0	7120.0	8081.0
冀文化的社会生产力[文化产业年增值(亿元)]	235.0	310.0	408.0	537.6	729.0
村民对城镇化的态度	0.4	0.4	0.43	0.47	0.55
城乡居民人均可支配收入比值	2.80	2.86	2.57	2.57	2.54
城乡居民家庭恩格尔系数比值	0.908	0.908	0.923	1.01	0.991
有一技之长的人数比例	0.02	0.02	0.03	0.05	0.05
中等职业学历的人数比例	0.01	0.04	0.045	0.07	0.08
读书类型	0.5	0.5	0.51	0.52	0.54
读书时间(分/人周)	30	30	31	32	34
对待城镇文化的认同度	0.2	0.22	0.26	0.32	0.4
对待乡村文化的依赖度	0.6	0.55	0.50	0.41	0.4
人际关系圈	0.2	0.21	0.28	0.41	0.54
解决问题依据、方式	0.2	0.21	0.29	0.37	0.43
妇女收入占家庭收入比例	0.11	0.17	0.26	0.31	0.31
家庭经营收入占家庭收入比例	0.50	0.47	0.46	0.42	0.40
农村居民家庭恩格尔系数	0.382	0.357	0.352	0.335	0.393
农村居民家庭文化消费支出(元)	250.07	263.53	296.11	315.41	317.30
村民幸福指数	6	6.2	7	7.1	8
人与自然和谐度	115.2	262.8	152.7	138.3	110.8

表5　河北省文化城镇化转型量化评价结果

评价因子	2008年	2009年	2010年	2011年	2012年
文化转型综合评价值	0.14	0.412	0.462	0.595	0.819
文化转型外在动力评价值	0.063	0.287	0.257	0.244	0.419
文化转型自觉响应评价值	0.05	0.06	0.077	0.178	0.25
文化转型状态评价值	0.025	0.051	0.111	0.163	0.175

（五）河北省乡村文化向城镇化转变的量化评价结果分析

从图1和图2看出，2008~2012年，河北省文化城镇化转型一直处于上升态势，其间发展速度有波动，非直线上升。在乡村文化城镇化过程中，村民自觉响应所起的作用越来越大，反映出"人"在文化城镇化转型过程逐渐趋于核心力量。政府引导作用波动最大，和这一期间的政策变动有很大关联。

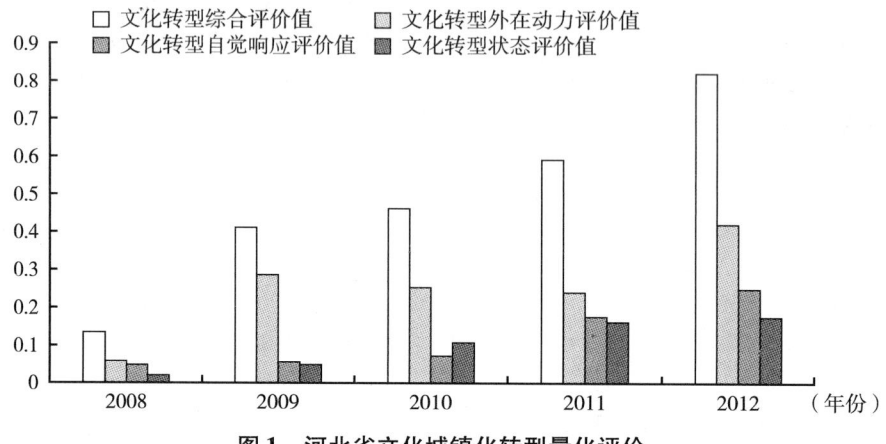

图1 河北省文化城镇化转型量化评价

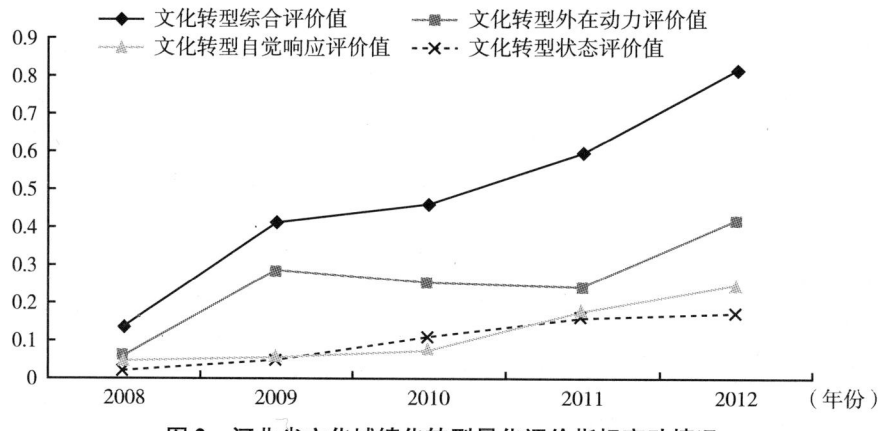

图2 河北省文化城镇化转型量化评价指标变动情况

二 河北省乡村文化城镇化转型量化评价的基本特征

（一）文化转型外在动力指标量化分析

1. 政治动力

在中国的"后发外生型"新型城镇化过程中，各级政府起了重大决策引领作用，在文化转型领域，更是启动了"送教下乡"、"农村书屋"、"雨露工程"、涉农专业农村学生减免学费等举措，帮助村民提升知识水平，从内心认同"城镇化""市民化"。

2009年以前，河北省100多万名中职学校在校生中，涉农专业的只有几千人，通过创新农村职教办学模式，到2012年农民学生已占全省中职生的25%。从2009年开始，依托农村职教网络开展"送教下乡"活动，这一年招收10.92万名农民学员，2010年招收8万名农民学员，2011年该项工作稍有滞缓，2012年继续招收5.5万名农民学员，从2013年起省内中专学校对农村学生免学费，并开始关注农村女性，招收了1300名农村妇女学员。

"农家书屋工程"是中央确定的五大文化惠民工程之一。河北省2006年开始设第一家农家书屋，截至2008年，农家书屋已达近万个，其中比较规范的有2270个，2009年新建3000个。截至2010年底，累计投入逾1.4亿元，共建成农家书屋12197个，覆盖了全省24.49%的行政村。2011年建成28890个农家书屋，2012年新建13488个书屋，实现了农家书屋全省行政村全覆盖。

"雨露计划"是国务院扶贫办新阶段实施的三大重点扶贫工作之一，2010年开始改革试点。2011年河北省受补助人数为11018人，2012年河北省对5个试点县的6000多名贫困家庭子女参加职业教育给予补贴。同时，开展农业实用技术培训，受训农民12万人次，受训青年劳动力2.3万人。2013年"雨露计划"重点转向提高贫困人口的综合素质和自我发展能力。

上述文化工程开展以来，取得了较为显著的成效，但从图3中也可以看出，其间来自政府的引导力、推动力明显波动，特别是在2010年，因为"送教下乡"在一些地区实行的效果并不理想，一度出现动摇。可见，政府的政策一定要具有前瞻性、实用性、稳定性。

2. 经济动力

生产力决定生产关系，经济基础决定上层建筑，人类社会进程转型最直接的动力还是经济基础。国际经验显示，一般工业化国家城镇化开始启动时，人均国民生产总值达到200~250美元；而农村居民的纯收入既和国家地区经济发展程度相关，也是决定农村居民消费支出特征的经济基础，

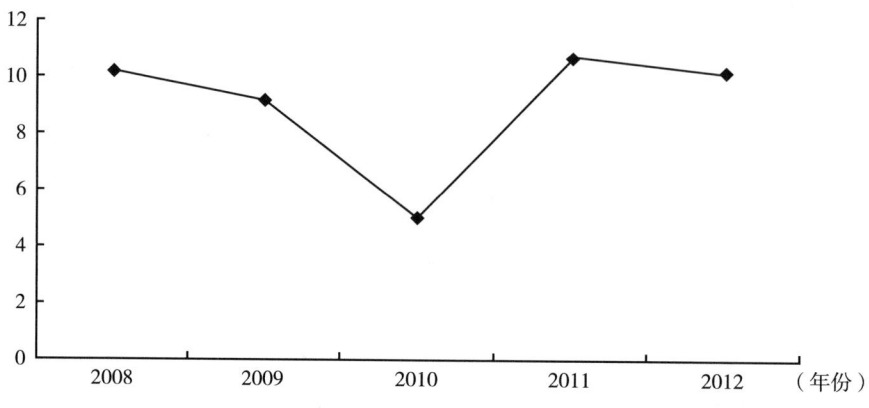

图3 2008~2012年河北省大型文化工程投入成效

所以人均地区生产总值、农村居民人均纯收入等是反映一个地区城镇化发展的重要经济指标。

表6 2008~2012年河北省地区生产值

年份	GDP总量（亿元）	总量名次	常住人口（万人）	人均GDP（元）	人均名次
2008	16188	6	6989	23162	11
2009	17067.99	6	7034	24265	12
2010	20197.10	6	7194	28075	12
2011	24228.2	6	7241	33460	14
2012	26575.00	6	7288	36464	15

资料来源：2009~2013年《中国统计年鉴》《河北经济年鉴》。

从表6、表7、图4、图5中可以看出，河北省2008~2012年经济发展情况在全国排名大致稳定，保持在第6名；人均地区生产总值数量虽有所增长，但在全国的排名从第11位下滑至第15位；农村居民人均纯收入处于持续上升态势，增幅虽有波动，但在正常范围之内。人均GDP和农村居民人均纯收入的不断增加，为河北省乡村文化城镇化转型提供了坚实的物质基础。

表7　2008～2012年河北省农村居民人均纯收入

年份	农村居民人均纯收入（元）	农村居民人均纯收入增加（元）	农村居民人均纯收入增幅（%）
2008	4795	502	11.7
2009	5150	355	7.4
2010	5958	808	15.7
2011	7120	1162	19.5
2012	8081	961	13.5

资料来源：2009～2013《中国统计年鉴》《河北经济年鉴》。

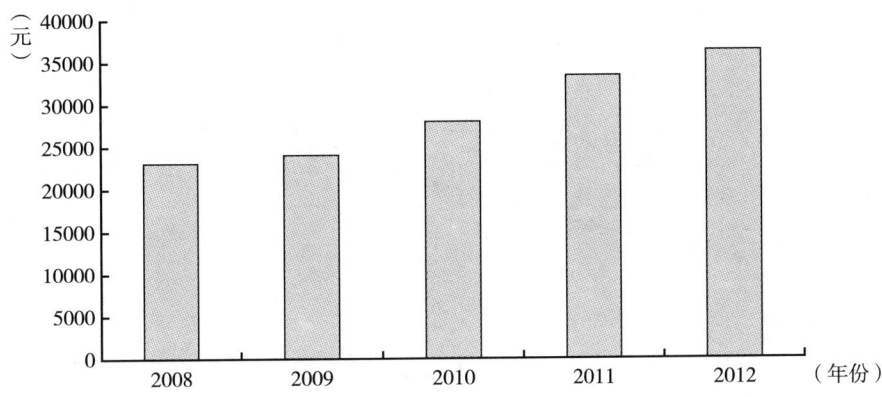

图4　2008～2012年河北省人均GDP变动情况

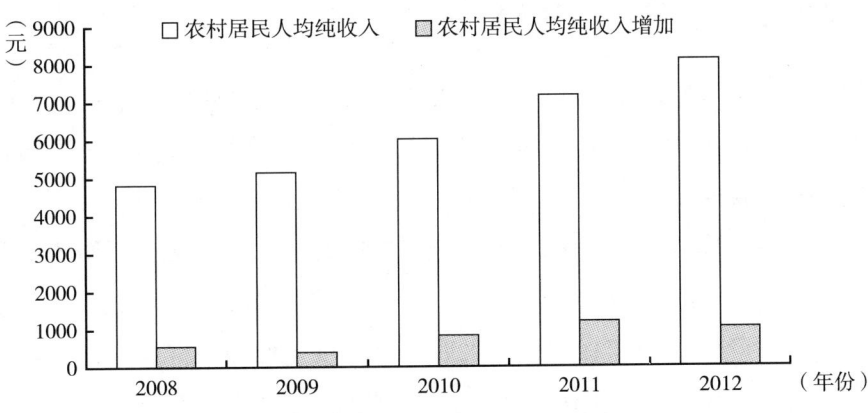

图5　2008～2012年河北省农村人均纯收入变动情况

3. 文化动力

文化生产力在当代已成为综合国力的构成要素之一，除了文化产业，还包括文化的溢出效应，即文化生产力的发展将对政治、经济、文化、社会、生态产生积极或消极的影响。2008～2012年5年间，河北省着力进行了文化体制改革，省委提出文化体制"走在全国前列"的目标，极大促进了文化产业的发展，其间文化产业增加值年均增速达31.7%，比全省GDP年均增速高21.6个百分点，比第三产业年均增速高17个百分点，对经济增长贡献率达到3.3%。2011年文化产业增加值为537.6亿元；2012年文化产业增加值达729亿元（见图6），同比增长35.6%，占GDP的比重为2.74%。

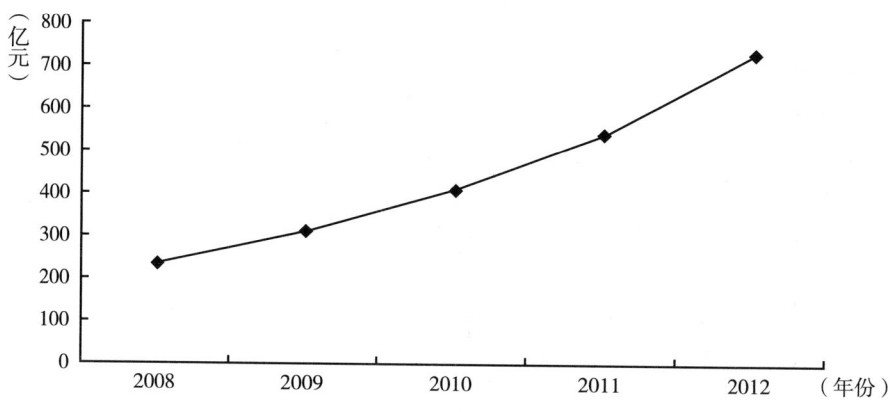

图6 2008～2012年河北省文化产业年增值

资料来源：政府公布、新闻报道的数据。

此外，文化对城镇化的动力还表现在村民对城镇文化的态度上。村民由"村民"向"市民"认同身份的转变，是城镇化程度的重要试金石。这部分数据的采集，主要通过问卷调查（见附件1）、群体性事件分析等获得。问卷中题目主要包括"你认为城镇化是什么？"、"2008～2012年以来你对城镇化理解的变化"（调查者自己写）；"2008～2012年以来你对城镇化态度的变化"（有选项），设定标准值为1，在加权重之后进行了量化处理。将全省分为环京津区、冀中南平原区、冀西和冀北山区、坝上草原区，共投放问卷300份，回收有效问卷278份。

从图7中可以看出近年河北省文化产业发展较为迅速，增长幅度较大，村民对城镇文化的认同，也呈现不断上升的趋势，但增幅相对缓慢，较之设定的"1"的标准值，相对偏低，尚需各级政府通过一系列政策提高村民文化素养、扩大宣传教育等。

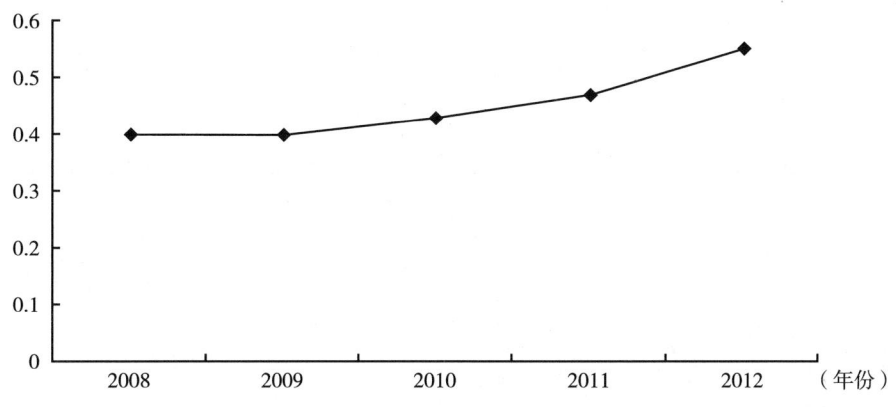

图7　2008~2012年河北省村民对城镇化的态度

4. 社会环境动力

（1）城乡居民人均可支配收入比值。

城镇化是与工业化、现代化亦步亦趋的，在中国因历史原因形成了"农村中国"与"都市中国"的二元分割，加之近年农村精英流失进一步造成的"农村失语"，终致群体性事件等系列农村社会问题频频出现。解决积弊方法主要有，一方面需要城市社会摒弃对农民工"经济性接纳，社会性排斥"的功利主义"二元态度"；另一方面也需要农村的话语权，需要农民作为城镇化主体的意识觉醒，只有当"村民"从文化形态深层化为"市民"，才能形成和谐、有创造力、有生命力的新型城镇。这一时期城乡居民收入、城乡消费能力差距减少是重要的环境动力。

从表8、图8中可以看出，2008~2012年，河北省城乡居民收入均呈现增长态势，城乡居民之间可支配收入的具体数额差距在扩大，但是城乡居民可支配收入之间差距的比值在逐步减少。这一态势是有利于乡村城镇化、城乡一体化的。

表8 2008～2012年河北省城乡居民人均可支配收入及其比值

年份	城镇居民人均可支配收入（元）	农村居民人均可支配收入（元）	城乡居民人均可支配收入比值
2008	13441.1	4795	2.80
2009	14718.3	5150	2.86
2010	16263.4	5958	2.73
2011	18292.2	7119.7	2.57
2012	20543	8081	2.54

资料来源：2008～2012年河北省国民经济和社会发展统计公报。

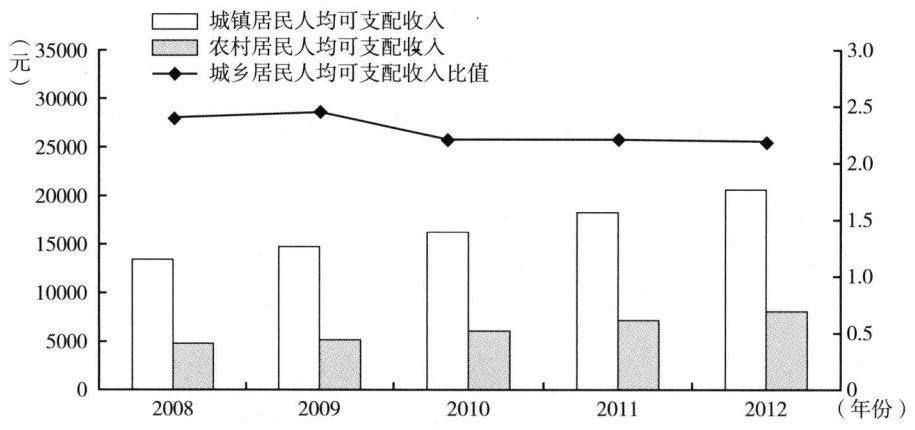

图8 2008～2012年河北省城乡居民人均可支配收入及其比值

（2）城乡居民家庭恩格尔系数及其比值。

城乡居民家庭恩格尔系数比值变化可以反映城乡一体化的态势，数值大小基本与居民生活质量、当地城镇化程度成反比。从表9、图9中可以清楚地看到，2011～2012年，河北省城乡居民家庭恩格尔系数已经基本持平，2011年城镇居民家庭恩格尔系数甚至略高于农村居民家庭恩格尔系数，表明城乡之间消费结构的差距逐步减少，这是城乡文化一体化的重要物质基础。

表9　2008～2012年河北省城乡居民家庭恩格尔系数及其比值

年份	城镇居民家庭恩格尔系数（%）	农村居民家庭恩格尔系数（%）	城乡居民家庭恩格尔系数比值（%）
2008	34.7	38.2	90.8
2009	33.6	35.7	94.1
2010	32.3	35.2	91.8
2011	33.8	33.5	100.9
2012	33.6	33.9	99.1

资料来源：2008～2012年河北省国民经济和社会发展统计公报。

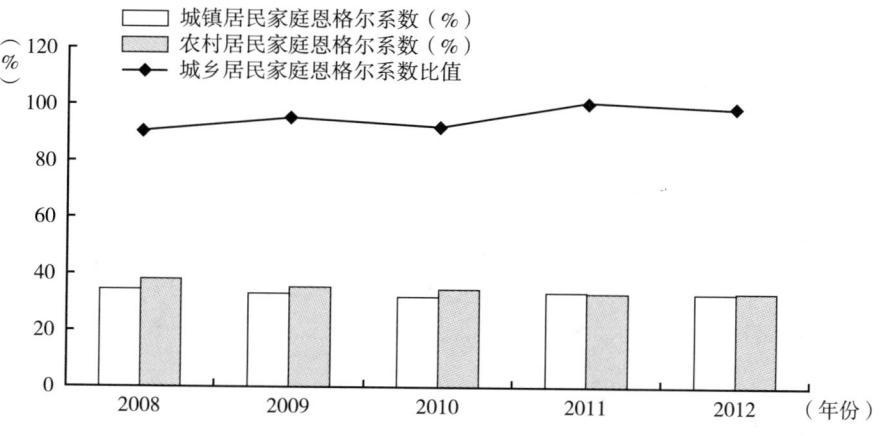

图9　2008～2012年河北省城乡居民家庭恩格尔系数及其比值

（二）文化转型自觉响应指标量化分析

1. 职业教育特征

随着农村机械化、专业化水平的提高，村民接受教育的程度也会随之不断提升。从中国目前"后发外生型"城镇化实际出发，在广大农村，政府通过"送教下乡"培养专业技术人员，减免中等职业学校涉农专业农村学生学费等，一方面培育了农村技术带头人；另一方面逐步提高农村劳动力的整体素质。本部分数据主要通过问卷调查获得（见附件2）。

法国是世界上农民教育实施较好的国家之一，20世纪50～70年代，法国先后七次颁布法令，旨在加强对农民的教育，30年的努力使70%以上的农民拥有了大学文凭,使60%的青年农民拥有了中专学历。从表10、图10中可以看出,目前河北省村民还处于职业教育的起步阶段,距离普通学历教育尚有很大距离。

表10　2008~2012年河北省村民职业教育特征

年份	有一技之长的人数比例(%)	具有中等职业学历的人数比例(%)	加总(%)
2008	2	1	3
2009	2	4	6
2010	3	4.5	7.5
2011	5	7	12
2012	5	8	13

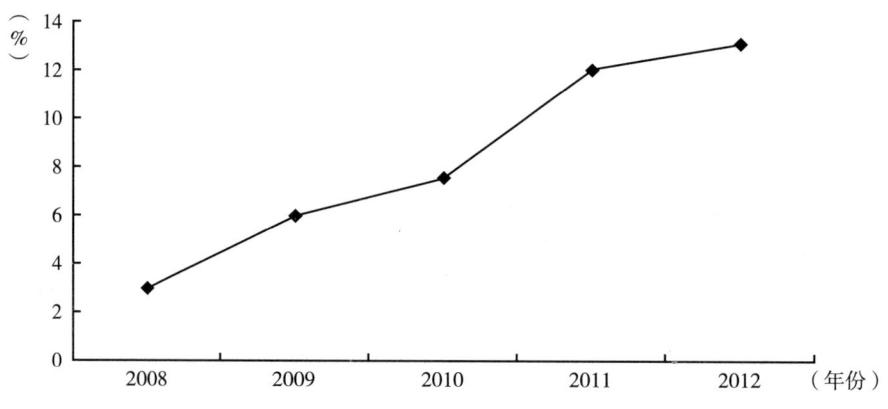

图10　2008~2012年河北省职业教育人数占村民总数比例

2. 学习特征

学习是心理学上一个重要的概念,它指人通过接受教育或者实践体验而获得知识、技术、态度或价值的过程。学习可以改变一个人对事物的认知,从而改变人的精神结构、价值体系,改变人的行为。学习的途径很多,除了正规教育体系外,日常生活中最常见、成本最小、效果最为显著的便是读书。本部分通过问卷形式(见附件3),对2008~2012年村民读书的类型、时间进行了调查。其中读书类型,问卷设计包括"科学、哲学、艺术、专业技术、通俗娱乐"5大类,被调查者依据自己的实际情况对5个选项进行排序,为避免村民理解误差,还要求被调查者尽量写出书名或是书的内容,并写出大致阅读的时间;读书时间单位,从中国实际出发(阅读时间很少)设计为"分/人周"。给予"科学、哲学、艺术、专业技术、通俗娱乐"5种图书不同权重,与读书时间结合,得出量化分值。

从图11中可以清晰地看到,河北省村民读书的时间很少,直到2012年,每天依然平均不到5分钟,而且读书的内容一直以通俗娱乐为主,专业技术的书基本不看,只是遇到问题时,偶尔翻一下;对于艺术类的图书,人们只是偶尔看一下美术图片、乐谱之类的;科学、哲学类图书基本无人问津。读书时间、层次与人的文化素养呈正向关联,村民读书时间短、层次低,反映出在城镇化的进和中需在提升村民的文化素质上下功夫。

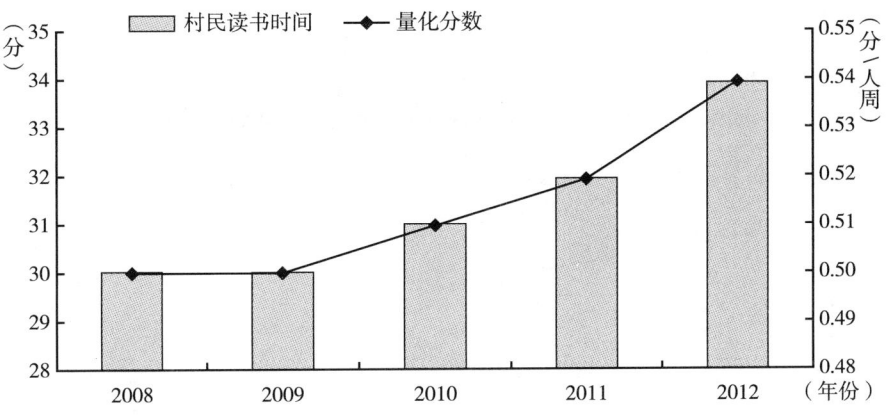

图11　2008～2012年河北省村民读书特征

3. 文化自信

主要内容包括两大部分:①村民对待城镇文化的认同度;②村民对传统乡村文化的依赖度。数据主要通过调查问卷获取(见附件4),问卷内容"村民对待城镇文化的认同度"设计了"认同,基本认同,不清楚,无所谓"4个选项,要求被调查者排序;"村民对待乡村文化的态度"设计了"依赖,喜欢,想改变,积极改变"4个选项,要求被调查者排序。依据回收问卷选择人数加权后(认同0.4,基本认同0.3,不清楚0.2,无所谓0.1;依赖0.4,喜欢0.3,想改变0.2,积极改变0.1)得出量化分值(见附件5)。

从图12和图13中可以看出，2008~2012年河北省农村居民对城镇文化认同度逐步提升，对乡村文化的依赖度逐步降低。但是认同城市文化的人数比例和"积极改变"乡村文化的人数比例均偏低。在一定程度上反映出乡土文化和城市文化的内涵、质量有待提升。

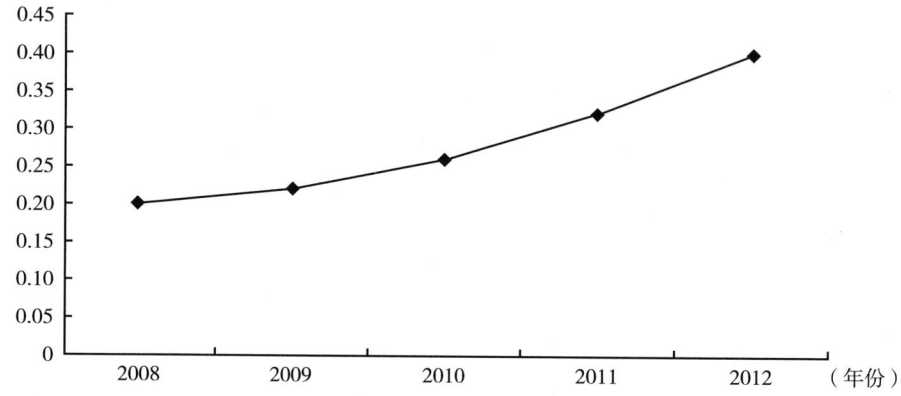

图12　2008~2012年河北省村民对城镇文化认同度的变化

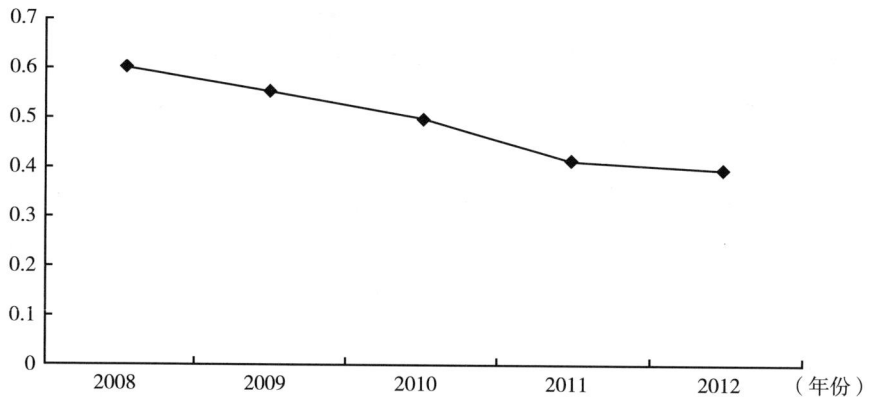

图13　2008~2012年河北省村民对乡村文化依赖度的变化

（三）文化转型状态指标量化分析

1. 思维文化

（1）人际关系圈特征。

传统农业社会，村民的人际关系圈主要由血缘、地域决定，现代工业社会的人际关系圈则演变为由职业、阶层、兴趣等决定。本部分通过调查问卷的形式（见附件7），对2008～2012年，河北省广大农村村民人际关系圈变动进行了调查，问卷设计了"家族、地域、工作、兴趣"4大选项，请调查者排序，在统计数据基础上，分别加以不同权重（兴趣0.4，工作0.3，地域0.2，家族0.1），得出量化分值，结果见图14。

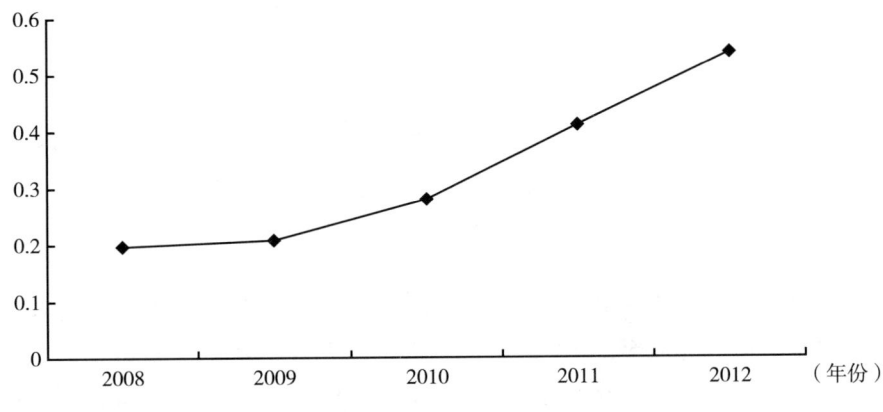

图14　2008～2012年河北省村民人际关系圈城镇化特征

（2）解决问题依据、方式特征。

传统农业社会以血缘、家族为主的人际关系特征，以自给自足为主的生产方式等，决定了村民解决问题依据、方式之不同，本部分主要通过问卷调查形式对此进行了梳理（见附件6）。问卷主要设计了"法律规章、经验、道德、习俗、亲友意见"5大选项，请被调查者排序，在统计各选项比例的基础上，再加以不同权重（法律规章0.4、经验0.2、道德0.2、习俗0.1、亲友意见0.1）。

从图15中可以看出，2008～2012年河北省村民解决问题的思维正逐步向城镇居民靠拢。但值得关注的是以"1"为标准值，村民解决问题的思维的城镇化特征在0.2～0.43之间，总的比例偏低。这反映出传统思维的巨大惯性和对文化城镇化的阻力。

2. 生产文化

（1）妇女收入占家庭收入比例。

近年河北省"送教下乡"活动增加了"农村妇女职业教育中专班"，政府

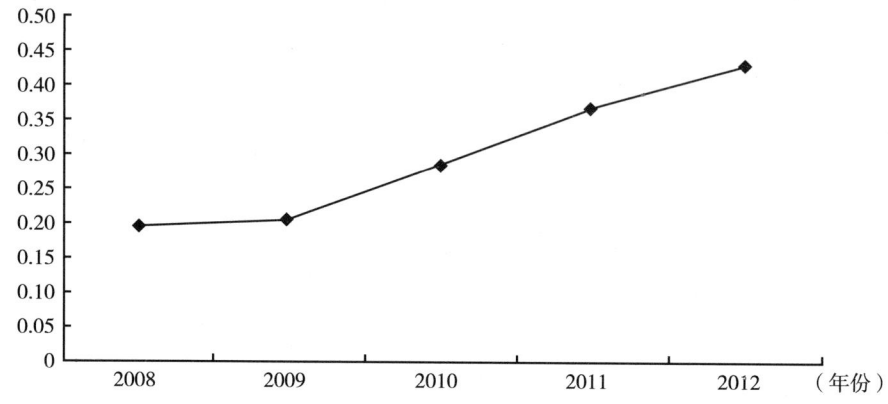

图15 2008~2012年河北省村民解决问题方式的城镇化

全额资助每名学员每年2300元的学费,完成全日制课程并拿到规定学分,领取国家中专毕业证。截至2013年3月,正定、元氏、新乐、藁城和晋州5个县共有10个教学点、1300名学员。鉴于妇女在农村家庭、经济中的特殊作用,对农村妇女技术培训,改变其社会地位、思想观念,对乡村文化转型的推动意义不言而喻。本部分通过问卷调查形式(见附件8),抽样调查统计了妇女收入在农村家庭收入中所占的比例。

从图16中可以看出,2008~2012年河北省农村妇女收入占家庭收入的比例是不断攀升的,从11%升至31%,但这是一个平均后的数字,河北省不同地区之间差异很大。环京津地区、秦唐沧沿海地区的妇女收入较高,但在西部太行山区则相对较低。随着农业机械化程度的提升和农村城镇化的发展,妇女和男子在生产领域的劳动能力差异将逐步缩小,所以必须关注落后地区的妇女培训工作。

(2)家庭经营收入占家庭收入比例。

农民家庭收入主要包括:家庭经营收入、工资性收入、财产性收入、转移性收入,其中家庭经营收入是指农产品买卖收入,财产性收入主要包括股票收入、银行存款利息、基金盈余等,转移性收入则主要是指政府的财政补贴。表11为2008~2012年河北省农村家庭收入的结构特征。

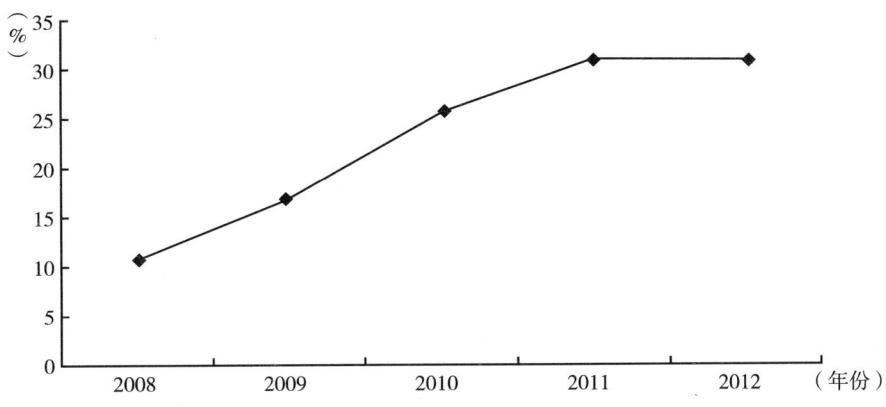

图16 2008~2012年河北省农村妇女收入占家庭收入的比例

表11 2008~2012年河北省农村家庭收入结构特征

单位：元

年份	农民家庭纯收入	工资性收入	家庭经营性收入	财产性收入	转移性收入
2008	4795.46	1979.52	2416.22	118.63	281.09
2009	5149.67	2251.01	2440.44	123.90	334.31
2010	5957.98	2653.42	2729.80	182.45	392.31
2011	7119.69	3423.95	3006.20	206.36	483.18
2012	8081	4006.02	3255.71	218.33	603

资料来源：《中国统计年鉴》（2009~2013年）。

从图17中可以看出，买卖农产品的收入在农村家庭收入中所占比例呈不断下降态势，这和城镇化进程相一致。但同时也看到，直到2012年农产品收入依然占农村家庭的40%，这一比例依然很高，从一定程度上反映出农村生产结构城镇化调整任务依然艰巨。农村产业结构的调整又和村民技术、生产文化的转型密不可分。

3. 消费文化

（1）农民居民家庭恩格尔系数。

不同的历史时段、不同的区域，会形成不同的消费文化，这是政治、经济体制，社会经济发展水平，地域自然资源特征等共同作用的结果。消费文化是一种经济现象，会影响社会生产结构，同时也是一种社会现象，会影响人们的社会心理。尚俭黜奢、等级森严、宗亲消费等中国传统农业社会消费的主要特

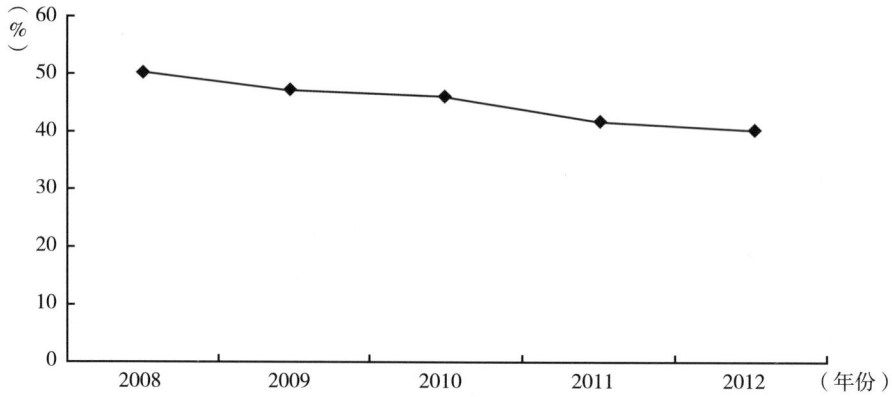

图17 2008~2012年河北省农村居民家庭经营收入占家庭收入的比例

征,在很大程度上对目前工业化、城镇化存在负面影响,甚至是阻力,所以需要积极推进消费文化的城镇化变革。

从表12、图18中可以看出,2008~2012年农村家庭的恩格尔系数呈现波动状态。一般来讲,恩格尔系数越高所反映出的社会生产力水平、人民生活水平越低,2008~2012年河北省农村居民家庭恩格尔系数呈现明显下滑趋势,这应该是村民消费文化城镇化的大致态势。

表12 2008~2012年河北省农村居民家庭恩格尔系数的变化

单位:%

年份	农村居民家庭恩格尔系数	增幅
2008	38.2	1.4
2009	35.7	2.5
2010	35.2	-0.5
2011	33.5	-1.6
2012	33.9	0.4

资料来源:2008~2012年河北省国民经济和社会发展统计公报。

(2)农村居民家庭文化消费支出。

国际经验显示某一国家或地区人均GDP超过5000美元时,将进入国民精神文化需求的旺盛期,我国人均GDP在2011年超过5432美元,预示着文化消费将成为一种必然趋势。2012年中国人民大学文化产业研究院发布了"中国文化

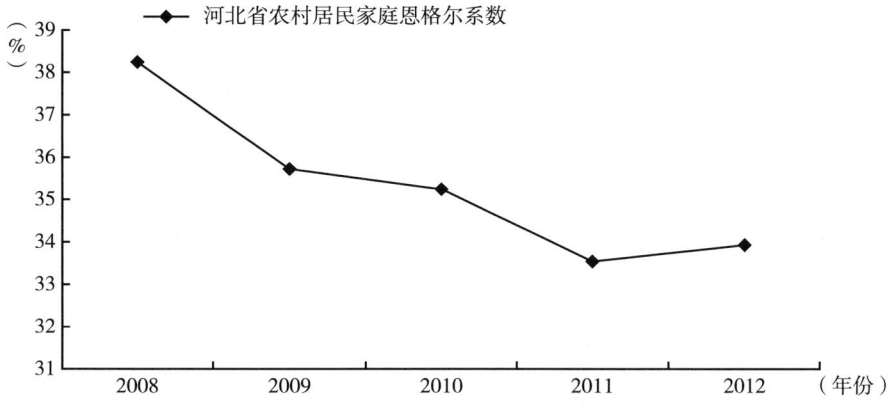

图18 2008~2012年河北省农村居民家庭恩格尔系数的变化

消费指数指标体系"，提出从文化消费环境、文化消费意愿、文化消费能力、文化消费水平、文化消费满意度5个方面测度文化消费水平，以统一量化标准。

欧美发达国家人们的文化消费占家庭消费总额的30%左右，也就是说在经济发达国家，居民每花100元钱，其中30元钱是用于文化产品及服务消费的。从表13、图19中可以看出，2008~2012年河北省居民每花100元钱，有5.92~8元是用于文化产品及服务消费的，这一比例远远低于发达国家。此外，更令人担忧的是，居民文化产品及服务消费所占比例竟然处于持续下降态势。改革开放以来，我国用30年变成了经济强国，但是文化却大大落后了，文化的落后不仅大大降低了国家进一步发展的潜力，而且对于城镇化进程也是百害无一利。所以，文化强国、文化强省不仅是要发展文化产业，更要切切实实提高国民的文化素质。

表13 2008~2012年河北省农村居民家庭"文化教育娱乐"支出情况

年份	农村居民家庭平均每人生活消费支出(元)	文教娱乐支出（元）	所占比例（%）
2008	3125.55	250.07	8.00
2009	3349.74	263.53	7.87
2010	3844.92	296.11	7.70
2011	4711.16	315.41	6.69
2012	5364	317.30	5.92

资料来源：《中国统计年鉴》（2009~2013年）、《2012年河北省国民经济形势新闻发布稿》。

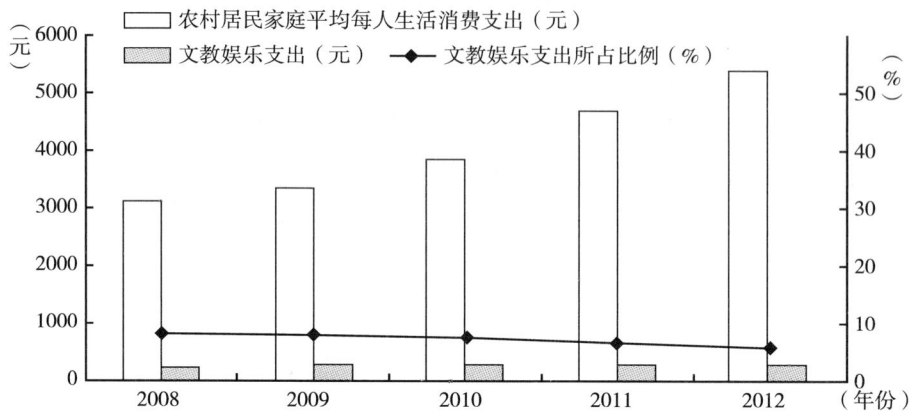

图19 2008~2012年河北省农村居民家庭"文化教育娱乐"支出变化

4. 文化软实力

国家及地区文化软实力评价指标，依据实际情况不尽相同。本文从中国目前农村城镇化过程的实际情况出发，兼及数据的获得性等，主要采纳了村民幸福指数、人与自然和谐度两个指标。村民幸福指数，主要采取了问卷调查形式获得数据；人与自然和谐度则从区域生态恶化引发的地域性疾病，人为原因导致的重大自然、生态灾害等方面进行了调查、统计。

（1）村民幸福指数。

"幸福感指数"在20世纪末由不丹国王提出，并将之付诸国家治理实践，尽管不丹人均GDP只有700多美元，但国民总的生活幸福感较高。社会发展的动因、目标之一就是不断增加国民的生活幸福感，所以幸福指数也是衡量城镇化功效的重要指标。本部分采用问卷调查形式（问卷见附件9），主要内容包括：①经济因素：打工状况、收入水平、居住条件、交通条件；②政治因素：参与乡村管理机会、享受国家惠农政策情况、国家发展态势；③社会因素：邻里关系、婚姻质量、子女入学；④心理因素：生活现状、自我发展等。以上内容下皆分为非常满意、满意、不知道、不满意、非常不满意5个梯次，以10分为总值，各二级指标加以相对权重。

从图20中可以看出，以10分为满分，村民的幸福指数为6~8分，并呈现上升态势。究其原因，与近年国家惠民政策给予村民的大量实惠，城乡一体化建设推进过程中广大农民生活条件、生活环境、医保养老等有了很大改观有着直接关联。值得注意的是,这些幸福指数的动因主要来自外部,还需要从村民素质提升入手,进一步从内因上提升幸福感。

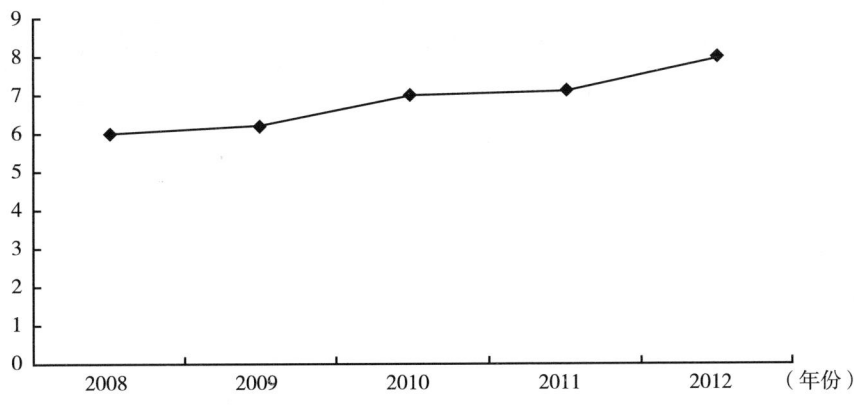

图20　2008~2012年河北省村民幸福指数变化

(2) 人与自然和谐度。

人与自然和谐是人类可持续发展的空间基础、资源基础,鉴于人类的技术水平和主观能动性,在人与自然关系中,人类往往起着主导作用。当人类对生态系统干预过度,致使生态系统无法进行正常物质循环时,生态系统便会以各种自然灾害的形式警示人类。由于生态恶化引发的地域性疾病难以量化界定,本部分主要对农作物受灾情况进行统计。

表14　2008~2012年河北省农作物受灾面积

年份	河北省农作物受灾面积(万公顷)	变动幅度(%)
2008	115.2	-50.1
2009	262.8	128.1
2010	152.7	-41.9
2011	138.3	-9.4
2012	110.8	-19.9

资料来源:《中国统计年鉴》(2009~2013年)、《河北省国民经济和社会发展统计公报》。

从图 21 中可以看出，2008~2012 年河北省农作物受灾面积变动幅度较大，其间不排除因自然因素的变化，导致水旱灾害的发生，但是人类的过度干预、不合理干预也不能忽视。人口增加，人口与土地之间矛盾突出，一些不适宜农耕的山地、坡地、滩涂、湿地等被农垦利用，往往是广大农村地区灾害频发的主要成因。要从根本上解决这一问题，就需要加快城镇化进程，通过土地产出率的大幅提升，使土地各尽所用，恢复人与自然和谐。

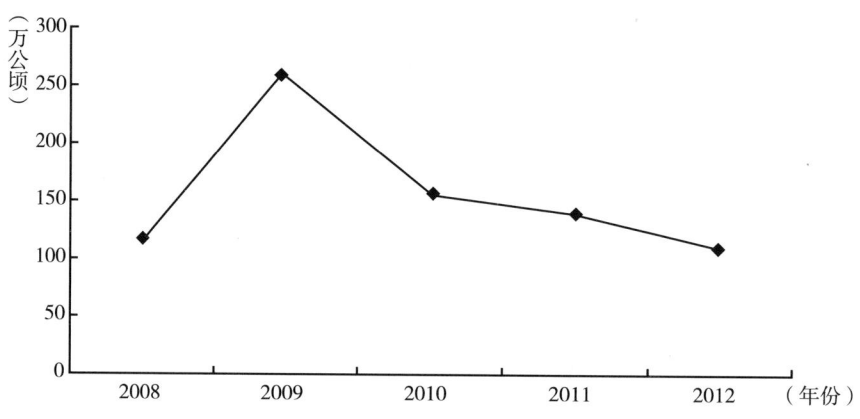

图 21　2008~2012 年河北省农作物受灾面积的变化

三　加速河北省乡村文化城镇化转型的对策

新型城镇化的关键是转变思维方式，为深入贯彻落实党的十八大精神，2013 年 5 月河北省开展了以"解放思想、改革开放、创新驱动、科学发展"为主题的大讨论活动，这一活动的核心旨在转变人的思维方式。

本文通过量化研究，试图寻找河北省乡村文化转型过程中的主要问题，并提出具有一定可操作性的改进对策。

（一）存在的主要问题

1. 各级政府、主管部门存在认识偏差

什么是新型城镇化？尽管政府、学界多有解释，但是一些地方领导对新型城镇化的"以人为本"仍未深入理解,仍在片面追求城市空间扩张,大兴造城运动,依然把城镇化当作政绩工程,仍然是在政府主导下用计划指标和行政考核等手段推进,一些地方甚至把新增多少建筑面积当作一项重要指标来考核,有的还定出了时间表,提出再造一个新城的具体时间。

新型城镇化建设除了依靠国家层面的政策外,各级领导特别是县乡镇领导的认识更是关键。如果各级领导,特别是工作在城镇化一线的领导对城镇化认识存在偏差,对乡村文化城镇化转变的作用认识不足、不够重视,以人为本的城镇化进程恐怕就难以真正推进。

2. 村民素质偏低,城乡文化二元化依然突出

由历史原因造成的中国城乡文化二元化结构,使农村经济社会发展明显滞后各级城市,与大城市更有天壤之别,大中城市所具有的社会公益资源,如学校、医院、文化娱乐设施等,良好的基础设施、居住环境等,都吸引着农村精英阶层向大中城市移民。如农村籍孩子受过高等教育之后,基本不会返乡,"宁要北京一张床,不要外地一套房",一些进城打工掌握一些技能的青年人,虽然无法融进城市,也不愿返回家乡;一些农村传统艺人、文化团体,或因农村文化消费力低下,离开乡村去城市谋生,或因体制问题,在乡村传播文化报酬低、待遇差、身份问题难以解决,工作消极;一些民间非物质文化遗产,甚至因为缺乏吸引力,而传承无人。农村人才流失,乡村文化提升遭遇人才瓶颈,村民整体素质提升受阻,反过来又进一步加剧了城乡文化二元化。

3. 乡村文化建设随意性较大,缺乏机制支撑

农村文化建设是一个长期工程,因此需要相对稳定的制度制约,需要连续的机制体系支撑,如果制度不健全、机制不完善,就容易产生长官意志,导致工作的随意性、无序性,以致出现"前任政绩、后任包袱""朝令夕改、无所适从"的弊端。因为缺乏制度、机制约束,在一些领导眼中文化建设被让位于经济建设、政治任务,一些地方对农村文化建设投入明显不足,一些地方出现文化设施被挤占、挪用的现象,一些县级博物馆等文化设施甚至都变成了"文物库房"。

4. 盲目追随大城市,对县城文化的辐射作用认识不足

从文化角度分析,城镇化应该随着传统农业生产方式的现代化、集约化发展。生产方式的现代化变化，带来收入、居住环境、生活方式、思想观念等物资、精神双层层面的现代化，从而实现村民到市民的转变。在这一过程，村民作为新型城镇化的主体，也是新型城镇文化的主体，距离村民最近，具有模范引导作用的是县域文化中心——县城文化，而非区域大中城市。

但是，总结近年各地乡土文化的实践，可以发现明显存在脱离实际、模仿大中城市的误区，致使新型城镇文化人造痕迹、精英设计痕迹明显，实际效用大打折扣。

5. 摸石头过河，缺乏对国内经验的系统总结

1980年12月在中央工作会议上，陈云首提"摸着石头过河"，在无前人经验、无船、无桥的情况下，只能以身试水摸索着河里的石头慢慢寻找安全路径。但是如果已经有人过了河，你是否还有必要摸着石头过呢？

改革开放30多年的城镇化成绩是有目共睹的，问题也是显著的，路径反复、矫枉过正之类的过失也是存在的，对30年间全国各地城镇化的经验、教训进行系统总结，寻找一条适合中国的、彰显区域文化特色的城镇化路径，确实显得十分必要。

（二）主要改进对策

新型城镇化要着力解决的就是"人的城镇化"，而人的社会角色转变是一个系统工程，乡村文化城镇化转型是重要的环境力量。

针对上述乡村文化转型中的不足，我们提出以下五点改进对策。

1. 重视村民文化自觉、文化认同在城镇化中的决定作用

村民市民化是一项复杂的社会系统工程。它不仅是农民社会身份和职业非农化、农民居住空间的城镇化，更是作为转型主体的村民角色意识、思想观念、社会权利、行为模式和生产生活方式的市民化过程。各级政府应从战略高度充分认识到村民文化自觉、文化认同在城镇化过程中的核心作用——它既是城镇化的目的，也是城镇化的重要路径。应加大力度，采取各种措施，切实提高村民的文化素养，使其从思想源头认同、向往城镇化。

2. 制度、政策应具有一定的稳定性

中国城镇化的"后发外生型"特征，决定了各级政府在城镇化中发挥了不可替代的作用。主要体现在以下四个方面：①文化建设资金投入机制；②文化传承人才培育机制；③文化机构、设施管理机制；④文化传播机制等，要重视远程教育在农村文化普及中的实效。文化转型是村民由内而外的心理过程，所以外在保障、引导需要一定的稳定性，才能见到成效。

3. 重视冀文化基石作用，促进城乡文化一体化

如何构建城乡文化一体化？首先需要寻找到一个先进的、生命力持久的、具有广泛受众性的（城乡认知差异小）的文化母体，以它为平台延伸构建城乡文化一体化。具体到河北省，构建城乡文化一体化的基础应是其历史文脉的浓缩——"冀文化"。冀文化作为河北省域文化，它有着数千年的形成、发展历史，20世纪中期之前，一直涵盖京津冀三地，在城乡一元化的古代，它是整个京津冀地区文化的母体，这一文化特质，就为今天京津一体化、城乡一体化提供了文化认同。

4. 发挥县城在地域文化中心的辐射作用

县作为我国一级行政区划，肇始于秦汉，许多县城已有2000多年的历史。按照古代县级行政区划的设置原则，县的范围大致"方圆百里"，县城居中，这是在当时交通条件下，县级官吏从县城出发走到县境，当天可以返回的距离，由此可以看到历史时期县城与村落乡野的密切关系。而中国古代城市的等级体系，加剧了乡村与大中城市的分离，这就使得县城作为地方政治、经济、文化中心，对乡村社会文化具有巨大的亲和力、凝聚力、辐射力。目前城乡一体化，必须重视县城对乡村腹地文化的吸引力。

5. 积极借鉴国内外城镇化经验

目前，河北省新型城镇化应着重强调解决"双二元结构"，减少推进过程中的失误，认真总结前车之鉴：一方面是国内经验；另一方面就是国外经验。有学者把国内城镇化道路归结为深圳模式、成都模式、天津模式、嘉兴模式、广东南海模式、重庆九龙坡模式等，各有得失，需要认真总结。国外日韩城镇化经验、英美等国城镇化经验、被称为"拉美式陷阱"的"过度城镇化"等都需要认真借鉴。避免"伪城镇化"，在土地、就业、户籍、社会保障、教育等公共服务领域推进"均等化"，真正实现城乡文化一体化、村民市民化。

B.7
综合承载力与河北省新型城镇化

武义青　王树强*

摘　要：

在产业转型仍不充分的条件下，新型城镇化的推进需要经济增长和环境优化的合理平衡。没有经济增长，农民市民化和公共服务的均等化就缺乏足够的资金支持，没有环境和生态的改善，新型城镇化就无法立足。量化评估综合承载力可以确定经济增长的上限，并进一步对新型城镇化的推进速度和模式进行准确定位。本部分采用压力－支撑力指数模型，对河北省综合承载力和分项承载力进行了量化评估，结果显示河北省综合承载力渐趋脆弱；除土地和交通设施承载力略具优势外，水资源、环境、市政设施、社会承载力明显不足。河北省应坚持市场引导与政府调节相结合的原则，积极制定和落实土地、水、环境等方面的政策措施，稳步推进新型城镇化。

关键词：

综合承载力　压力－支撑力指数　新型城镇化

提高综合承载力是实现新型城镇化的前提。新型城镇化直接针对生态质量、资源效率、社会管理水平、基础设施能力等提出了较高要求，同时它所涉及的增加城市规模和数量、优化城市结构和布局以及发展现代产业体系等目标也间接要求提高综合承载力。以钢铁、石化、制药为支柱产业的河北经济在增

---

* 武义青，河北经贸大学副校长、教授、博士生导师，研究方向为京津冀区域经济；王树强，河北工业大学副教授，研究方向为区域经济。

加活力的同时也在逐步侵蚀资源、能源储备和环境容量，承载力大幅下降。科学评估当前河北省土地、环境和水资源等综合承载力，可以对城镇化的前提和基础进行理性判断，对城镇化的具体目标和模式进行准确定位，为制定切实可行的城镇化政策措施提供实证参考。

一 河北省综合承载力的总体评价

（一）综合承载力内涵

地区综合承载力是指在特定的政治和经济体制、技术水平及升级趋势、社会和法规环境下，地区综合功能完全发挥时其受限要素［一般而言，主要包括生态（环境容量、资源总量和质量）、公共服务和基础设施等对经济发展和社会生活的最大保障能力］。

（二）地区综合承载力指标体系设计

根据地区综合承载力定义，本部分将地区综合承载力一级指标分解为环境承载力、土地承载力、水资源承载力、地区交通设施承载力、市政设施承载力、能源承载力和社会承载力7个二级指标，每个二级指标对应若干三级指标，三级指标中有些反映了对环境、资源和社会服务的需求，可称之为压力指标；有些反映了供给能力，可称之为支撑力指标。每个二级指标包含的压力指标如表1所示，支撑力指标如表2所示。

表1 河北省综合承载力、分项承载力及其压力指标

目标层	分项目标层	指标层
城市综合承载力	土地承载力	人均住房面积（平方米）
		每亿元GDP所需土地面积（平方公里/亿元）
		单位粮食产量所需的耕地面积（公顷/吨）
	水资源承载力	农田亩均用水量（立方米）
		生态用水量（亿立方米）
		生活用水量（亿立方米）

续表

目标层	分项目标层	指标层
城市综合承载力	环境承载力	污水排放量(万吨)
		工业固体废物产生量(万吨)
		二氧化硫排放量(万吨)
	地区交通设施承载力	年人均出行次数(次)
		单位GDP年货运总量(吨/万元)
	能源承载力	年用电量(亿千瓦小时)
		单位GDP能耗(吨标准煤/万元)
	市政设施承载力	汽车保有量
		公共交通客运总量(万人次)
		每万人拥有公共交通车辆(标台)
		出租车拥有量
	社会承载力	0～14岁人口比例(%)
		年病患人数
		每十万人中在校生数量

表2 河北省综合承载力分项承载力及其支撑力指标

目标层	分项目标层	指标层
城市综合承载力	土地承载力	人均耕地面积(平方米)
		人均土地面积(平方千米/人)
		人均建成区面积(平方米)
	水资源承载力	人均水资源量(立方米/人)
		供水量(亿立方米)
	环境承载力	生活垃圾清理量(万吨)
		森林覆盖率(%)
		工业污染治理投资(万元)
	地区交通设施承载力	人均铁路总里程(公里/万人)
		人均公路总里程(公里/万人)
	能源承载力	发电量(亿千瓦小时)
		自发电量占用电量比例(%)
	市政设施承载力	人均拥有道路面积(平方米)
		人均拥有道路长度(公里/万人)
		平均每辆私家车拥有的道路面积(平方米/辆)
		平均每辆私家车拥有的道路长度(公里/万辆)

续表

目标层	分项目标层	指标层
城市综合承载力	社会承载力	学校平均师生比(％)
		人均教学经费投资(元/人)
		平均每千人口拥有医院床位(张/千人)
		平均每千人口拥有的医师和护士数量

（三）评价方法和模型构建

1. 分项承载力评价

（1）承载力指数的计算。

本文采用承载力指数评价分项承载力，具体计算方法如下：

$$F_m^t = \frac{A_{压}^{mt}}{A_{支}^{mt}}$$

F_m^t：第 t 年第 m 个分项承载力指数值；m：1~7；t：2005~2012 年。

$A_{压}^{mt} = \sum_{i=1}^{n} w_i^m p_i^{mt}$，第 m 项分项承载力压力指数；i：第 m 个分项承载力压力指数所对应的评价指标序号。

$A_{支}^{mt} = \sum_{j=1}^{q} w_j^m p_j^{mt}$，第 m 项分项承载力支撑力指数；j：第 m 个分项承载力支撑力指数所对应的评价指标序号。

w_i^m，w_j^m：为对应评价指标的权重系数。

p_i^{mt}，p_j^{mt}，：为各分项承载力对应指标层中经标准化后的评价指标，指标权重越大，指标对分项承载力越重要。

F_m 的取值范围及经济含义如下：

①$F_m < 1$：对应层级要素的容量宽裕，承载力良好，且 F 越小，承载力越强；

②$F_m = 1$，对应层级要素承载力满载，地区经济发展没有空间；

③$F_m > 1$，对应层级要素承载力超载，相应要素容量难以满足地区进一步发展对要素的需求，地区功能发展受限，在无外部资源输入的条件下，社会和

经济活动趋减，且指数越高，承载力越弱。

（2）评价指标的标准化。

本文分析采用极差法对评价指标实际值进行无量纲标准化处理。

$$p_i^{mt} = \frac{x_i^{mt} - \min_t x_i^{mt}}{\max_t x_i^{mt} - \min_t x_i^{mt}}$$

其中，x_i^{mt} 为第 t 年第 m 个分项承载力对应的第 i 个评价指标的实际取值。

（3）各指标权重系数的确定。

本文采用均方差赋权法确定指标权重系数，均方差赋权法是一种客观赋权方法，可以避免评价结果的主观随意性。该方法视各单项评价指标的时间序列值为随机变量，计算其均方差，然后将均方差归一化，其结果即为各指标的权重系数。计算结果为：

$$w_l^m = \frac{\sigma_l^m}{\sum_{m=1}^{7}\sum_{l=1}^{n+q}\sigma_l^m}, l = i,j$$

2. 综合承载力评价

本文采用如上所述的方法计算综合承载力指数，

$$F^t = \frac{A_压^t}{A_支^t}$$

F^t：第 t 年的综合承载力指数；

$$A_压^t = \sum_{m=1}^{7} w_压^m A_压^{mt}; A_支^t = \sum_{m=1}^{7} w_支^m A_支^{mt}$$

$A_压^t$，$A_支^t$：第 t 年分项承载力的支撑力和压力指数；

$$w_压^m = \frac{\sigma_压^m}{\sum_{m=1}^{7}(\sigma_压^m + \sigma_支^m)}, w_支^m = \frac{\sigma_支^m}{\sum_{m=1}^{7}(\sigma_压^m + \sigma_支^m)}$$

$$\sigma_压^m = \sqrt{\sum_{t=2005}^{2012}\left[A_压^{mt} - E(A_压^{mt})\right]^2} \quad \sigma_支^m = \sqrt{\sum_{t=2005}^{2012}\left[A_支^{mt} - E(A_支^{mt})\right]^2}$$

（四）综合承载力评价结果分析

图 1 显示，河北省 2005~2012 年的综合承载力指数总体呈现上升趋势，且 2006 年以后指数大于 1，说明压力指数高于支撑力指数。

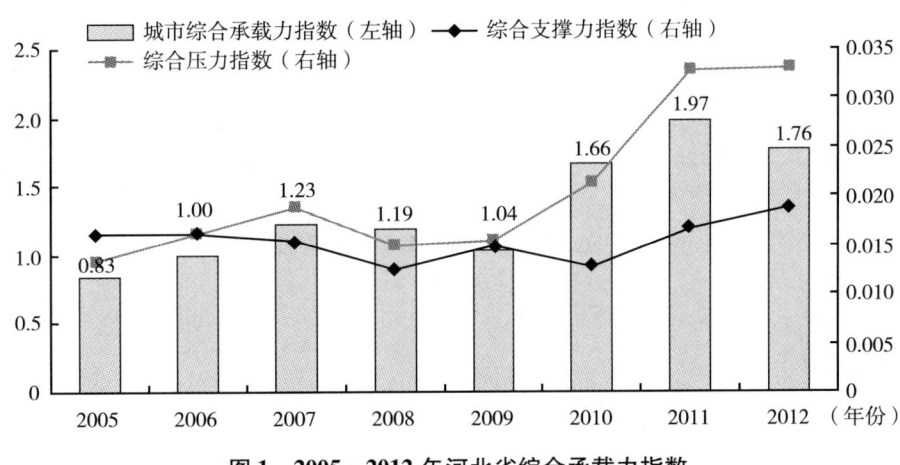

图 1 2005~2012 年河北省综合承载力指数

二 河北省市综合承载力基本特征

（一）河北省土地承载力分析

图 2 显示了土地承载力指数的波动过程，2005~2008 年逐步下降且指数小于 1，2009~2012 年逐步上升，且 2010 年和 2012 年指数大于 1，这意味着 2008 年前土地承载力较强且趋于上升，2008 年后土地承载力趋于下降，并于 2010 年和 2012 年后跨过荣枯线，压力指数开始超过支撑力指数，承载力转弱，但由于指数值十分接近 1，因此当前的土地承载力适中，政策的主要目标是遏制土地承载力下降的趋势。

1. 土地利用状况及潜力

目前河北省辖区面积在我国 31 个省级行政区中居第 14 位，2011 年人均土地面积为 4 亩，远低于全国人均土地面积 10 亩的水平；人均耕地面积为

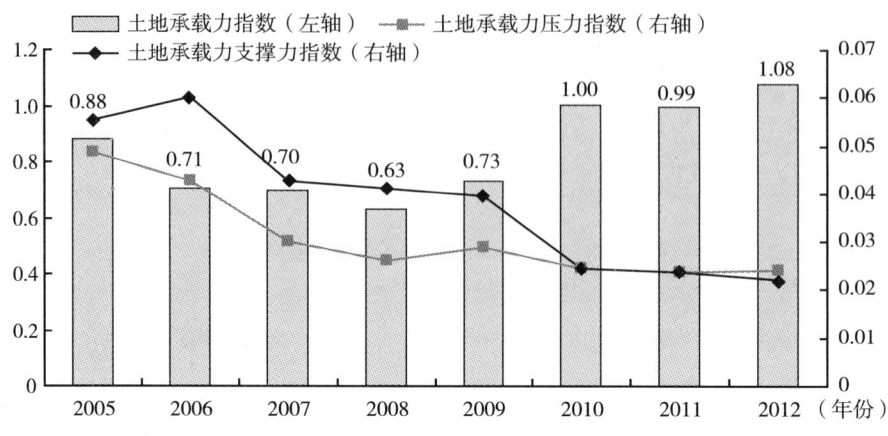

图2　2005~2012年河北省土地承载力指数

1.36亩，低于2005年人均耕地面积1.43亩，同时低于全国人均耕地面积1.38亩的水平。

表3显示了河北省土地利用结构的基本特征。土地利用结构以农用地为主，建设用地比重相对较低，土地利用强度不够；未利用地面积大，但主要分布在山区、滨海地区、黑龙港低平原和坝上地区，这些土地多受地形坡度、土壤质地、盐碱、水资源等方面的制约，土地质量差，开发难度大，耕地保障水平不高[1]，可开垦为耕地的后备潜力资源仅为16.25万公顷（243.75万亩）[2]。

表3　2010年河北省土地利用状况

	土地调查面积	农用地面积	建设用地面积	未利用土地面积
面积(万公顷)	1885.44	1314.64	204.91	365.89
比重(%)	100	70	11	19

资料来源：河北省国土资源厅：《河北省土地整治规划2011~2020》，http://www.hebgt.gov.cn/apps/cms/docforward.do? id=13031。

---

[1] 刘红：《河北省人均耕地不足1.4亩》，《燕赵都市报》2010年7月21日。
[2] 《河北省土地利用总体规划（2006~2020年）》，《河北省人民政府办公厅关于印发〈河北省土地利用总体规划（2006~2020年）〉的通知》（冀政办函〔2010〕49号），2010年10月13日。

由表4可知，城乡建设用地占比高，水利设施用地占比少，反映出水利设施落后，束缚了农业的健康发展。从城乡建设用地内部比例看，城镇建设用地比例小，农村居民点用地比例很大，土地利用集约水平低，城镇化率不高。据测算，2011年全省单位建设用地第二产业和第三产业产值达50万元/公顷，仅略高于全国同期平均值①。

表4 2010年河北省建设用地结构

	建设用地面积	城乡建设用地	城镇建设用地	农村居民点用地	采矿用地	交通运输用地	水利设施用地	其他
面积（万公顷）	204.92	173.79	32.95	119.29	21.55	16.16	10.61	4.36
比重（%）	100	85	19	69	12	8	5	2

资料来源：河北省国土资源厅：《河北省土地整治规划2011~2020》，http://www.hebgt.gov.cn/apps/cms/docforward.do?id=13031。

从农地使用结构来看，虽然河北省农用地总量短缺，但农地配置结构基本合理（见表5），农用地中耕地和林地面积较大，牧草地、园地、其他农用地也占据一定比例，这丰富了河北省农产品的供应品种，同时也是保护环境、涵养生态的重要保障。

表5 2010年河北省农用地结构

	农用地面积	耕地面积	牧草地	林地面积	园地面积	其他农用地
面积（万公顷）	1310.64	655.14	40.44	462.57	86.9	65.59
比重（%）	100	50	3	35	7	5

资料来源：河北省国土资源厅：《河北省土地整治规划2011~2020》，http://www.hebgt.gov.cn/apps/cms/docforward.do?id=13031。

---

① 《河北5年内将治理沙化土地830万亩以改善沙区生态》，中央政府门户网站，2011年6月17日。

在土地短缺、土地集约度低的同时,河北省的土地生态恶化也降低了土地承载力。河北省是全国土地沙化最严重的省份之一,也是中国防沙治沙重点地区。河北省现有沙化土地3188万亩,占总面积的11.3%,土地沙化已经成为影响河北省沙区群众生产生活、阻碍经济发展和生态环境恶化的主要原因之一。特别是坝上高原和冀北山地土地沙化比较严重,是形成京津冀地区沙尘天气的主要沙尘源地之一,防沙治沙任务十分艰巨[①]。

土地重金属污染形势不容乐观,以河北平原表层土壤中重金属含量对应的深层(似背景值)作为参照系来评价,结果显示相当大的范围发生了不同程度的重金属人为污染[②]。

此外,水土流失面积占山区土地面积的55.45%,草场退化面积占可利用草场面积的53%,滨海和内陆湿地面积萎缩[③]。

尽管土地供应趋紧,但河北省土地开发潜力较大。河北省政府出台了《河北省土地整治规划2011~2020》,对农村建设用地、城镇闲置低效用地和工矿废弃地进行集中整治,逐渐减少农村居民点用地面积,降低单位国内生产总值建设用地,改善矿山土地生态环境,具体目标如表6所示。

表6 土地整治控制目标

规划指标	2015年		2020年		指标属性
	万公顷	万亩	万公顷	万亩	
旱涝保收高标准基本农田建设规模	161.33	2420	266.67	4000	约束性
经整治的基本农田质量提高程度	1个等级				预期性
补充耕地规模	5.34	80	10	150	约束性
农用地整治补充耕地	1.6	24	3	45	预期性
损毁土地复垦补充耕地	0.53	8	1	15	预期性
宜耕后备土地资源开发补充耕地	3.21	48	6	90	预期性
单位国内生产总值建设用地			降低31%		预期性

资料来源:河北省国土资源厅:《河北省土地整治规划2011~2020》,http://www.hebgt.gov.cn/apps/cms/docforward.do? id=13031。

---

① 《河北5年内将治理沙化土地830万亩以改善沙区生态》,中央政府门户网站,2011年6月17日。
② 郭海全:《河北平原表层土壤重金属环境质量及污染评价》,《中国地质》2011年第38期。
③ 《河北省土地利用总体规划(2006~2020年)》,《河北省人民政府办公厅关于印发〈河北省土地利用总体规划(2006~2020年)〉的通知》(冀政办函〔2010〕49号),2010年10月13日。

2. 土地需求分析

随着京津冀都市圈、沿海产业带和冀中南重点开发区建设步伐的加快,土地需求不断加大,土地利用面临城乡建设用地"双向扩张"和耕地保护"双向挤压"的压力。

河北省"十二五"规划制定了五年内GDP年均增速8.5%的发展目标,将形成土地的新增需求,但这一增速目标远低于"十一五"期间的11.7%,因此对土地的需求拉动也会低于"十一五"。据统计,河北省2011年的GDP总量是2006年的2倍,但城市的建成区面积只上涨了20%,这说明经济增长对土地的依赖度在降低,而且产业转型升级和淘汰落后产能政策的实施,会使土地的集约度逐步提高。

新型城镇化是土地需求压力的又一重要来源,它可分为两种形式:一是农村就地城镇化,二是农民进城转为市民。第一种形式将会使农民的宅基地转为商业用地或耕地,会增加土地供应;第二种形式将会对城市的住房、教育、医疗、基础设施产生较大需求,这些设施的扩建会增加建设用地的需求,不过在规范管理的条件下,农民入城后农村空置出的宅基地可转为工商用地,从而抵消了对城市土地的需求。同时目前城市中的住房空置率较大,随着国家房地产调控政策的加强,空置住房将会迅速消化,因此住房建设的新增用地需求不大。2011年河北省的城镇化率为45.6%,2020年城镇化水平将达到57%①。按此测算,城镇化率年均增长1.4个百分点,因此,近期的城镇化压力并不大,城市的土地需求增加不会很快显现。

农产品需求增加也会增加土地需求。河北省的"十二五"规划制定了农产品增产计划,耕地需求的压力增加。不过未来耕地产出效率的提高会抵消耕地需求。据统计,2005~2011年,河北省粮食亩产量由277公斤上升至336公斤,随着未来农业耕种技术的提高,这一上升趋势还会持续②。

总体来看,由于经济增长方式的逐步转变,经济和人口增长对土地的需求逐步由外延增加向集约利用转变,土地总量的扩充压力将逐步下降,但土地管控不可放松,应该严格遵从土地规划,将土地向集约化方向引导和配置。

---

① 《河北省土地利用总体规划(2006~2020年)》,《河北省人民政府办公厅关于印发〈河北省土地利用总体规划(2006~2020年)〉的通知》(冀政办函〔2010〕49号),2010年10月13日。
② 国家统计局:《中国统计年鉴》(2004~2013年),中国统计出版社,2004~2013。

（二）河北省水资源承载力分析

由图3可看出，2005年水资源承载力指数小于1，承载力较强。2006年起指数跨过1，迅速达到2010年和2011年的9.44和6.01，远大于1，这意味着近期河北省水资源危机凸显。虽然2012年承载力指数快速下降至近期最低点，承载力意外提高，但短暂强化难改承载力弱化的长期趋势，水资源危机依然是困扰河北省健康发展的主要障碍。

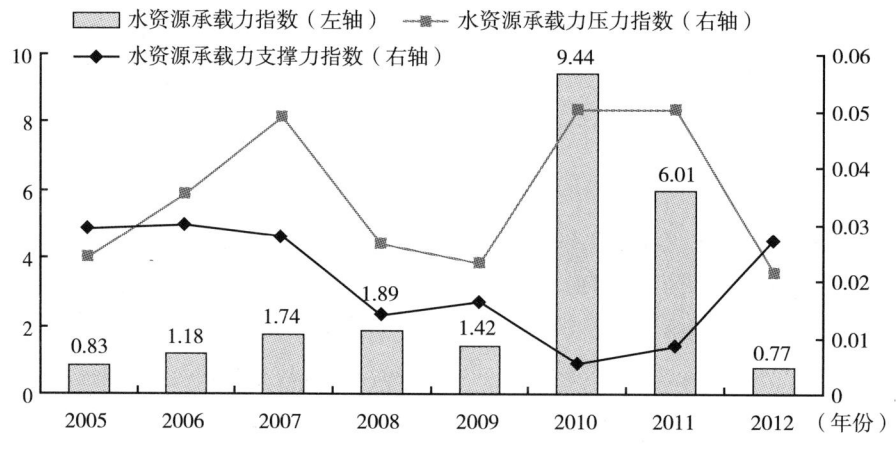

图3　2005~2012年河北省水资源承载力指数

2012年全国人均水资源量是2186.1立方米，河北省人均水资源量为324.2立方米（见表7），不足全国水平的15%[①]。根据联合国标准，人均利用水资源量不足500立方米的地区属于极端缺水区。河北省的严重缺水状况不是短期现象而是长期趋势，如表7所示，2006~2010年的各年中，供水总量均超过水资源总量，呈现常年缺水状态。2012年属例外状况，该年全省平均降水量598.32毫米，比往年平均值多66.5毫米，属偏丰年份，为河北省提供了较多的水资源供应[②]，但缺水趋势难以扭转。由表7还可看出，虽然供水总量

---

① 国家统计局：《中国统计年鉴》（2004~2013年），中国统计出版社，2004~2013。
② 《河北省平原区浅层地下水增加　但仍有一半区域缺水》，《河北日报》2013年3月22日，http://www.gov.cn/gzdt/2013-03/22/content_2359865.htm。

逐步降低，但是缺水局面没有明显改观，水资源不足严重约束了供水能力。这直接引发对地下水资源的超采，河北省共有地下水位降落漏斗25个，其中漏斗面积超过1000平方公里的有7个。7个超过1000平方公里漏斗面积的地区包括保定高蠡清、邢台宁柏隆2个浅层地下水位降落漏斗和沧州市、邯郸市、衡水市、邢台市巨新、唐山市宁河－唐海5个深层地下水位降落漏斗[①]。由表7还可发现，虽然地表水资源量逐年上升，但各年的地表水供水量却低于地表水资源量并逐年下降，这一方面源于地表水污染，难以满足水质要求，另一方面源于输供水设施不足和老化。地表水开发能力不足需要地下水补充，构成地下水超采的另一原因。另外，表7还显示，供水总量中，海水淡化和再生水等非常规水源的比例过低，几乎可以忽略不计，开发多元化水源和水资源的多样化用途是水资源管理的长期任务。

表7 2006~2012年河北省供水总量和水资源总量比较

单位：亿立方米，立方米/人

年份	供水总量	地表水	地下水	其他[a]	水资源总量	地表水	地下水[b]	重复量	人均水资源量
2006	204.0	38.7	164.6	0.7	107.3	42.1	94.3	29.0	156.1
2007	202.5	38.9	163.1	0.5	119.8	39.0	107.2	26.4	173.1
2008	195.1	37.8	156.2	1.1	161.0	62.4	136.3	37.7	231.1
2009	193.7	37.5	154.6	1.6	141.2	47.5	122.7	29.1	201.3
2010	193.7	36.1	156.0	1.6	138.9	56.6	112.9	30.6	195.4
2011	—				157.2	69.8	126.2	38.9	217.7
2012	195.4	41.3	151.3	2.8	235.5	117.8	164.8	47.1	324.2

注：a 指非常规水源：如再生水和海水淡化水源等；
b 指地下水天然补给量。
资料来源：《中国统计年鉴》（2007~2013年）。

由于降雨量各年良莠不均，表8显示出2006~2012年河北省水资源总量和人均水资源量呈现波动变化，但2008年以来（2011年和2012年除外）呈

---

① 《2012年河北省地质环境状况公报》，河北省国土资源厅，http://www.hebgt.gov.cn/index.do?templet=content&id=13808。

下降趋势，并大部分年份小于用水总量和人均用水量，长期缺水趋势明显。面对水资源的严重短缺，河北省大力推行节水措施，工业用水总量逐年下降，水资源利用率开始提高，"十一五"期间，全省万元GDP用水量由214立方米降低到136立方米（2005年可比价，下同），万元工业增加值用水量由77立方米降低到34立方米。与此相反，农业节水效果不佳，如表8所示，农业用水总量有下降趋势但下降不明显，且农田亩均用水量没有明显下降，2000~2012年一直在160立方米附近波动①。表8还显示，与工农业节水效果相比，生活用水和生态用水存在上升趋势，居民的节水意识需要加强。从用水量结构分析，农业灌溉用水量占总用水量的50%~70%，是未来节水的重点领域。

表8 2006~2012年河北省用水总量和水资源量比较

单位：亿立方米，立方米/人

年份	用水总量	农业	工业	生活	生态	人均用水量	水资源总量	人均水资源量
2006	204.0	152.6	26.2	24.1	1.2	296.7	107.3	156.1
2007	202.5	151.6	25.0	23.9	2.0	292.6	119.8	173.1
2008	195.0	143.2	25.2	23.4	3.2	280.0	161.0	231.1
2009	193.7	143.9	23.7	23.4	2.7	276.3	141.2	201.3
2010	193.7	143.8	23.1	24.0	2.9	272.3	138.9	195.3
2011	—	—	—	—	—	—	157.2	217.7
2012	195.3	142.9	25.2	23.4	3.8	268.9	235.5	324.2

资料来源：《中国统计年鉴》（2007~2013年）。

由此可见，河北省水资源供求形势非常严峻，河北省于近期出台了《河北省实行最严格水资源管理制度实施方案》，规定了河北省到2015年用水总量和用水效率的控制目标，即全省用水总量不高于217亿立方米，其中地下水开采总量不高于139亿立方米；万元工业增加值用水量较2011年降低27%（以2000年不变价计），农田灌溉水有效利用系数提高到0.67。依此测算，河北省

---

① 国家统计局：《中国统计年鉴》（2004~2013年），中国统计出版社，2004~2013。

2011年的用水总量是193.7亿立方米,虽然低于2015年的目标值,但相差不大。2011年地下水供水量为156亿立方米,远高于2015年目标值,控制压力很大。2011年河北省的农田灌溉水有效利用系数为0.5左右,与目标值差距较大,农业节水压力较大。

进一步来看,既使该目标如期实现,河北省缺水形势仍很严峻,到2015年,在强化节水和南水北调、引黄等各项开源工程实施后,水资源缺口仍为27亿立方米,仍需超采地下水解决[①]。

(三)河北省环境承载力特征

河北省环境承载力指数波动较大,环境承载力变动不稳定。由图4可见,2008年之前,指数一直在0.3~0.7之间波动,承载力较大。由于金融危机导致工业滑坡,2009年指数降至最低,环境大幅度改善,但指数在2010年和2011年大幅上升,并在2011年跨过1,说明2011年河北省环境承载力大幅下降,预示着环境危机成为河北省经济和社会进一步发展的巨大障碍。

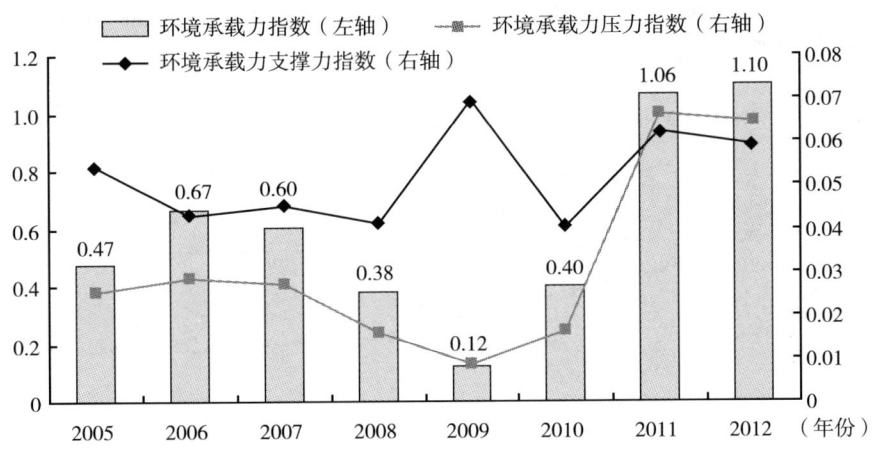

图4 2005~2012年河北省环境承载力指数

---

① 《河北省水利改革发展"十二五"规划》,《河北省人民政府办公厅关于印发〈河北省水利改革发展"十二五"规划〉的通知》(冀政办函〔2011〕29号),2011年10月9日。

1. 河北省大气环境承载力分析

如图5和图6所示，2005～2012年大气环境持续改善，但三种污染物浓度与酸雨频率和强度十分接近控制标准，环境容量十分有限。2012年的情况开始不容乐观。2012年国家提高了大气质量的评价标准，河北省PM10、SO2、NO2排放量部分高于2011年，并部分超过新国标。2013年环境质量依然异常

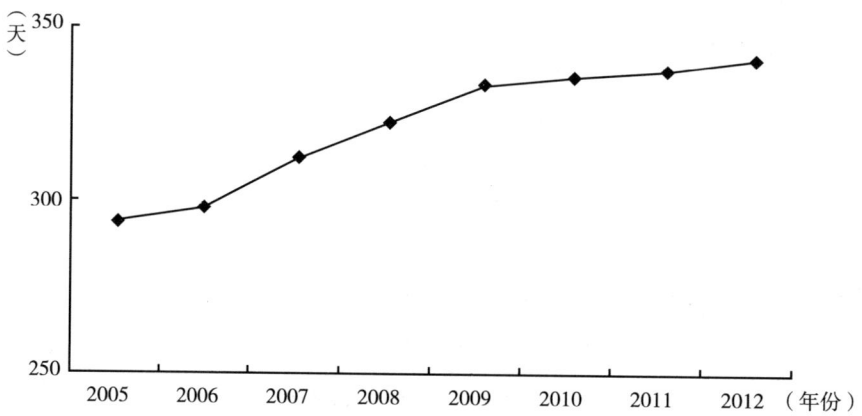

图5　2005～2012年河北省大气质量平均达到或好于Ⅱ级的优良天数

资料来源：河北省环境保护厅：《2012年河北省环境状况公报》，http://www.hb12369.net/hjzlzkgb/。

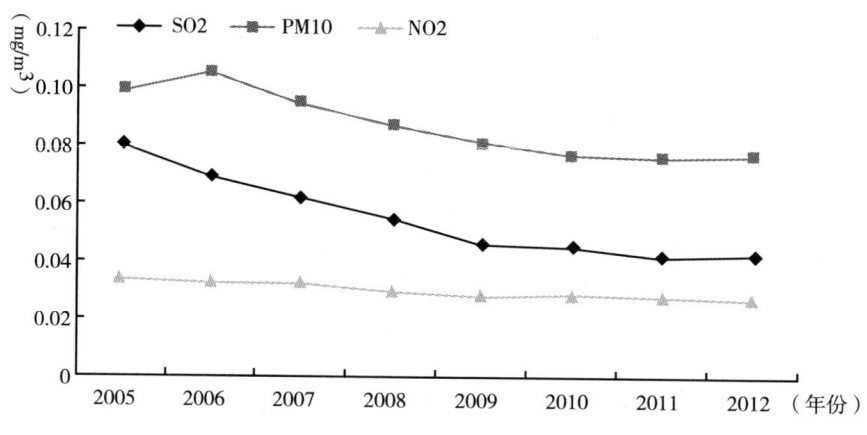

图6　2005～2012年河北省大气污染物浓度变化

资料来源：河北省环境保护厅：《2012年河北省环境状况公报》，http://www.hb12369.net/hjzlzkgb/。

严峻，环保部 2013 年 6 月 19 日发布 5 月份全国 74 个城市的空气质量状况，按照城市空气质量综合指数评价，石家庄、唐山、邢台、邯郸、济南、保定、郑州、北京、衡水和天津的空气质量较差。在 10 个空气质量最差的城市当中，河北占了 6 个①。

河北省大气环境的恶化可以进一步通过如下所述的其大气污染物排放量在全国各省域的排名来印证。如图 7 所示，河北省三类大气污染物排放总量达 400 多万吨，在全国排第一位。

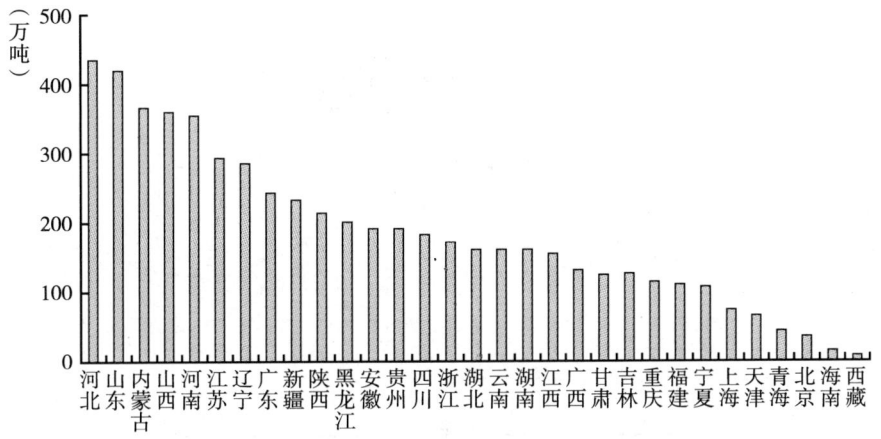

图 7　2012 年各地区 PM10、SO2、NO2 排放加总量

资料来源：《中国统计年鉴 2013》。

《河北省生态环境保护"十二五"规划》制定的"十二五"期末河北省各区市平均达到或优于Ⅱ级的目标天数为 310 天，远低于 2011 年和 2012 年 339 天和 340 天的实际值，预示着未来大气环境恶化的长期趋势。

根据《河北省"十二五"规划》制定的经济增长目标，到 2015 年，河北省 GDP 预期突破 3 万亿元、年均增长 8.5% 左右，人均生产总值比 2000 年翻两番。而引领规划目标的三大产业引擎——钢铁、发电、制药均属于高污染、高能耗行业，必将进一步恶化河北省大气环境，这样留给经济增长的环境容量已十分狭窄。

---

① 国家环保部：《环境保护部发布 5 月份重点区域和 74 个城市空气质量状况》，http://www.zhb.gov.cn/gkml/hbb/qt/201306/t20130619_254018.htm。

2. 河北省水环境承载力分析

（1）地表水水质分析。

大气环境堪忧的同时，水质环境并不乐观，由图8可知，虽然2005～2012年河北省Ⅰ-Ⅲ类水质断面比例总体上升，劣Ⅴ类水质断面比例区域下降，但是2012年劣Ⅴ类水质断面比例高于2011年，水质隐患并未根除。图9比较了全国各流域的水质，河北省全省总面积的91.44%属于海河流域，由图9可见，2012年海河流域的劣Ⅴ类水质比例最高，Ⅰ-Ⅲ类水质比例最低，水质环境堪忧。

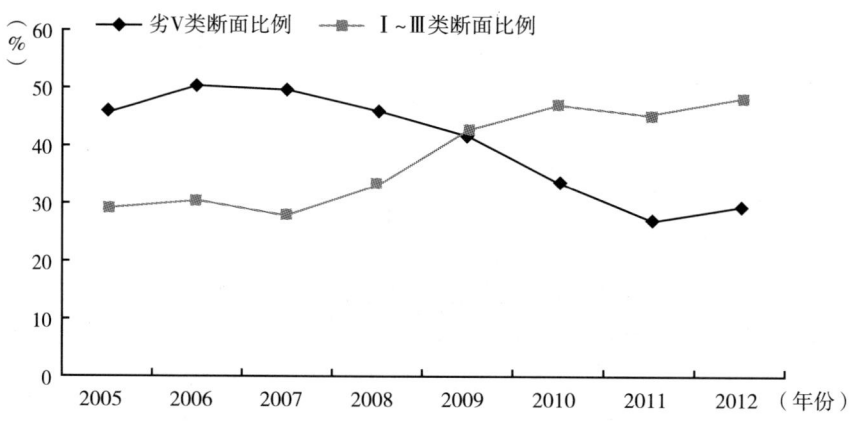

图8 2005～2012年河北省河流水质类别比例变化图

资料来源：河北省环境保护厅：《2012年河北省环境状况公报》，http://www.hb12369.net/hjzlzkgb/。

河北省湖泊水质也不容乐观，白洋淀是河北省境内的最大湖泊，如图10所示，2012年，白洋淀的富营养化水平在全国60个重点湖泊（水库）中属于中度富营养，排第3位，湖泊水质较差。

（2）地下水水质分析。

地下水水质同样令人担忧。2011年，在河北省10个省辖市中有4个地下水水质超标，其中石家庄、邯郸、沧州水质较差是由地质原因造成的。石家庄总硬度超标，超标率为75.8%；邯郸总硬度和溶解性总固体超标，超标率分别为68.4%和31.6%；沧州氟化物超标，超标率为100%；承德氨氮、总硬度

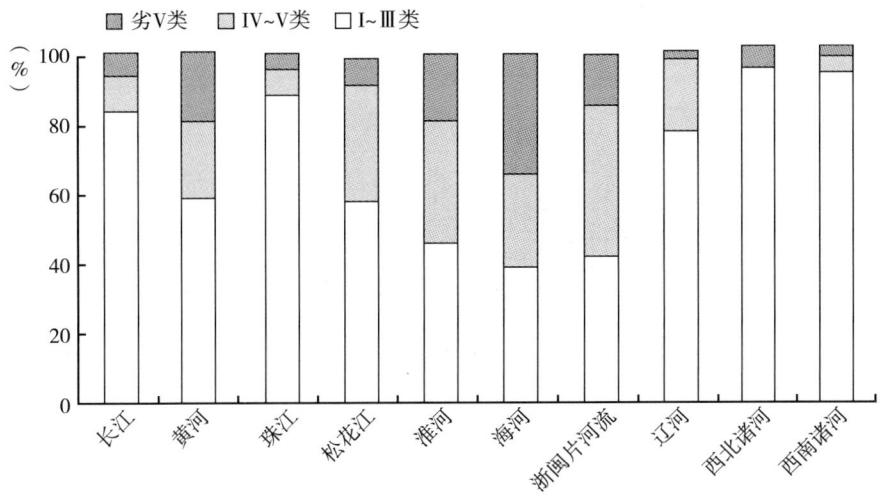

图 9　2012 年十大流域水质比例

资料来源：中华人民共和国环保部：《2012 年中国环境状况公报——淡水环境》，2013 年 6 月，http://jcs.mep.gov.cn/hjzl/zkgb/2012zkgb/201306/t20130606_253418.htm。

和总大肠菌群超标，超标率分别为 22.0%、75.6% 和 29.3%[①]。

该结论被中国地质科学院水文环境地质环境研究所的水文采样结果证实，如表 9 所示，华北平原浅层地下水受污染较为严重，未受污染的地下水仅占采样点的 55.87%，较重污染以上占到了 17.33%；深层地下水污染相对较轻，虽然未受污染的地下水占 87.14%，但中污染程度以上比例达到了 2.45%，形势不容乐观。

表 9　华北平原地下水污染综合评价表

单位：%

	未污染	轻污染	中污染	较重污染	严重污染	极度污染
浅层地下水受污染比例	55.87	20.11	6.68	2.69	2.1	12.54
深层地下水受污染比例	87.14	10.42	1.49	0.48	0.24	0.24

资料来源：张兆吉、费宇红：《华北平原区域地下水污染评价》，《吉林大学学报》（地球科学版）2012 年第 5 期，第 1456～1461 页。

① 河北省环境保护厅：《2011 年河北省环境状况公报》，2012 年 6 月。

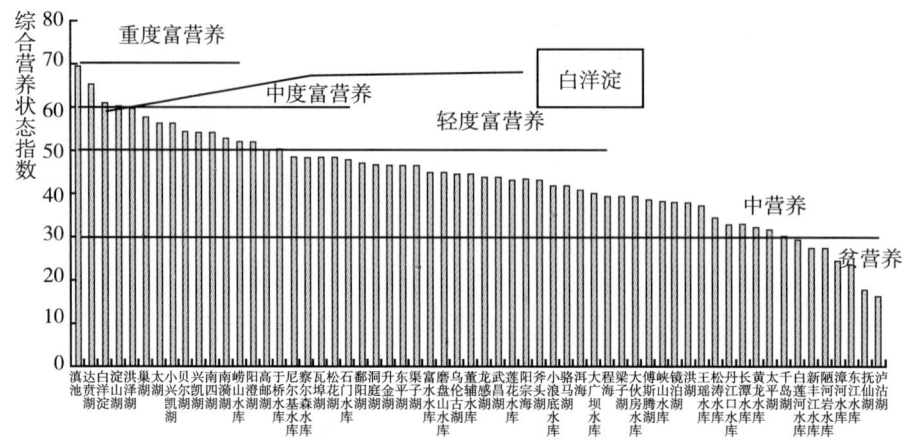

图 10　2012 年我国重点湖泊（水库）富营养化状态

资料来源：中华人民共和国环保部：《2012 年中国环境状况公报》，http：//jcs.mep.gov.cn/hjzl/zkgb/2012zkgb/201306/t20130606_253418.htm。

类似结论也可由图 11 得出，该图列示了河北省的石家庄、唐山、邢台和邯郸地区地下水的重金属和有机物超标严重。

图 11　河北省及周边地区地下水污染状况

资料来源：《四部委：2015 年初步遏制华北地下水水质恶化》，2013 年 5 月 2 日，http：//news.xinhuanet.com/fortune/2013-05/02/c_115604342.htm。

（3）废污水排放情况分析。

图 12 显示，2012 年，河北省废水排放总量在全国 31 个省份中排第 6 位，达 30 亿吨，形势堪忧。

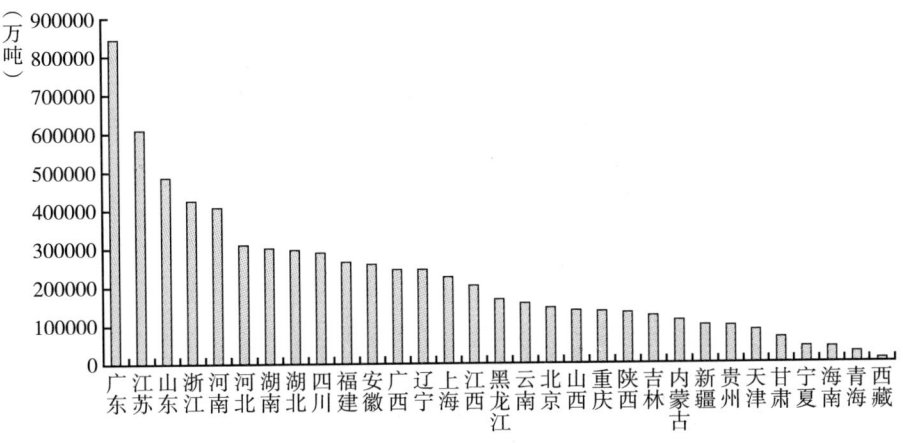

图 12　2012 年各地区废水排放情况

资料来源:《中国统计年鉴 2013》。

(4) 固体废弃物排放情况分析。

固体废弃物是污染水源的另一渠道。表 10 显示了 2012 年京津冀地区的固体物排放情况。河北省工业固体废物产生量远高于京津地区,而且增长速度最快,但工业固体废弃物的综合利用率和城市垃圾无害化处理率远低于京津地区。

表 10　2012 年京津冀三地工业固体排放状况

	河北省	北京市	天津市
工业固体废物产生量(万吨)	45575.83	1104.05	1820.00
"十一五"期间年均产生量上升速度(%)	22.20	-1.60	9.60
每亿元 GDP 工业固体废物产生量(公斤/万元)	1.72	0.06	0.14
综合利用率(%)	38	78	99.8
城市垃圾无害化处理率(%)	81.4	99.1	99.8

资料来源:《中国统计年鉴 2013》。

从全国情况分析,河北省固体废弃物污染非常严重。2012 年,河北省一般工业固体废物在全国 31 个省份中排第一位(见图 13),超过 4 亿吨,综合利用率排倒数第一位(西藏地区除外)(见图 14),这些固体废弃物在自然环境中的长期大量累积不但污染水源、大气和土壤,而且必然危及国家的长期生态安全。

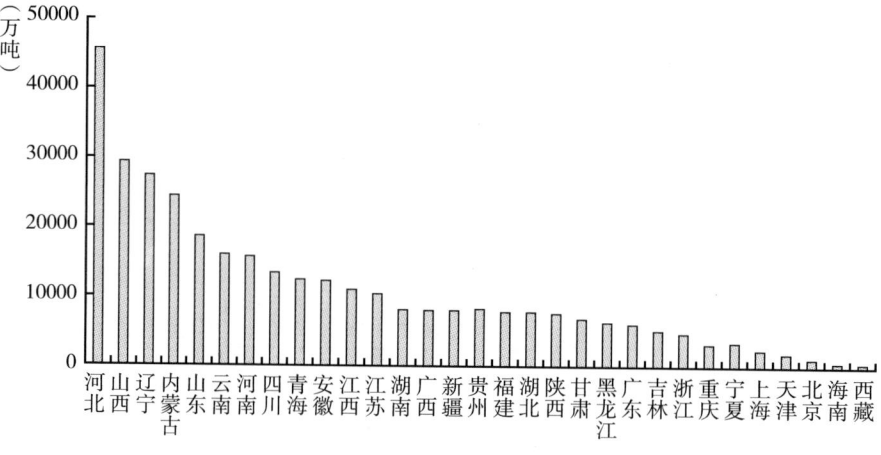

图 13　2012 年各地区工业固体废物排放总量

资料来源：《中国统计年鉴 2013》。

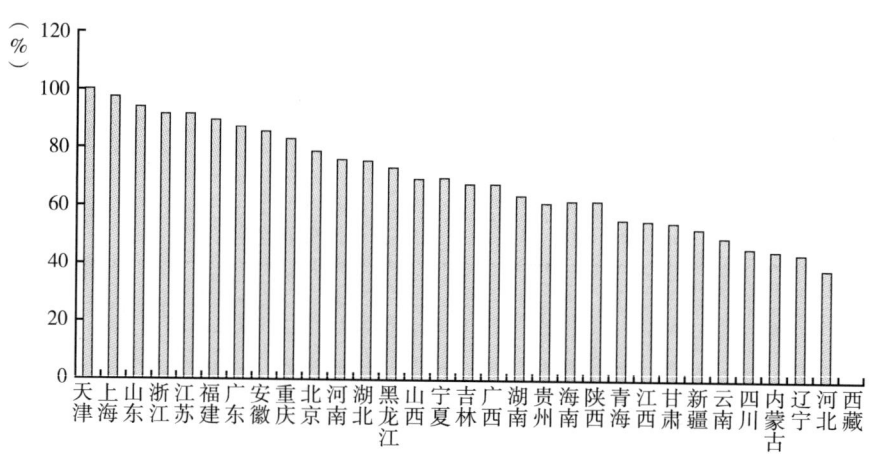

图 14　2012 年各地区工业固体废物综合利用率

资料来源：《中国统计年鉴 2013》。

综合分析，"十二五"期间及较长时间内，由于废水和固体废弃物的过度排放，水环境承载力还会面对严峻考验，如果以钢铁和化工产业为主体的产业结构不能迅速转型，河北省所面临的水质恶化危机将严重制约新型城镇化的建设进程。

（四）河北省交通设施承载力分析

如图 15 所示，近年来，河北省交通设施承载力指数只有两年略微过 1（2010、2011），其他年份一直小于 1，说明交通设施承载力较强，对经济和社会发展的支撑力大。

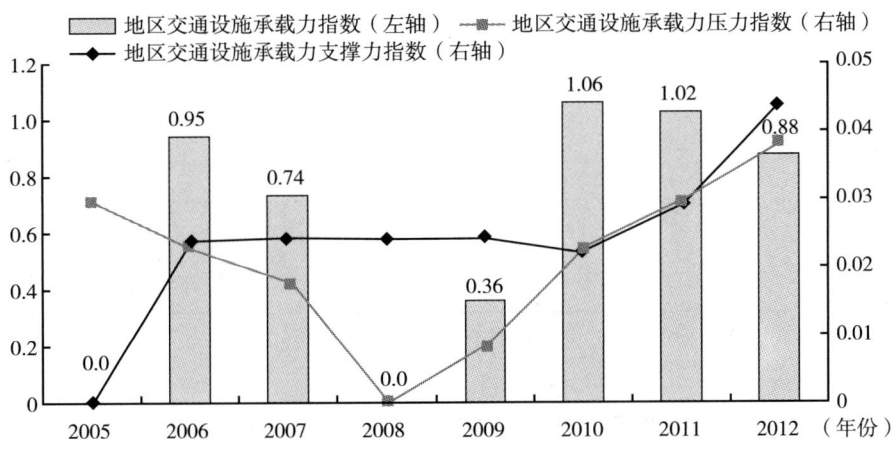

图 15　2005～2012 年河北省交通设施承载力指数

如表 11 所示，河北省公路通车里程增速接近全国平均水平，但铁路营运里程增速低于全国，显示河北省运输投入增速与全国相当，但河北省更注重公路尤其是高速公路的投入。从运输能力比较，如表 12 所示，河北省总运量的增速基本与全国持平，但客运量高于全国，货运量增速与全国相当；铁路运量和公路客运量增长低于全国，港口货运量和民航客运量的运力增长高于全国水平，但由于河北机场的航站楼总面积仅占京津冀机场航站楼总面积的 10%，因此民航虽然增速快，但规模太小，难以倚重。由此来看，港口货运将是河北物流的发展方向。

从运力的需求角度比较，如表 13 所示，河北省单位 GDP 铁路客运量（0.30）、公路客运量（3.76）和民航旅客吞吐量（0.03）均低于全国水平（分别为 0.40、7.0 和 0.07）；而单位 GDP 铁路货运量（0.82）、公路货运量（6.80）和港口货物吞吐量（2.89）均等于或高于全国水平（分别为 0.82、

5.96 和 1.30）。可见，在河北省经济增长对运输的需求与全国水平相当的情况下，对货运需求高于对客运的需求，呈现出以传统产业为主体的结构特征。

表11 2005~2012年运输总里程及平均年增速

单位：公里

		公路通车里程	高速公路	铁路总里程
河北	2005年	75894	2135	4652
	2012年	163045	5069	5630.3
	增速	11.54	13.15	2.76
全国	2005年	1930543	41005	75437.6
	2012年	4237508	96200	97625.5
	增速	11.89	12.96	3.75

资料来源：《中国统计年鉴2006》、《中国统计年鉴2013》。

表12 2004~2012年河北省和全国客货运量增速比较

单位：%

	客运				货运				
	总量	铁路	公路	民航	总量	铁路	公路	民航	港口
河北	11.4	6.8	5.3	58.8	11.3	2.6	12.9	3.8	18.7
全国	10.6	8.6	10.6	16.3	11.3	7.3	11.7	12.4	15.0

资料来源：《中国统计年鉴2005》、《中国统计年鉴2013》。

表13 2012年经济增长对运输需求程度

	单位GDP铁路客运量（人/万元）	单位GDP公路客运量（人/万元）	单位GDP民航旅客吞吐量（人/万元）	单位GDP铁路货运量（吨/万元）	单位GDP公路货运量（吨/万元）	单位GDP港口货物吞吐量（吨/万元）
河北	0.30	3.76	0.03	0.82	6.80	2.89
全国	0.40	7.0	0.07	0.82	5.96	1.30

资料来源：《中国统计年鉴2013》。

总体而言，河北基础设施的供求处于相对平衡状态，当期的承载力较强，但客货运能力结构与客货运需求结构存在错位。"十二五"规划中明确提出了产业转型的目标，经济增长对货运的需求会逐步下降，同时随着消费的激发，旅游业将会迅速增长，客运需求将会上升。从供给角度来看，由于地方政府融资平台负债率的压力，未来基础设施投资增速将会大幅下降。

（五）能源承载力分析

图16显示，2005~2009年，由于三高行业的过度繁殖，能源承载力指数趋于上升，并在2006年跨过荣枯线，最高升至2.54，意味着能源承载力逐步弱化。2009年以来随着节能减排措施的出台和落实，能源承载力指数趋于下降，并于2011年降至1以下，说明能源承载力趋于上升，能源紧张大幅缓解。

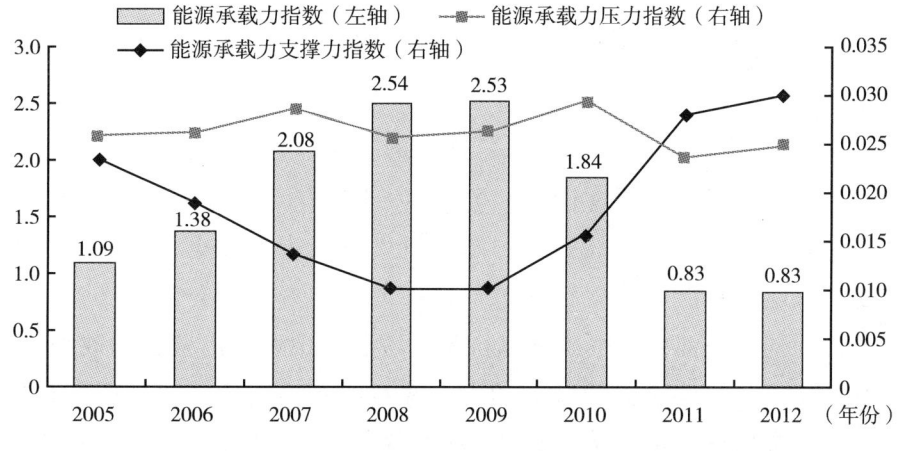

图16 2005~2012年河北省能源承载力指数

由表14可看出，随着经济持续增长，河北省发电量和用电量逐步增加，且用电量始终大于发电量，输入电量逐年增加，电力日趋紧张，即使全年电力供求保持平衡，但电力负荷变化较大，电力平衡个别时段出现缺口。近年来随着节能减排政策的实施，2009~2011年单位GDP能耗由1.64吨标准煤/万元下降到1.3吨标准煤/万元，能耗压力逐步减小，但依然远大于2011年全国平均能耗水平的0.74吨标准煤/万元。能源的过度消耗加剧了能源紧张，这一趋势随着经济的减速开始有所减缓。2012年，河北省全社会用电量同比增长3.2%，比上年度增速回落7.7个百分点，全省发电量增速也回落

12.1个百分点。由于经济减速，尤其是占全社会用电量39.17%的钢铁、建材等行业用电量下滑，出现负增长，导致2012年全省用电仅3078.00亿千瓦时。

表14 近年河北省电力供求状况

单位：亿千瓦时

	2005年	2009年	2010年	2011年	2012年
用电量	1501.92	2343.85	2691.52	2984.00	3078.00
发电量	1338.63	1741.90	1992.57	2298.00	2371.00
输入量	163.29	601.95	698.95	686.00	707.00

资料来源：《2012年全年中国发电量分省市产量数据统计》，中商情报网，http://www.askci.com/news/201303/20/2015292581750.shtml。《中国统计年鉴2012》、《中国统计年鉴2013》。

按照《河北省电力发展"十二五"规划》，"十二五"期间，将新增变电容量2700千伏安，线路3424公里，至"十二五"末，全省发电装机容量达到6565万千瓦，是"十一五"期间的1.85倍，这一期间，由于《规划》中确定的经济增长速度仅为8.5%，因此电力产业对经济增长的支撑作用逐步增强。但是由于河北省电力结构过度依赖火力发电，光伏、水力和生物质、核电等新能源发电比例过低，电力的大力扩容会带来日益增加的环保压力，同时，河北省电煤难以自足，需要从山西、内蒙古和陕西调入，这会受到铁路和公路运力的巨大约束。这些因素将制约河北省电力自给能力的提高，降低电力承载力。总体分析，扩容和经济减速的双重作用将增强河北省电力的经济支撑力度，但需要加强发电脱硫设备的应用和环保监察。

（六）市政设施承载力分析

由图17可见，2006~2012年，市政设施承载力指数趋升，并于2008年后跨过1，最高升至2012年的1.75，说明该项承载力趋于下降，市政设施已难以满足经济社会发展的需求。

河北省基础市政设施服务能力明显不足。表15显示出河北省供热能力高于全国水平，但低于气候与河北相似、年人均GDP水平逊于河北省的山西省，

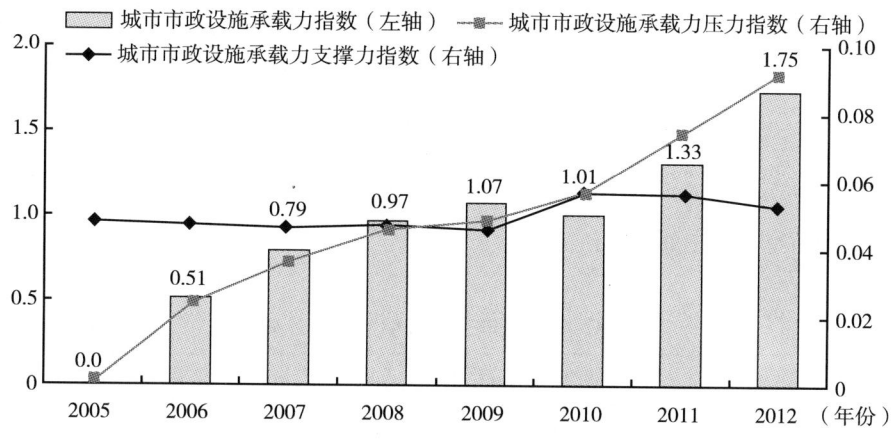

图17　2005～2012年河北省市政设施承载力指数

社会承载力较差。表16表明河北省2012年人均GDP与全国相当,但城市公共交通承载力未达到全国平均水平。表17意味着河北省2012年城市设施不完备,不如全国平均水平,承载力不足。由表18可见,河北省2012年天然气供应能力还未达到全国平均水平。

表15　2012年供热能力比较

	人均供热管道长度（公里/万人）	人均供热面积（平方米/万人）	人均供热总量（万吉焦/万人）
河北省	1.41	61292.54	3.11
山西省	2.00	99850.46	3.89
全　国	1.18	38283.06	2.18

资料来源:《中国统计年鉴2013》。

表16　2012年城市公共交通承载力分析

单位:%

	人均GDP（万元/人）	人均公共交通运营车辆（辆/万人）	人均公共交通运营线路长度（公里/万人）	人均出租汽车数（辆/万人）
河北省	2.66	2.26	2.58	6.74
全　国	3.84	3.19	4.08	7.58

资料来源:《中国统计年鉴2013》。

表17　2012年城市设施承载力比较

	人均城市道路长度（公里/万人）	人均城市道路面积（平方米/人）	人均桥梁数（个/万人）
河北省	1.70	3.90	0.18
全　国	2.42	4.49	0.44

资料来源：《中国统计年鉴2013》。

表18　2012年天然气供应能力比较

	人均天然气管道长度（公里/万人）	人均供气总量（立方米/人）	使用天然气人口比例（%）
河北省	1.40	29.43	13.47
全　国	2.53	58.72	15.66

资料来源：《中国统计年鉴2013》。

随着城市化水平的提高，不断增加的人口会对市政设施带来更大的需求，但城市市政的投资规模由于政府债务的增速而递减，未来河北省市政承载力将呈现下降趋势。

（七）社会承载力分析

社会承载力主要包括教育和医疗承载力。由图18可见，河北省社会承载力指数较为平稳，始终低于1，说明社会承载力较高。但需要注意的是，与全国其他省市相比，河北省教育和医疗水平普遍偏低，指数平稳只是弱平衡，随着民众对社会管理要求的提高和城镇化步伐的加快，社会承载力面临巨大的压力。

由表19可看出，从教育投入角度分析，河北省2012年人力资源投入高于全国，但教育经费投入低于全国水平，总体投入不足预示着教育质量难以达到全国平均水平。表20显示，河北省2012年义务教育入学率与全国基本持平，但随着城市化的加快以及异地高考政策的出台，义务教育将面临前所未有的压力，承载力会逐步下降。

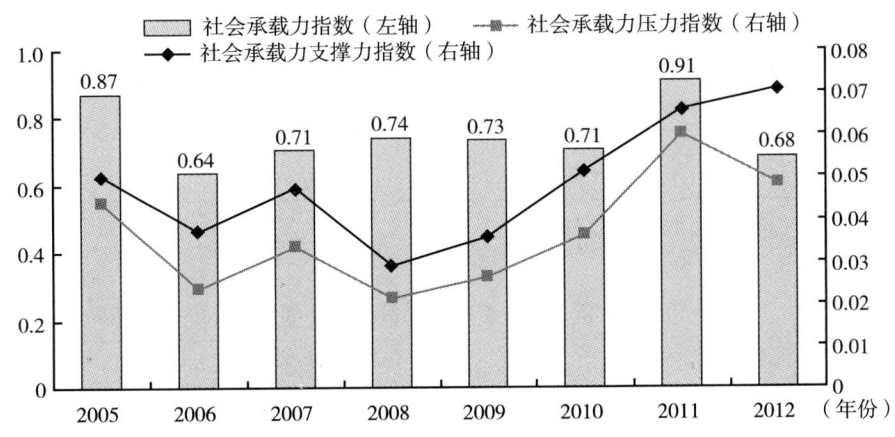

图 18　2005~2012 年河北省社会承载力指数

表 19　2012 年教育投入分析

	基础教育平均师生比(%)	职业和高校师生比(%)	人均财政教育经费(元)
河北省	14.96	18.75	939.16
全　国	15.47	20.86	1372.68

资料来源：《中国统计年鉴 2013》。

表 20　2012 年义务教育入学率比较

单位：%

	小学学龄儿童入学率	小学毕业生升学率	初中毕业生升学率
河北省	99.80	99.97	86.20
全　国	99.90	98.30	88.40

资料来源：《中国统计年鉴 2013》。

从表 21 可看出，河北省 2012 年医疗卫生资源水平与全国平均水平基本相当，但表 22 显示，河北省 2012 年财政支出中的人均财政卫生医疗费用远小于全国平均水平，且城乡医保参保率低于全国平均水平，尽管医保人均筹资额两者相当，但也在一定程度上反映出河北省医疗保障能力不足。考虑到城市化后医疗保障所承受的压力和河北省财政收入增速下降的趋势，河北省医疗服务的承载力将长期下降。

表21 2012年医疗卫生资源分析

	人均医院和卫生院床位数(张/千人)	农业人口人均乡镇卫生院床位数(张/千人)	人均执业(助理)医师数(个/千人)	人均注册护士数(个/千人)
河北省	3.61	1.19	1.96	1.40
全国	3.90	1.24	1.93	1.84

资料来源：《中国统计年鉴2013》。

表22 2012年医疗经费投入分析

	人均财政卫生医疗费用(元/人)	城乡医保参保率	农村新农合人均筹资额(元)	人均城镇医保基金收入(元)
河北省	418.11	91%	232.1	1204
全国	477.20	97%	246.2	1170

资料来源：《中国统计年鉴2013》、《河北经济年鉴2013》。

随着未来城市化的快速发展，农村教育和医疗需求开始向城市教育和医疗资源转移，这会进一步加大城市社会各项事业的压力，导致城乡冲突和城市教育医疗服务的持续短缺，降低社会整体承载力。

（八）小结

综上所述，河北省综合承载力总体不足，各要素承载力面临挑战，除交通设施承载力、土地承载力略具优势外，水资源、环境、能源、市政设施和社会承载力均面临严峻挑战。这一局面由多种原因造成，一是"三高"行业比例过大导致污染严重和能耗过高，压缩了环境容量和水资源、能源供给能力；二是由于河北省环绕京津，造成承载力"虹吸作用"，河北省常常对京津弱体输血，在用电高峰期，河北省经常牺牲自身的需求，向北京输电；三是在河北省极度缺水的条件下，近些年多次利用南水北调中线京石段应急供水工程从岗南、黄壁庄、王快、安格庄4座水库向北京调水①，牺牲沿途用水需求，常年利用引滦入津工程向天津输水；四是由于经济发展相对于京津落后，城市市政设施建设经费、教育和医疗经费的不足导致河北省市政设施落后和社会承载力不强。

---

① 资料来源：新华网，2012年5月9日。

三 提高河北省综合承载力的对策

新型城镇化的核心是人的城市化,是农民的生产和生活方式的城镇化,是城乡基础设施一体化和公共服务均等化,其实现标志是城乡统筹、城乡一体、产城互动、生态宜居。新型城镇化需要产业的成长和公共服务水平的提高,这会对资源、环境、社会服务承载能力提出更高的要求,河北省在未来产业转型过程中,必须充分考虑资源、环境和社会服务承载力现状。

(一)总体思路

坚持政府管控和市场调节相结合原则。从市场化角度,利用价格、竞争等各种市场机制改进各项公共事业管理体制;在运用市场化手段的同时,注重政府行政手段的协调配合,通过政府补贴、税收和投资主导等多种经济手段调节资源、环境和能源的再分配,实现稀缺资源的公平配置。

(二)提高河北省土地承载力的对策建议

新型城镇化不会过度增加土地的需求总量,不会增加土地承载压力,甚至随着产业转型和农村居民点用地的减少还可增加耕地面积。新型城镇化客观上要求土地配置结构的迅速调整,同时保障城镇化建设与农业、生态的和谐平衡。

1. 在充分尊重农村土地产权属性的基础上逐步建立农村土地的市场交易和定价机制

城镇化的本质不是空间(土地)的城镇化而是人口的城镇化,城镇化的核心就是伴随着工业化,农村剩余劳动力向非农业转移,农村人口向城镇人口转变。农民市场化难以绕过的障碍就是农民土地与城市户籍背后较高的城市公共福利如何等价交换。应通过健全农村财产处置市场和价格发现机制,鼓励和支持转移落户到城镇的居民退出农村宅基地和房屋交易,开展土地承包经营权和其他集体经济权益的有偿流转。

2. 改革土地利用规划的制定和调整机制，为新型城镇化保驾护航

土地利用规划需要秉持"提高效率、优化结构、盘活存量、释放空间"的原则，以新型城镇、新型经济和新型生态为目标，坚持加强公众参与、促进公开监督、协调利益均衡。以农业生产工具的机械化、生产技术的科学化、生产组织的产业化和劳动者的知识化为基点，根据未来河北省城镇布局的结构特点，在宏观、中观和微观上科学地对土地进行规划布局。

3. 坚持市场导向原则，加快土地整治，提高土地集约度

复垦整治损毁土地可迅速增加土地供应，但会耗费大量资金，完全的财政包干整治效率太差，应建立多元化的土地整治投融资渠道，吸引更多的社会资金参与，实施土地整治产业化，确立投资者收益保障机制，提高社会资金参与土地复垦的积极性，同时建立土地损毁责任追究机制，按照"谁损毁、谁赔偿、谁复垦"的原则，由生产建设单位或个人负责复垦或承担复垦经费。

（三）提高河北省水资源承载力的对策建议

水资源关系社会生死存亡，河北省属于严重资源性缺水地区，必须建立高效的水资源管理制度，短期内迅速形成水资源合理配置格局，显著提高用水效率和效益，明显改善水环境质量和重点地区水生态状况，有效控制地下水超采，大幅度提升经济社会发展的用水保障能力。为实现上述目标，应认真思考如下建议。

1. 引入市场机制，全面构建河北省水务市场体系

水资源是公共资源，但不是公共产品，不具有消费和使用上的非排他性和非竞争性，属于私人产品。发达国家的水务普遍由私人企业运营，遵循市场机制配置水资源，获得了良好的经济效益和社会效益。河北省水资源管理体制沿用了传统的政府统管体制，体制不活、效率不高。应在水利工程建设、输采水和供水设施运营领域引入民间资本，同时在用水环节全面引入价格机制和水价分级机制，引导企事业和居民自觉节水。

2. 研制和推广水资源开发与利用新技术，迅速提高用水效率

将水资源开发和利用技术研发列入新兴产业目录大力扶植，鼓励引导民间投资进入该领域的研发，提高微咸水、再生水、海水淡化、雨洪资源等非常规水的水质级别,迅速降低其生产、净化和储存成本,通过政府的税费减免和补贴提高非常规水的商业竞争力。政府积极组织研究河北省土壤、地质、农作物种类、气候等种植条件,评估喷灌、滴灌等现代灌溉技术和自动控制技术的适用条件,通过政府补贴和民间投资快速推进对传统灌溉技术的新型化改造,实现农业灌溉的水量计量、灌溉过程和水肥同步的自动控制,大幅降低农业亩产农作物用水量。积极开展使用非常规水进行农业灌溉的现场试验,迅速突破技术和管理瓶颈,提高农业用水效率。在中东部平原地区积极推广地下水咸淡混合灌溉;加大再生水利用力度,其中城市生态用水要优先使用再生水和雨水。

(四)大力推动节能减排,提高能源和环境承载力

1. 推进污染源自动监控能力建设

建立完善重点污染源动态管理数据库,实现对污水处理厂、垃圾填埋场、燃煤电厂、钢铁企业、国省重点污染源及新增重点污染源的监管。推进污染源自动监控体系的建设,以国、省污染源为重点,加强氨氮、氮氧化物等新增主要污染物及重金属污染物的自动检测能力,逐步实现污染治理设施的视频监控和自动采样。完善自动监控系统的"第三方"运营制度,建立现场检查和运行经费保障制度,保证监控过程的规范和公正,充分发挥监控系统的监管作用[①]。

2. 推进污染治理市场化进程

拓宽融资渠道,鼓励污水处理、垃圾处理、污水输送管道和垃圾运输服务等环保基础设施建设采取多种融资形式,实现投资主体多元化、运营主体企业化、运行管理市场化,快速提高污染物处理能力。进一步完善环境税费调节机制,充分利用污染物排放的监控系统计量污染物排放数量,以此为据加快形成反映资源环境成本的价格机制,相应确定排污收费标准,下大力气规范污水处理和垃圾处置的收费制度,努力构建企业自发减排、自发向污水处理厂输送污

---

① 《河北省节能减排"十二五"规划》,《河北省人民政府办公厅关于印发〈河北省节能减排"十二五"规划〉的通知》(冀政办〔2012〕27号),2012年3月27日。

水、自发参与排污权交易等的市场运营机制。

3. 大力促进环保技术研发，建立根除高能耗和环境污染的长效机制

政府制定优惠政策鼓励环保科技创新，特别是在水污染、大气污染、土壤污染、噪声污染、固体废物、农业面源污染以及生态保护、资源循环利用、饮用水安全等领域吸引风险投资公司、环保企业、科研院所组建环保技术开发联盟，努力实现环保技术成果的产学研准确对接，提高市场转化效率。

4. 加大对地质能源勘探和开采技术的扶持力度，迅速增加清洁能源产量

推进煤层气和页岩气勘探技术开发，占据能源技术战略制高点，同时加大对电动汽车、天然气汽车等非常规动力汽车的研制、生产和消费的扶持力度，迅速减少主要城市的生活烟尘排放。

（五）提高基础设施和市政设施承载力的对策建议

1. 积极争取省外行政资源支持，加速各级路网优化

从河北省在全国的地理区位和战略地位分析，河北省是我国交通运输网络的重要枢纽，加快各类路网建设对于优化全国交通网络、推进京津冀一体化、促进京津冀乃至全国经济社会发展具有重要意义。河北省应借助京津冀一体化的发展趋势，积极促成京津冀相关政府部门在铁路和公路规划中的沟通与协作机制的建立，加速公路尤其是高速公路的干线建设，加强京津冀机场与津冀港口建设和运营的业务整合，争取更多的国家政策倾斜。

2. 消除民间资本经营基础设施的体制障碍，拓宽基础设施建设的融资渠道

放宽铁路、高速公路、污水处理厂、公共交通、水、电、热、气等公用设施等对民间资本的准入条件，民营企业充分利用PPP、BOT、BT等项目运营模式参与或主导项目建设和运营。通过适度的建设经费倾斜和税费优惠将社会基建资金集中到县级、乡级和村级公路、电力、水利、桥梁等民生工程，促进基础设施的城乡一体化和均衡化。

完善基础设施建设和运营的招投标机制和民众监督机制，增强招投标过程的透明度，在打破国资垄断的同时防范民资或外资垄断，营造科学合理的竞争机制，实现基础设施运营的主体企业化和运营模式市场化。

（六）提高社会公共服务承载力的对策

新型城镇化既需要地区之间和城乡之间社会公共服务的均等化，又需要社会总体公共服务水平的提高，两者均需要政府、企业和民众进行更多的资源投入，最终依赖经济的快速增长。目前河北省社会公共服务水平不高，同时经济景气度较低，政府财力不足且信用约束逐步硬化。在现有条件下，应充分利用中央政府现行政策，加速微观经济的改革步伐，增加财政资金来源渠道，一是积极争取中央政府的转移支付；二是利用农村土地改革政策，合理布局农村各类土地的流转、抵押、转移的地方性政策措施，增加农民的财产性收入，增强公共服务支出的个人支付能力；三是积极推进省属和市属国有企业的改革，合理规划国有资产的经营领域和重点，加速混合所有制建设，争取更多的国有资产的经营和处置收入补充社保资金。在此基础上，应提高社保资金的使用效率，打破公共服务的市场进入限制，积极吸引社会和个人资金进入医疗、教育领域，降低医疗和教育费用。更重要的是，强化政府的预算管理和社会监督，提高财政支出的收益，将更多的不合理支出向社会保障和公共服务领域转移。

参考文献

［1］刘红：《河北省人均耕地不足1.4亩》，《燕赵都市报》2010年7月21日。

［2］《河北省土地利用总体规划（2006～2020年）》，《河北省人民政府办公厅关于印发〈河北省土地利用总体规划（2006～2020年）〉的通知》（冀政办函〔2010〕49号），2010年10月13日。

［3］《河北5年内将治理沙化土地830万亩以改善沙区生态》，中央政府门户网站，2011年6月17日。

［4］国家统计局：《中国统计年鉴》（2004～2013年），中国统计出版社，2004～2013。

［5］《河北省平原区浅层地下水增加 但仍有一半区域缺水》，《河北日报》2013年3月22日，http://www.gov.cn/gzdt/2013-03/22/content_2359865.htm。

［6］《2012年河北省地质环境状况公报》，河北省国土资源厅，http://www.hebgt.gov.cn/index.do?templet=content&id=13808。

［7］《河北省水利改革发展"十二五"规划》，《河北省人民政府办公厅关于印发〈河

北省水利改革发展"十二五"规划〉的通知》（冀政办函〔2011〕29号），2011年10月9日。

[8] 国家环保部：《环境保护部发布5月份重点区域和74个城市空气质量状况》，http：//www.zhb.gov.cn/gkml/hbb/qt/201306/t20130619_254018.htm。

[9] 河北省环境保护厅：《2011年河北省环境状况公报》，2012年6月。

[10] 河北省工信厅：《河北省城镇化发展"十二五"规划》，http：//www.ii.gov.cn/news/cszz/ghc/zlgh/wsgh/2012/3/12312958327586.html。

[11] 《河北省节能减排"十二五"规划》，《河北省人民政府办公厅关于印发〈河北省节能减排"十二五"规划〉的通知》（冀政办〔2012〕27号），2012年3月27日。

专题报告

Special Reports

京津冀区域统筹发展与河北省新型城镇化

王春艳　裴桂芬*

摘　要： 新型城镇化有别于传统城镇化，它通过农业转移人口市民化、内涵增长的经济发展方式、区域产业分工转移、城市建设融资市场化等方式实现区域统筹发展。京津冀内部城镇化在人口、经济、空间、社会层面均存在不平衡，新型城镇化可以通过户籍、土地、财税等制度改革促进京津冀区域统筹协调发展。在现有条件下，河北省新型城镇化不仅需要自身谋划，更需要编制京津冀区域新型城镇化规划和设立更高层次的区域协调机构。

关键词： 新型城镇化　区域统筹　市民化

---

* 王春艳，河北大学经济学院副教授、博士，研究方向为区域经济；裴桂芬，河北大学学科处处长、教授、博士生导师，研究方向为世界经济。

一 新型城镇化引领京津冀区域统筹发展新格局

新型城镇化和区域统筹发展是全面建成小康社会的关键，以新型城镇化引领区域统筹发展是我国现代化进程的必由之路。党的十八大报告指出，要坚持走中国特色新型城镇化道路，推动工业化和城镇化良性互动，城镇化和农业现代化协调发展，必须以改善需求结构、优化产业结构、促进区域协调发展、推进城镇化为重点，加快经济结构战略性调整。《河北省国民经济和社会发展第十二个五年规划纲要》指出，河北省在"十二五"时期，要"以统筹城乡发展为路径，着力推进新型城镇化建设，力争2015年河北省城镇化率达到54%"。

（一）传统城镇化模式下的区域统筹发展

截至2013年底，我国城镇化水平已达53.73%，总体来看已进入城镇化中期阶段，但是现有的城市和区域发展状况是在传统城镇化模式下发展起来的。传统城镇化模式是以经济发展为中心目标、以外向型工业化为中心动力、以地方政府为主导、以土地为主要内容、以规模扩张为发展方式、以物质资本大量投入为驱动要素的城镇化模式，是典型的外延扩张式城镇化。这种城镇化模式很难实现区域统筹协调发展，甚至会进一步拉大区域差距和城乡差距，原因在于以下几点。

一是传统城镇化与区域发展格局不相匹配。我国东、中、西部地区城镇化发展很不平衡，呈明显的东高西低特征，长三角、珠三角、环渤海三个相对成熟的城市群都分布在东部地区，而中、西部地区城市发育明显不足，这导致了人口长距离大规模流动、资源大跨度调运，极大增加了经济社会运行和发展的成本。

二是传统城镇化与区域发展质量不能相互支撑。在城镇化形态上，一线城市城镇化过度膨胀，中小城市发展不足，城镇发展规模和层次也不能与区域发展互相支持。尽管城市规模在扩大，但中心城区、中心镇辐射带动能力较弱，对区域发展的引领和带动作用有限，反而引发各种大城市病，而且由于城市人口过于集中，出现如房价、就业、交通、治安、贫富分化等社会问题。城镇规模结构不合理，大量人口向行政级别高的大城市聚集，中等城市发展缓慢，小城市功能不完善，小城镇发展分散。如以北京为核心的都市区形成过程中，聚集效应大于扩散效应，对周边人才、资金等形成虹吸效应，造成"灯下黑"现象。

三是传统城镇化与区域发展结构不能相互协调。区域协调发展已成为经济结构调整的重要内容，但农业转移人口市民化进程的滞后直接影响了城镇化的质量。长期以来的区域不平衡和城乡二元结构并没有发生根本改变，而且出现了城市内部"新二元结构"，农村空洞化趋势明显，造成了巨大的经济和社会代价。城镇化与区域经济发展和产业整体布局缺少衔接，区域产业结构布局上易出现盲目性和同质性。承接发达地区的产业转移是中小城镇工业化的途径之一，但很容易重现发达地区城镇化过程中环境污染、资源枯竭、农村土地浪费等问题。

四是传统城镇化与区域发展特色不能相互融合。传统城镇化扩张城市、大搞建设过程中，常常忽视了与各区域优势和特点相结合，也忽视了乡村文化、自然环境、地理优势等本地资源。忽视节约资源和保护环境，城市发展粗放，房地产化倾向严重。城镇规划和建设严重趋同、贪大求洋，不能很好地体现区域特色和优势。

（二）新型城镇化下的区域统筹发展

新型城镇化，是以科学发展观为统领，坚持以人为本和生态文明的理念与原则，工业化、信息化、城镇化、农业现代化"四化同步"，全面提升城镇化质量，实现城乡一体、区域协调发展、集约、智能、绿色、低碳、有中国特色的新型城镇化，新型城镇化是引导区域协调有序发展、实现区域统筹的必经之路。

区域统筹发展本是新型城镇化的应有之义，具体表现为：一是以人为本的城镇化促进农民市民化，通过升学城镇化、就地城镇化、异地城镇化等方式实现人口城镇化，并使其享受与原户籍人口同等的公共服务，逐步破解城市"新二元结构"和城乡"老二元结构"，促使城市内部和城乡区域统筹发展。

二是以内涵增长为主要发展方式的新型城镇化,通过优化国土空间利用,提升现有城镇质量,减缓新城蔓延和扩张,提升城市容量,通过农村居民点撤并,减少农村建设用地规模,以此扭转土地城镇化快于人口城镇化等不良趋势。

三是通过产业升级、产业转移和区域内城市产业分工合作的方式走平滑连续的城镇化道路,追求空间聚集效率的同时实现空间公平,强调大、中、小城市以及小城镇协调发展的城镇集群化道路,以城镇群带动区域统筹发展。

四是新型城镇化通过调整城市行政等级决定公共资源分配的体制以实现不同区域公共服务均等,发挥市场基础作用和政府引导作用,支持行政级别低的中小城镇获得优质资源和更大发展权限,最终缩小不同等级城市间的发展差距。

二 京津冀区域内部城镇化的统筹与协调

(一)京津冀区域内部城镇化协调发展现状

截至 2012 年底,京津冀区域城镇化率达到 58.93%,常住城镇人口达 6346.72 万人,拥有两个直辖市、1 个副省级市、10 个地级市、22 个县级市,初步形成以大城市为中心、中小城市为骨干、小城镇为基础的多层次的城镇体系。京津冀目前的城镇化水平虽然高于全国的平均水平,但城镇化不仅表现为人口向城镇聚集、城镇规模扩大,还表现为由此引起的一系列经济社会变化的过程,其实质是经济结构、社会结构和空间结构的变迁。京津冀区域内部城镇化发展很不均衡,三地无论是人口、经济、空间,还是社会的城镇化都存在较大差别,突出表现为以下几点。

1. 京津二市的高度城镇化与河北一省的低级城镇化之间的明显差距

从人口城镇化水平来看,截至 2012 年底,北京、天津、河北人口城镇化率分别达到 86.20%、81.55%、46.80%(见表 1)。以城镇常住人口标准衡量,北京和天津已达到发达国家城镇化水平,进入质量提升阶段,而河北省城镇化水平仍处于全国平均水平之下,甚至未达到城镇化中期水平,与北京和天津差距明显。国际经验表明,以人口城镇化率来对城市型社会进行阶段划分:城镇化率为51%~60%,是初级城市型社会;城镇化率为61%~75%,是中级城市型社会;城镇化率为76%~90%,是高级城市型社会;城镇化率大于90%,是完全城市型社会。按此标准,北京和天津已是高级城市型社会,而河北省却连初级城市型社会还未达到。

表1 2012年京津冀三地人口城镇化状况

省 市	总人口(万人)	常住城镇人口(万人)	城镇化率(%)
北 京	2069.30	1783.70	86.20
天 津	1413.15	1152.49	81.55
河 北	7287.50	3410.53	46.80

资料来源:京、津、冀三地2012年统计公报。

从经济城镇化来看,在人均GDP、非农产业产值比重、城镇居民人均可支配收入、人均地方财政一般预算内收入四个指标方面,北京和天津均远高于河北省,京津冀三地具体状况如表2所示。

表2 2012年京津冀三地经济城镇化状况

省 市	人均GDP(元)	非农产业产值比重(%)	城镇居民人均可支配收入(元)	人均地方财政一般预算内收入(元)
北 京	87475	99.2	36469	16019.4
天 津	93173	98.7	29626	12454.4
河 北	36584	88.0	20543	2860.0

资料来源:《中国统计年鉴2013》和网络相关数据整理。

人均GDP是反映一个地区城市经济发展水平的重要指标。人均GDP越高,表明该地区城市经济发展水平越高,也就越有能力提升城镇化质量。非农产业产值比重反映了城镇化进程中产业结构升级情况,是衡量工业化和城镇化的重要指标,非农产业的比重提高及其向城镇聚集,将推动城镇化水平和质量的提高。从人均地方财政一般预算内收入来看,财政收入能力的增强有利于各级政府促进产业升级,改善城市品质和公共服务,对新型城镇化中的城镇化质量提升具有积极的作用。表2表明，2012年，京津人均GDP相近，已达到高收入国家水平，而河北相比京津落后较多，只是中等收入国家标准。在非农产业产值比重上，河北和京津并无巨大差距，主要在于河北第二产业产值较大。在城镇居民人均可支配收入和人均地方财政一般预算内收入两项指标上，河北与京津差距明显，人均值上的劣势源于河北仍有庞大的低收入农村人口，且产值的质量不高。

从三地城市建成区面积以及相关指标看，三地的空间城镇化的水平和质量也处于不同档次，如表3所示。

表3　2011年京津冀三地空间城镇化状况

省　市	建成区面积（平方公里）	单位建成区面积GDP（万元/平方公里）	单位面积吸纳人口（人/平方公里）
北　京	1231	130089.8	990.51
天　津	711	147518.5	1103.26
河　北	1218	67467.6	2700.73

资料来源：《中国城市统计年鉴2012》。

建成区面积是衡量城市规模空间扩张的指标，而单位建成区面积GDP则反映了城市空间扩张的效率，河北和京津的建成区面积虽然无明显的差距，但是单位面积产值上差距明显，凸显了河北与京津之间空间城镇化质量上的差异。

社会城镇化相关指标衡量的是随着城镇化水平的提升整个社会结构的变迁，包括农村生活方式向城市生活方式的过渡、乡土文明向城市文明的转变、城乡逐步协调发展以及整个社会保障水平的提高等诸多复杂的过程，因数据所得限制，仅选取其中几个代表性指标对三地社会城镇化状况做比较。

从表4可以看出，在人均财政科技支出、人均财政教育支出和百人公共图书馆藏书三个指标上，北京优势明显，凸显了其在科技、文化、教育方面的核心地位，而河北整体状况与京津差距显著。综上所述，京津冀城镇化不协调主要体现为河北一省与京津二市在人口、经济、空间、社会城镇化方面的明显差距。

表4　2011年京津冀三地社会城镇化状况

省　市	人均财政科技支出(元)	人均财政教育支出(元)	百人公共图书馆藏书(册、件)	千人拥有病床位数(张)
北　京	1503.7	4173.3	410.47	709.7
天　津	723.3	3411.9	161.26	499.9
河　北	103.9	1347.6	76.11	730.3

资料来源：《中国城市统计年鉴2012》。

2. 京津冀区域城镇化仍处于聚集为主的发展阶段，核心城市辐射效应不明显

都市圈是城镇化发展到一定阶段的产物，体现了城市对区域的辐射带动作用，在不同的发展阶段，都市圈对区域经济发展的影响也不同。Friedman（1966）认为，在经济发展初期，聚集效应占主导地位，大量的人、财、物等资源由圈内地区向中心城市聚集，中心城市迅猛发展，一旦中心城市发展到一定程度甚至过度膨胀出现拥挤时，辐射效应便会逐渐发挥作用，逐渐惠及区域内邻近的周边。随着时间推移，周边原有城市规模扩大或者催生新城市，以中心城市为核心的功能相互依存的城市体系就会形成。此外，随着交通运输体系的完善，中心城市周边的地区逐渐摆脱边缘地位，整个都市圈内的城市体系将演变成具有经济效益的经济综合体。目前，京津冀都市圈仍处于从初级阶段向成熟阶段过渡的时期，虽然聚集效应和辐射效应同时发挥作用，但由于京津冀区域的特殊性，当前仍以聚集效应为主。

这种聚集效应最直观的体现是京津冀都市圈现有的城市体系，截至2012年底，京津冀区域内地级市以上城市体系层级结构呈现如下特征：500万以上人口的特大型城市有两个：北京、天津；200万以上人口的大型城市有石家庄、唐山；100万以上人口的城市为保定和邯郸；人口为50万~100万的城市为秦皇岛、廊坊、张家口、承德、沧州、邢台、衡水。从城市人口规模来看，京津冀都市圈的城市层级结构非常不合理。首先，核心城市过度发达，次级中心城市发展明显滞后；其次，中小城市尤其落后，人口数在50万~100万的城市居多，但人口数在100万~200万的城市却极少，仅有保定和邯郸。余静文、王春超（2011）的研究结论也证实了这一点①，即对于京津冀都市圈而言，北京作为中国的首都和整个区域的核心城市，并没有发挥出增长极的作用，即辐射带动整个京津冀区域的经济增长；与此相反，长期以来，北京利用与首都地位相关的政策优势汲取周边地区的资源，一定程度上阻碍了这些区域经济的协调发展。政治因素的考量往往使政府采取有利于北京发展的战略决策，因而，北京作为该区域核心增长极所发挥的辐射带动效应，要远小于北京作为首都对周边地区（尤其是河北）资源的掠夺所产生的负面效应。

3. 京津冀内部城镇化质量处于不同发展阶段

新型城镇化需要全面提升城镇化质量，在京津冀区域内部，城镇化质量明显处于不同档次：中国社科院《中国城镇化质量报告（2013年）》显示，在全国286个样本城市的城镇化质量指数排名中，京津冀三地城市城镇化质量差距非常明显，如表5所示。

表5 2010年京津冀地区各城市城镇化质量指数及排名

城　市	城镇化质量指数	排名
北　京	0.7522	2
天　津	0.6445	11
唐　山	0.5471	50
秦皇岛	0.5395	61
沧　州	0.5168	84
石家庄	0.5068	92
廊　坊	0.4960	111
邢　台	0.4656	167
保　定	0.4591	181
邯　郸	0.4449	206
张家口	0.4296	236
衡　水	0.4248	240
承　德	0.3915	275

资料来源：《中国城镇化质量报告（2013年）》。

---

① 余静文、王春超：《城市圈驱动区域经济增长的内在机制分析——以京津冀、长三角和珠三角城市圈为例》，《经济评论》2011年第1期。

表 5 说明，京津冀城镇化质量排序中，以京津两市独大，分别排第 2 位和第 11 位，河北各城市与二者差距巨大，排在百名以内的只有唐、秦、沧三个沿海城市和省会石家庄，其余 7 个城市均排在百名以外。王德利、赵弘的研究也印证了京津冀三地在城镇化质量发展阶段上的差异①，他们认为整个京津冀的城镇化质量发展处于优化提升阶段，城镇化发展质量最高的为北京市，处于城镇化发展质量后期完善阶段；天津市次之，发展质量稍低于北京市，处于优化提升阶段；而河北省各地级市城镇化发展质量均处于优化提升阶段。

（二）京津冀现有城镇化格局成因分析——一个新经济地理理论视角的解读

京津冀地区无论是在人口、经济、空间、社会维度的城镇化水平还是在城镇化质量上，都呈现出京津核心 - 河北边缘的态势，这种核心 - 边缘发展趋势短期内很难改变，京津冀现有城镇化格局既是长期以来区域发展战略中大城市偏向战略的缩影，也是城乡发展战略中城市偏向战略的缩影。虽然制度因素是导致区域内部分化的一大原因，但经济系统内生的聚集趋势是现有格局的理论成因，现从新经济地理理论视角做一解读。

1. 京津冀都市圈的经济集聚是经济系统的内生聚集

新经济地理学理论表明，即使两个初始条件完全相同的区域，随着广义的运输成本的不断下降并达到一定的阈值后，经济系统的内生力量将导致区域分化，聚集力与分散力的平衡状态将被打破。也就是说，随着运输成本的下降，聚集力和分散力虽然都下降，但分散力比聚集力下降得快，聚集力将逐渐居于主导地位并不断自我增强，导致经济活动不可避免地走向聚集。最先获得初始优势（即使很微弱）的区域将成为聚集中心，成为所谓的核心区，另一个区域则沦为边缘（外围）区。在经济系统内生聚集力的作用下，核心（中心）区与边缘（外围）区之间的差异倾向于不断扩大。实际上，这类核心 - 边缘的结构普遍存在于不同空间层面的区域之间，具体到京津冀区域，京津唐可以

---

① 王德利、赵弘:《首都经济圈城市化质量测度》，《城市问题》2011 年第 12 期。

构成一个核心区，而剩余的河北省其他城市则构成边缘区，若进一步细分，在京津冀区域内部仍可呈现类似的核心–边缘结构。

2. 京津冀都市圈经济聚集的趋势仍将继续

新经济地理理论强调在聚集力与分散力的相互作用下，经济活动的空间分布规律。虽然经济聚集是经济系统的内生趋势，但是实际情况是，产业的跨区转移和经济活动的扩散等现象也是现实存在的，原因在于，当经济活动在特定空间内的聚集达到一定程度以后，对各种要素的竞争加剧将导致土地租金、劳动力成本等迅速上升，这就是拥挤效应导致的不经济。拥挤效应使得分散力大大增强，到一定程度后完全抵消聚集力，在没有新的技术克服这种拥挤效应导致的成本上升的情况下，为降低成本，聚集中心的经济活动或产业的布局会转向某些新的区位，这就是现实中的产业转移或扩散现象。

京津冀都市圈是珠三角和长三角之后区域经济增长的第三极。近年来，尽管北京和天津的中心区区域出现了某些产业向外迁移的迹象，但此类产业转移相当一部分受到了政策的引导或推动，因为地方政府不得不考虑改善城市的人居环境、生态保护等问题。然而无论是与国内还是与国际成熟的都市圈比较，京津冀都市圈作为一个整体区域，其经济聚集的程度、经济活动空间分布的密度都还相当低，远不如国内的珠三角和长三角都市圈，与国际上的东京都市圈、纽约都市圈、伦敦都市圈等更不能同日而语。因此，短期来看，京津冀都市圈经济聚集的趋势仍将继续。

3. 京津冀都市圈的聚集提高了规模经济效益的同时，也使核心–边缘差距扩大

新经济地理学揭示的产业和经济活动之所以聚集的根本原因其实在于聚集租的存在，可以归结为生产和消费的规模经济，聚集能提高总体的经济效益，却也常常导致边缘区与核心区的差距扩大。在京津冀都市圈内部，京津两大城市特别是北京遥遥领先，而其周边的河北却仍处于环京津贫困带中。

那么在无法改变经济系统内生聚集趋势时，对于如何解决区域差距问题，新经济地理理论也给出了答案：不平衡增长与和谐发展，即顺应聚集趋势鼓励经济集中，可以通过大规模转移支付手段实现区域生活水平的趋同。2009年世界发展报告《重塑经济地理》[①]传递了这一重要信息。秉承不平衡增长与和谐发展两大理念，京津冀区域实行新型城镇化战略的两大方向：一是区域内部一体化，二是区域内部转移支付和利益补偿。

（三）新型城镇化实现京津冀区域协调和城乡协调发展的路径

1. 通过农民工市民化破解城乡二元结构的同时实现区域协调

新型城镇化的本质是人口城镇化。在中国，人口城镇化具有深刻的时代背景，是指进城农民工冲破城乡二元制度限制，获得城镇居民的身份和平等权利，融入城镇社会，成为真正意义上的市民的过程，强调的是特殊人群的城镇化。

过去很长一段时期，我国城镇化率的提高，主要表现为农村人口向城镇的空间转移，同时用常住人口计算城镇人口。然而，这其中有很大一部分农民，仅仅是在城镇工作超过半年以上，并不拥有城镇户籍，没有城镇户籍人口的同工同酬同权，也没有买房、子女教育等与城镇户籍挂钩的公共福利。人口城镇化实质上是农村人口彻底变成城镇人口，除部分农村地区变成城镇地区就地实现农村人口转变之外，大多数是人口从农村迁移至城镇，需要市民化的人口。

只有劳动力的非农化和劳动力的空间转移不是真正的城镇化，仅有人口和产业聚集而没有生活质量和人居环境的改善也谈不上高质量的城镇化。京津冀都市圈的现状是：京津两地发展良好，但是并不能带动整个京津冀区域的繁荣，京津的扩散效应没有使河北省受益。经过30多年的发展，京津两地的农村问题基本解决，而河北省的农村问题却仍是薄弱环节，仍有庞大的农村人口需要向城镇转移。河北省在经济、社会、教育、科技等方面都与京津两地存在较大差距，亟待建立一套能够统筹京津冀区域整体协调发展的长效机制。

首先，完善与人口管理制度相衔接的保障体系，打通城乡人口转移通道。新型城镇化要求城乡间人口的彻底转移和对农村转移人口的发展权保障，这取决于城镇社会保障体系的完善程度。户籍作为人口管理的一种手段，在城乡二元结构下，附加了太多的权利和利益。应当建立低门槛、渐进式的人口管理体

---

① Reshaping Economic Geography, World Development Report 2009.

制改革思路，使公民权利的获得方式从原来一步到位的"门槛式"过渡到渐进的"阶梯式"。户籍制度改革最终要实现城乡公共服务的均等化，还需要社保、财税、土地政策等一系列改革配套。此外，户籍制度改革应分期分批实施，重点解决长期举家迁徙和在城镇就业多年、有稳定居住条件的居民，促使他们通过户改在就业地和居住地落户。与此同时，对于没有解决户籍的居民，应先通过缩小公共服务差距解决农民工市民化问题。

其次，突出河北省大中城市吸纳农村劳动力的作用。要按照资源禀赋、发展基础和环境承载能力，建设一批高素质、高品质、功能完善、吸纳能力强的大中城市，提升对农村劳动力的吸纳作用。有观点认为吸引农村剩余劳动力转移最好的地域是县城和建制镇，但是，由于河北省很多县城和建制镇基础设施薄弱、服务水平低下、产业支撑能力不足、吸纳就业能力弱，导致县城和建制镇对本地农村转移劳动力的吸引力并不强，因而，现实情况是河北省很多农村劳动力外迁的主要目标区域仍是本省地级以上城市和京津地区。因此，河北省解决农村转移劳动力市民化的大方向是：着力提升本省大中城市的规模和质量，完善京津冀都市圈城镇体系中的次级中心城市和中等城市。

最后，建立跨区域利益补偿机制。京津冀三方在行政级别上是不对等的，北京作为首都具有很高的行政地位，近年来河北为北京的发展做出巨大贡献的同时，自身利益也蒙受了损失。因此，应该建立跨区域利益补偿机制，补偿为了区域整体利益的提升做出牺牲的地区，从而促进京津冀区域协调发展。

2. 通过区域内土地制度联动配套改革实现区域内部协调发展

土地作为城镇化建设的重要资源，理应在城乡间顺畅流动，以实现资源合理配置，但是土地资源仍然无法跨越城乡界限，实现全面流通，这极大地阻碍了资源的优化配置和房地产及整体经济的发展，而要想打破阻碍土地流通的藩篱，就必须尽早启动土地制度改革，把农村集体用地在土地市场上释放出来。

2011年5月，国土资源部下发了《关于加快推进农村集体土地确权登记发证工作的通知》，河北省可依据通知精神，鼓励地方探索构建城乡统一建设用地市场体系。如，可以先在唐山、石家庄等经济条件较好的市试点农村集体建设用地直接入市，加快实现农村集体建设用地与城镇建设用地在统一的土地市场中"同地、同权、同价"，切实维护农民的土地权益。

3. 北京、天津、河北根据自身的城镇化发展阶段实施差别的新型城镇化战略

北京、天津应大力提升城镇化的质量。北京、天津作为大都市，目前城镇化水平已经达到了较高水平，但城镇化发展仍存在一定程度的不均衡。多年以来，北京、天津的重点投资如教育资源、商业配套等大多集中在城市一定区域，其现代化程度非常高，但是城市其他区域发展较慢；此外，目前尚未达到在周边建设十几个卫星城的目标，存在基础城镇中心区域产业人口的就业转移问题。

北京、天津的膨胀问题集中体现在以下几个方面：人口总量膨胀，人口密度过大；工业运营成本偏高，企业运营环境质量下降；房价节节攀升，城市住房紧张；交通体系不堪重负，交通问题亟待解决；生态环境恶化等，没有充分发挥都市圈的作用以缓解城市中心的压力。因此，北京、天津应根据自身情况，科学有效地缓解交通拥堵，增加就业岗位，改善环境，降低生活成本等，从而建立适合居住的大城市。

河北省的新型城镇化道路，则与京、津两市不同，仍处于城市规模提升阶段。河北省有两个大城市，分别是唐山、石家庄，占河北省总人口的比重为30%；有两个中等城市，分别是邯郸、保定，占河北省总人口的比重为13.4%；小城市的数量为29个，占河北省总人口的比重为15.6%。从以上数字中可以看出河北省存在人口过于集中，大城市数量偏少，中小城市数量多、规模过小的问题。虽然京津冀区域的中小城市规模较小，但多数围绕在超大城市和大城市周边，在承接产业、技术、信息、人口转移方面具有天然优势。因此，要从河北省的实际出发，以制度创新、产业带动为突破口，吸纳更多产业入驻河北省；同时，发展连带产业，扩充产业种类，延伸产业链，从而带动更多人口就业。

4. 促进区域内部一体化和要素充分流动

京津冀区域的协调发展，最终体现在三地的资源合理优化配置，带动整个区域内的生产要素自由跨区域流动。首先要解决的就是交通一体化的问题，从整个区域来看，京津冀地区的交通运输基础较好。在整个范围内，截至2011年底，铁路干线总里程为7265公里，高速公路总里程为6567公里。北京和天津由于特殊的地理位置，处于河北省的腹地，因此，从北京和天津出发的高速公路基本都可以到达河北各地。京津冀三地逐步形成了以北京、天津、石家庄为综合交通枢纽，向周边辐射的交通运输网络：北京连接天津的京沪高速、京津高速以及京沪铁路形成的京津连线；北京连接石家庄的京石高速以及京广铁路形成的京石连线；石家庄连接天津的荣乌高速形成的津石连线；各个城市之间的国道、省道交错形成的连接网络。

然而，整个地区基础较好、设施完善的交通运输网络并不等于地区与地区之间的连接是顺畅的，目前仍然存在许多问题，主要表现在以下几个方面。

（1）区域连接处没能实现完美对接。因为基础设施建设是各个区域自己的规划，因此，在建设过程中，都是以各自的规划为指导，致使在区域和区域之间的边界处，两地的建设差异较大，无法实现真正的对接。如，连接北京和河北省张家口的京藏高速公路经常发生大面积堵车现象。

（2）区域连接线没能实现直接对接。虽然京津冀地区跨区域的多条铁路网络、公路网络形成了交通格局，但是真正意义上连接两个城市的交通线却很少。例如，石家庄到天津虽然有荣乌高速，但需要从其他高速绕到荣乌高速才能到达天津，加大了两个地区之间的交通运输成本。

（3）区域连接网没能实现真正贯通。交通运输网络是可以把整个区域内各个地区都连接在一起的，然而，京津冀地区的交通运输网络虽然已经初步形成，但是没能实现真正的贯通。例如，河北省的南部与北部的连接必须要经过进京高速绕行北京环线，才能通过下一条高速公路到达目的地，如此等等使整个区域无法形成一个联系紧密的有机整体。

目前，北京、天津、河北三地已经签署了《京津冀交通一体化合作备忘录》，旨在推进三地交通项目对接。京津冀共同规划区域内高速建设，能够实现区域连接处完美对接，区域连接线直接对接，区域连接网真正贯通，包括京昆高速、大广高速改扩建，以及承德至滨海新区高速公路前期工作等。

此外，京津冀地区加强公共交通的联系，是建设京津冀交通通道最有效的方式。京津冀各地区都建成了完善的公共交通体系，是城市快速发展的保障。如果能够使三地的公共交通加强联系，实现对接，就可以使人员更快速、更方便地流动，使整个地区的人员流动成为一种常态化，就像在一个区域内活动一样自由。例如，北京已经增加了到涿州的公共交通线路，这使得北京与涿州之间的联系变得更为密切，彼此的往来不再像过去那样需要借助铁路、公路来实现，而只需要一张公交车票，对于两地的人员而言，便捷的公共交通使两地的差异正逐渐缩小。

在一体化过程中，资源的自由流动和有效配置要有制度保障。区域一体化得以实现，是建立在区域协调发展的基础上，对于发展存在不平衡的京津冀地区而言，制度保障是区域一体化实现的关键因素。京津冀区域一体化是需要三个区域共同合作的，然而区域合作很大程度上是受制度的影响。在整个区域，人口分布、产业分布、城市功能以及生态环境等方面存在巨大的差异并且需要进行功能整合，而这些都受到规划制度的制约。京津冀区域一体化过程中，基于在发展的过程中的现状、所面临的问题以及一体化进程的规律，通过制度创新，构建新型制度保障体系，是解决各方面差异、统筹规划的有效途径，其中包括如下几点。

第一，区域人口发展规划。人口普查的资料显示，京津冀地区的人口迁徙是非均衡的。北京、天津是人口流入地，而河北省则为人口流出地。其中，北京的人口聚集效应最强，而且，人口的迁徙主要集中于中心城区。由此可以看出，北京和天津作为两个中心在京津冀区域内具有绝对的优势，聚集效应占主导地位，扩散效应却相对较小。在这种典型的"中心－外围"模式中，聚集效应继续发挥作用，更加强化了中心的聚集作用。因此，劳动力资源从河北不断流入北京、天津，造成了该地区的人口发展不均衡。区域人口发展规划包括：社会福利均等化，即打破行政界线，实现整个区域社会福利的均等，而不是集中于一地；城市功能拓展化，即提升城市对人口的吸纳能力，主要是指相对落后的地区；城市发展战略化，即城市首先要明确与周边城市的差异所在，在实现城镇化的过程中，要明确自己的定位和发展目标，整合差异，合理发展。

第二，区域产业发展规划。京津冀区域内，北京、天津主要是高新技术产

业的集中地，而河北主要是材料制造、电子产品制造等产业的集中地。而在整个区域内，产业的类同现象非常严重，都把主导产业的发展定位于相同或类似的产业，地区与地区之间产业关联度不高，许多都是重复建设。这是不利于区域整体发展的，甚至相互的同业竞争会破坏产业的发展。制度保障的关键就在于统筹规划，把京津冀看成一个整体，合理配置内部资源，通过技术扩散、产业转移等途径增强产业之间的联系，调整产业布局，主要包括：产业规划，即在整个区域内，基于区域分工，统筹生产组织规划；主导产业战略，即合理选择主导产业，在主导产业和配套产业的支撑下，促进产业集群的发展；产业对接协作，即通过中心城市的技术扩散，使产业有序转移，最终实现区域内产业平衡发展；要素流动保障，即对于区域一体化而言，实现生产要素和商品的自由流动，实现区域市场一体化。

第三，区域行政规划调整。行政区域的规划是区域与区域之间的空间边界，而该边界是必须存在的，然而行政区域边界的出现，是阻碍区域经济联系的主要原因。在京津冀区域内，由于区域规划的历史、地缘的特殊性等原因，区域内产业和城市的协调发展面临很大的困难。地区之间的资源流动和人际交往变得比其他地区更加困难，例如河北省的廊坊市被北京和天津分割成为两个地区，彼此的联系就被无形地隔开。因此，如果要实现一体化，就要将行政区域规划淡化，打破行政束缚，实现真正意义的一体化。主要包括：基层地区合作，形成一个较大的行政单位共同发展；区域政府协调，各个区域的政府联合其他区域共谋发展，共同制定制度，协调发展；政府关系发展，打破原有的垂直关系，建立垂直关系和水平关系共同存在的关系网络，上下级之间、同级之间相互合作，统筹规划。

三 京津冀区域统筹背景下的河北省新型城镇化政策建议

虽然新型城镇化战略方向上体现出了区域统筹发展，但由于京津冀区域内部差距巨大，在京津聚集效应的作用下，短期内差距可能会进一步扩大，因而，河北省的新型城镇化应该放到整个京津冀区域新型城镇化的背景下考量。

可以想象，若河北省只囿于自身行政区域内谋划新型城镇化，在京津强大的聚集优势下，仍无法摆脱被外围化的命运。

（一）区域层面的新型城镇化规划与主动对接相结合

过去十年，为了消除"环京津贫困带"，河北省一直在积极对接京津两地求发展，2010年，北京市和河北省签署了《北京市、河北省合作框架协议》，针对此协议，河北省圈定了涿州市、涞水县等13个县（市）区（后来增加为14个）建设环首都绿色经济圈，并为此成立了专门的办公室。但是由于仅是框架协议，京冀之间在此圈内并未有实质性的产业和政策对接，至今，"圈内"各区县在经济上并未因此有很大起色。河北省发布的统计数据显示，2013年1~2月，全省环首都绿色经济圈各县（市、区）规模以上工业增加值高于全省平均水平（12.2%）的只有安次、涿鹿、三河、涿州和香河5县（市、区）。这说明无论是区域合作还是新型城镇化建设，河北省除了主动对接京津以外，最主要的是需要中央政府出台实施跨区域层面的规划，唯有如此，新型城镇化才不会沦为新一轮地区恶性竞争和重复建设。

目前，国家层面的新型城镇化规划即将出台，新型城镇化路径也逐渐明晰，主要涉及户籍制度、土地制度、财税制度三项重大改革。在户籍制度改革方面，将逐步剥离附着在户籍上的诸多福利，着力推动农业转移人口市民化，稳步推进城镇基本公共服务常住人口全覆盖；在土地制度改革方面，将激活土地的金融属性，逐步建立宅基地退出机制，赋予农民更多财产权，一些农民工由于宅基地退出将获得相应的财产性收入，城镇化速度会加快；在财税体制改革方面，将建立事权和支出责任相适应的制度，进一步理顺中央和地方的收入划分，允许地方政府通过发债等多种方式拓宽城镇建设融资渠道，允许社会资本通过特许经营等方式参与城镇基础设施投资和运行，这将有助于解决城镇化过程中的资金难题。

对于河北省来说，新型城镇化中的这三项重大联动改革需要与京津地区跨区域统筹协调才能顺利推进。首先，河北省是整个区域城镇化率最低的，近期农村转移人口市民化的压力较大，但城镇化除了就地城镇化还有异地城镇化，实际上近年来北京净流入的外来人口中，来源地为河北省的人口最多，天津是北京之外河北省人口跨省第二大流出地。这说明，通过户籍制度和土地制度改革，一部分河北农村人口可以转化为京津城市人口，即异地转移；另一部分通过就地转移成为本地城市人口。其次，城镇建设融资渠道拓宽有助于改善城市行政等级决定资源分配的弊端，长期来看，可以使财力相对较弱的河北省各个城镇也有可能提供较好的公共服务和基础设施，以吸引更多产业和农村转移人口。

显然，对于河北省来说，新型城镇化不但需要农业人口就地转移，还需要跨区转移；不但需要谋划自身优势产业，还需要承接京津转移产业，这些都需要打破原有行政界限，改变地区原有利益格局。因此，除了国家层面的新型城镇化规划，出台京津冀区域新型城镇化规划以统筹协调人口跨区域流动、产业跨区域转移、城镇空间跨区域布局是非常必要的。

（二）设立更高层次的京津冀区域协调机构

新型城镇化的实现是一个过程，在整个过程中，可能会出现区域内部差异的进一步拉大，不平衡发展会更加严重。面对这种问题，各个区域自身能够弥补的措施显得相对有限，因为彼此不能指导对方的发展，那么就需要从更高层次上建立一个协调机构，充分调动京津冀三个地区，协调三个地区，最终克服一体化过程中出现的诸多问题，使受损的区域通过转移支付进行利益补偿，完善利益分享机制、利益补偿机制是新型城镇化实现区域统筹需要解决的重要问题。

1. 以利益协调为主要手段引导地方参与

在新型城镇化过程中，要充分发挥中央政府的宏观调控的作用，兼顾各方的利益，在面对问题和争端时，要通过政策的调整来协调各方利益，高层次的协调机构要以宏观的视角来看待区域发展的问题，要避免从任何一方的利益出发，有益于一方，有害于另一方。

2. 以区域利益为主要目标建立补偿机制

区域发展过程中的不平衡以及不同区域的定位差异是使区域内部差距进一步拉大的主要原因。尤其是在一体化进程中，产业的转移、资源的流动、人口的迁移等都会使各个地区的利益发生变化，有的地区会得到其中的优势而促使自身发展，有的地区会因其中的影响而抑制自身发展。因此，在利益的重新分配过程中，就要完善利益补偿机制，实现不同区域利益的公平再分配，实现一体化过程的共赢。利益补偿机制的实现，可以促进利益合理的分配、共享，从而解决区域发展过程中的不平衡和区域差异拉大的问题，保障区域合作长期稳定发展。

3. 以区域合作为主要机制完善跨行政区域合作

新型城镇化中最根本的束缚是行政区域的界限。因此，在区域一体化进程中，要打破行政壁垒，解决规划、分配等问题。地方政府都是以实现自身区域的利益为首要任务，在面临一些问题时，往往局限于保护自身利益。

4. 以区域发展稳定为主要目的推进沟通机制

区域合作的长期发展、稳定发展才是区域一体化实现的前提。要实现这样的发展，就需要建立有效的沟通机制，在面对发展过程中的问题时，能够定期或不定期地沟通商讨并及时解决。高层次的协调机构就是要建立一套多层次、有效联系上下级的沟通协调机制，提供沟通的环境。这种沟通不仅局限于行政方面，还应包含于经济发展、区域合作的方方面面，例如，政府企业共同研讨、行业合作研讨等形式。通过建立沟通协调机制，保障各层次沟通的通畅，才能有效解决一体化进程中的问题，使利益分配合理进行。

参考文献

［1］余静文、王春超：《城市圈驱动区域经济增长的内在机制分析——以京津冀、长三角和珠三角城市圈为例》，《经济评论》2011年第1期。

［2］王德利、赵弘：《首都经济圈城市化质量测度》，《城市问题》2011年第12期。

［3］Reshaping Economic Geography, World Development Report, 2009.

［4］倪鹏飞：《新型城镇化的基本模式、具体路径与推进对策》，《江海学刊》2013年第1期。

［5］吴福象、沈浩平：《新型城镇化、基础设施空间溢出与地区产业结构升级——基于长三角城市群16个核心城市的实证分析》，《财经科学》2013年第7期。

［6］吴庆玲：《对京津冀区域城市体系规模结构优化的思考》，《经济研究参考》2012年第47期。

［7］殷广卫、邹璇：《新经济地理学理论对京津冀都市圈发展的几点启示》，《西南民族大学学报》（人文社科版）2011年第4期。

B.9
河北省新型城镇化的典型案例比较与分析

杨君 魏进平 刘沙*

摘　要： 新型城镇化的推进是一项综合系统工程，它将经历较长的发展历程。其发展路径和模式选择也是多样性的。各市区、县镇都要从实际出发，选择适合当地发展定位和符合农民发展意愿的模式。从这个意义上，本部分选取的五个地区都能够明确发展定位，选择符合本地区发展情况的新型城镇化之路。这些县市的做法和经验，是值得肯定的，也有助于我们从中获得有益的借鉴和启示。

关键词： 新型城镇化　典型案例　比较研究

本部分选取了五个地区作为河北省新型城镇化发展典型案例的代表。这五个地区分别为位于石家庄市东部的藁城市，位于廊坊市的固安县与文安县，位于唐山市东北部的迁安市，位于沧州市最西端的肃宁县。这五个地区打破常规思路，从不同的方面切入新型城镇化，走出独具魅力的新型城镇化之路。

藁城市以"三化联动+城乡统筹"为发展路径，推进城乡一体化发展；固安县善于发掘自己的黄金区位优势，承接京津地区的产业转移，以"产城融合+创新驱动+幸福新城"为特点，建立产业新城，逐步实现产城融合；迁安市以前作为资源型城市建设发展，现今以创建文明生态城市为指导，打造"绿

---

* 杨君，河北省社会科学院助理研究员，研究方向为区域经济；魏进平，河北工业大学研究员，研究方向为区域经济；刘沙，河北工业大学经济管理学院硕士研究生，研究方向为产业组织。

色产业+生态宜居"城市,成功实现了城市转型发展;肃宁县打破思维瓶颈,将分散的农民组织起来,创新社会管理体制,实行四个全覆盖,以"机制创新+和谐新农村"为特点,成功解决威胁农村和谐稳定的基层农村社会管理问题;文安县依托发达的民营经济所形成的雄厚的经济实力,以健全的基层民主建设为桥梁,以丰富的文化建设为动力,以安定的社会秩序为保障,推行社会和谐的新型城镇化建设。这五个地区的发展基础各不相同,发展思路迥异,但最终都是以人民生活幸福为出发点,成功走出了一条独具魅力的城乡统筹的和谐发展之路。

一 藁城市:三化联动,推进城乡一体化

藁城市位于河北省西南部、省会石家庄市东部。全市辖14个乡镇,239个行政村,3个省级开发区,总人口为79.8万人,市域面积为813平方公里。作为石家庄市唯一的省级统筹城乡发展试点县(市),藁城市坚持省会先进制造业中心、新兴休闲度假区以及国家现代农业示范区的"三大定位",积极推进新型工业化、农业现代化、农村城镇化"三化联动"发展(见图1),经济文化各项社会事业都取得了丰硕成果,如宫灯博物馆被确定为省级文化产业示

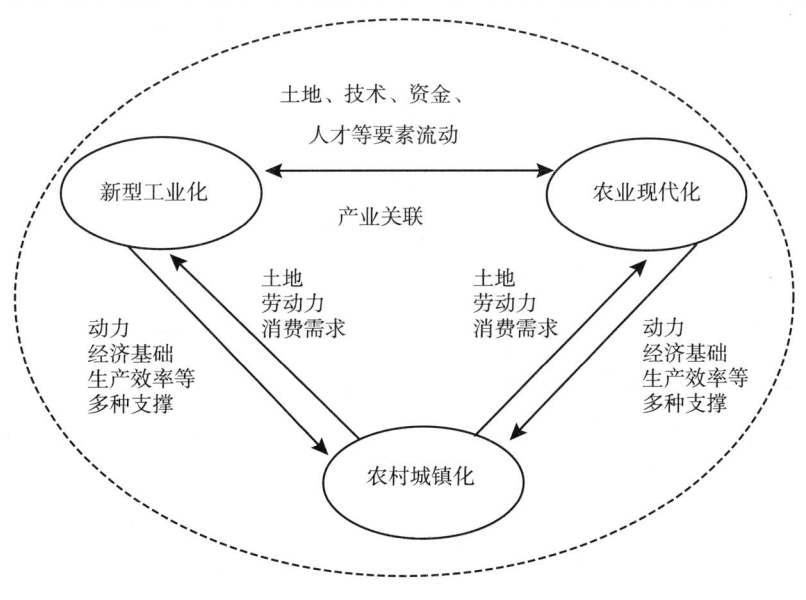

图 1 三化联动模式框架

范基地，华药工业园被确定为工业旅游示范点，并相继荣获"全国粮食生产先进市""全国科技进步先进市""全国绿色能源示范市""全国文化先进市""河北省双拥模范城""河北省园林城"等荣誉称号。藁城市以推进城乡一体化为导向，全力做强做大产业，加快产业转型升级，竭力做优做好农业，促进农业现代化发展不断加快，着力做细做实民生，和谐化推进不断加快，以"三化联动"为途径，实现经济社会的全面协调可持续发展。

2012年，全市全年粮食总产量为56.6万吨，连续七次荣获"全国粮食生产先进县"称号；全市完成地区生产总值475.3亿元，同比增长10.5%；全部财政收入达到100.5亿元，成为全省第一个突破百亿元的县（市）；公共财政预算收入完成17.3亿元，同比增长24.4%；全年完成固定资产投资218.2亿元，同比增长22%①。

（一）打造现代农业示范基地，推进城乡一体化进程

藁城市是传统的农业大县，县域面积为836平方千米（折合为125.4万亩），其中有80多万亩的耕地，素有"冀中明珠""河北粮仓"之美誉。作为第一批国家现代农业示范区，藁城市全力创建"国家现代农业示范区"，着力打造集产业化、规模化、生产旅游观光于一体的现代农业体系。其农业综合生产能力位居全国前列，多次在石家庄市农发工作年度考核中名列前茅，荣获"河北省农业综合开发红旗县"、"河北省农业综合开发优胜红旗县"和"河北省农业综合开发土地治理项目示范县"等多项荣誉，成功实现农民的增产增收（见图2），农业现代化实现良好开局。

1. 发展产业链条，促进农业产业化生产

藁城市按照"工业化与农业现代化相辅相成"的思路，在发展工业的过程当中不断增强农业的综合竞争力，实施农业产业化发展战略。藁城市以两方面为突破口，实现农业产业化发展。一是通过农产品精深加工带动农业发展。如藁城市的宫面加工，通过技术突破，大幅提高专用小麦产量，促使全市食品加工业迅速成长，形成面粉、宫面、面包于一体的食品加工链条，进一步促进农业生产。二是推广新型高效技术。藁城市以建立高标准的农业科技产业园区

---

① 藁城市第六届人大二次会议：《藁城市人民政府工作报告》，2013年3月25日。

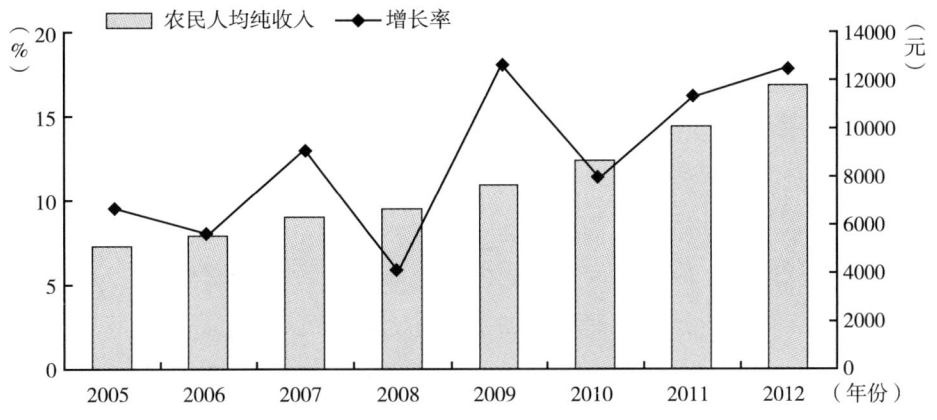

图 2 藁城市农村居民人均年收入增长率

资料来源：国家公布数据整理可得。

为着力点，加大对新作物品种的引进力度，以试验、示范为突破口，提升新型高效品种的栽种面积，全力推广高新技术。例如藁城市通过实行果树高头嫁接的技术改造，实现品种更新、价值提升；推行日光温室蔬菜种植等技术以提高生产效率和生产质量。2010 年藁城市被列为全国农产品加工示范基地、国家绿色能源示范县和河北省蔬菜产业示范县。

2. 调整农业结构，实现蔬菜规模化生产

藁城市积极引导农民进行农业结构调整，坚持把蔬菜种植作为调结构、促增收的主攻方向，通过引入"中国华北地区集约化农业的环境战略"技术合作项目，解决了由化肥农药等农用化学物质造成的农业污染、农产品质量下降问题，促使特色蔬菜、设施蔬菜、无公害蔬菜和出口蔬菜种植迅猛发展，同时整合资金重点扶持生产基地、专业村和示范园区建设。目前，藁城市已选定西辛庄、杜村、双庙等 10 个蔬菜规模化生产村作为目标，计划在每个示范村创建一个蔬菜生产标准园，通过引入现代化的蔬菜设施，以规模化种植、标准化管理、绿色化生产、产业化经营实现蔬菜销售的商品化、品牌化。

3. 发展生态农业，实现生产休闲一体化

藁城市的农业生态园在提供安全产品的基础上，更多地发展农事体验、休闲观光、特色餐饮、科技展示等功能化服务，着力打造集生产、休闲、科技于一体的现代化农业产业观光园。如位于藁城市岗上镇的现代农业产业园区就是现代都市农业的样板。观光园规划8500亩,包括起步区、核心区以及扩展区三期工程,着力打造AAAA级农业旅游景区。目前,起步区的四季花园、四季果园、四季菜园、四季瓜园和生态餐厅已经投入运营;核心区正在建设当中,以"五区一中心"为建设重点,即以建设休闲农业为中心,围绕建设乡村度假区、观光农业区、采摘农业区、体验农业区、综合服务区五大功能区;拓展区尚在规划中,以建设园林景观休闲服务区、乡村生态休闲区、绿色蔬菜和养殖示范区以及果蔬保鲜储藏与加工配送区等项目为核心。

(二)实现产业转型升级,打造新型工业化

我国的三次产业结构从最初的"二一三"转变为现在的"二三一",工业发展一直占据主导地位。藁城市一直把工业作为支撑县域经济发展的重要力量,全市依托"三区八园"的空间布局,充分发挥园区的辐射效应和产业聚集效应,培育主导产业,着力提升县域经济竞争力(见图3)。

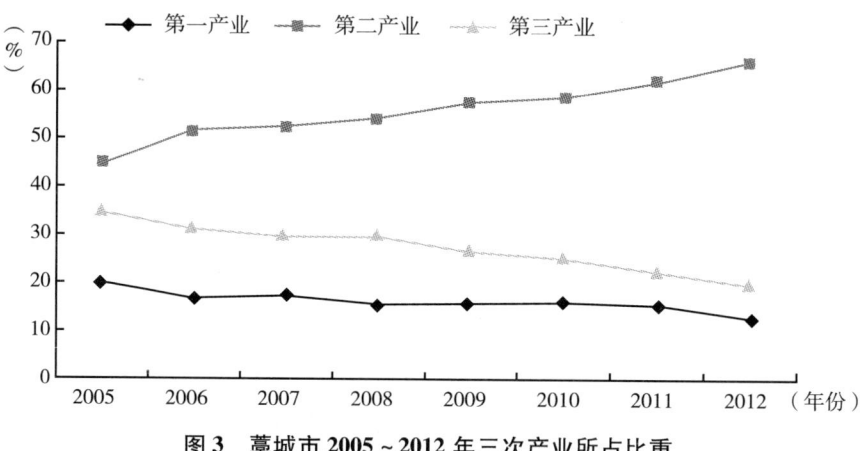

图3 藁城市2005~2012年三次产业所占比重

资料来源:《河北经济年鉴》(2006~2013年)。

1. 优化发展环境,增强招商引资竞争力

藁城市紧紧抓住"环境"这一招商竞争力,着力改善经济发展环境,逐步将硬环境做"优"、软环境做"硬",打造最具吸引力的投资圣地。

硬环境体现着一个地区的承载力和发展潜力,藁城市按照"省会先进制造业中心"的产业定位,紧紧抓住省会支持工业园区发展的政策机遇,坚持

"用地向园区倾斜、项目向园区集中、要素向园区聚集",在此基础上做优基础设施建设,提升园区综合承载能力;在软环境建设上,藁城市简化工作流程、强化工作问责、转变工作作风、提高办事效率,为进区项目提供便捷高效的服务,倾力将服务"软环境"打造成发展"硬支撑"。

藁城市已连续两次荣获"浙商投资(中国)最佳城市"称号,以及2012年度"中国最具投资潜力中小城市百强县""中国最具区域带动力中小城市百强县"两项殊荣。

2. 打造工业园区,提升产业发展支撑力

藁城市把园区作为经济发展的窗口,通过加强园区建设,打造高端平台来引进外域资金。藁城市以建造"全省先进工业聚集区"为目标,规划建设了藁城市经济开发区、化工基地、藁城新区三个省级产业聚集区。2012年10月13日,藁城经济开发区正式获得国务院批复,成功晋升为国家级开发区。全市依托三大经济开发区和八个乡镇园区的空间布局,充分发挥园区辐射带动能力和产业聚集效应,明确园区功能定位,培育主导产业,努力打造各具特色的产业集群区。全市全年引进域外资金85亿元,实际利用外资1.29亿美元,投资规模、项目个数、年度投资计划均位居省会各县市第一。

3. 促进产业转型,塑造经济发展持久力

藁城市为加快产业升级的步伐,以发展低碳循环经济为思路,形成节约能源、保护环境的发展新方式。藁城市深入开展"20+20""企业对标""院企合作"行动计划,引导企业对接高端,依托研发中心、技术创新平台,加快推进生物医药、循环化工、装备制造、轻工食品等主导产业向低碳环保转型。在此基础上,着力引进生态农业、旅游开发、新型科技等环保型项目,坚决将"三高"企业拒之门外,促进"绿色项目"落地生根。四方通信、河冶科技等电子信息、新材料战略型新兴产业,以及医药物流园、国御温泉等现代新兴产业,逐渐成为该市经济发展的新引擎。

(三)打造"幸福乡村",着力推进农村城镇化进程

近年来,藁城市通过推进社会服务向农村全覆盖,改善人居环境,着力解决失地农民的再就业问题,全力推进民生工程,打造幸福乡村,城镇化水平得到快速提升(见图4)。

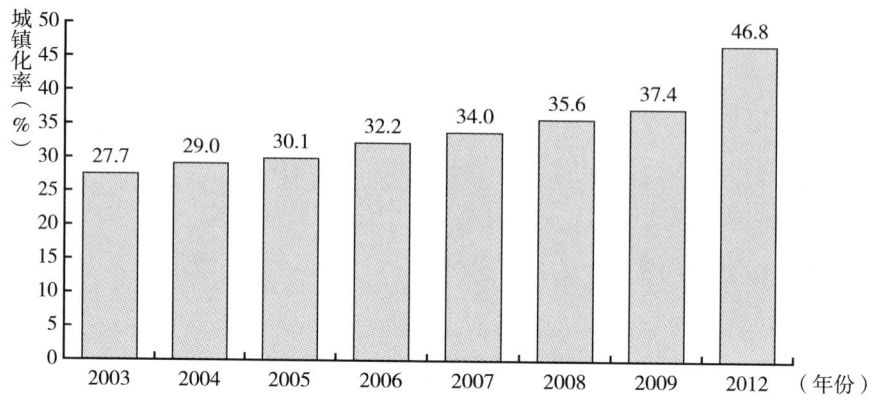

图 4　2003～2012 年藁城市城镇化率（2010、2011 年除外）

资料来源：作者整理得到。

1. 覆盖全面的社会服务

藁城市按照"幸福乡村"的总体部署，着力推进新民居建设。目前，台西、故城新民居主体项目已经完工，只照村被确定为全省新民居优秀示范村，岗上、北席等 13 个村被列为河北省幸福乡村计划示范点①。以新民居为载体，推动公共财政向农村倾斜，进而促进社会保障、文化教育、医疗卫生等公共服务融入农民日常生活。自医改启动后，藁城市将门诊统筹纳入了新农合信息管理平台，在石家庄市率先实现了市、县、乡、村四级联网运行。截至 2012 年 3 月，该市已经为 72.7 万人建立了居民健康档案，建档数达到了总人口的 94.07%，电子档案的录入率达到 61.22%②。作为国家第二批新型养老保险试点县，藁城市新农合参合率、城乡居民养老保险参保率、城镇居民医保参保率分别达到 96%、98% 和 90%；工业路幼儿园、藁城市幼儿园、兴安幼儿园新改建工程主体完工，南董、增村幼儿园建设进展顺利，总投资 3416 万元的 30 个校安工程也在紧张施工。

2. 创造稳定的就业机制

藁城市提出"每户至少一人稳定就业"工程。按照"宜工则工，宜商则商，宜农则农，宜菜则菜"的工作思路，根据农业上"东果、西菜、南粮、北畜"

---

① 边利伟、龚建昌：《盯准发展重点实现"局部突破"》，《石家庄日报》2013 年 2 月 8 日。
② 《藁城市新农合四级联网　居民健康档案建档率 94%》，长城网，http://report.hebei.com.cn/system/2012/03/28/011793010.shtml。

的功能布局,工业上"三区八园"的区域格局,不固定就业模式,开设蔬菜种植、面点加工、果品冷藏等专业供村民灵活选择,全年新增就业岗位5160个,被确定为"全国新型职业农民培训试点县(市)",城镇居民可支配收入和农民人均纯收入分别达到22230元和11800元,同比分别增长13%和18%。

3. 打造美丽的人居环境

藁城市以为民惠民为宗旨,将农村环境卫生综合整治工作作为城乡统筹的新载体,集中开展好清垃圾、清杂物、清残垣断壁和路障、清庭院的"四清"工作;绿化、美化、亮化、净化的"四化"工作,抓点示范、以点带面,全面提升农村环境卫生综合水平的工作思路,努力营造村容整洁、环境优美、文明有序、和谐宜居的农村环境。截至2012年底,该市239个村共清理垃圾20.4万立方米,植树22.4万株,安装路灯15000余盏,粉刷墙面111万平方米[①]。

图5和图6是藁城市良村工业园区和岗上镇岗上社区。

图5 藁城市良村工业园区

资料来源:http://sjz.house.sina.com.cn/news/2013 - 07 - 03/18072285243.shtml。

---

① 《藁城市全民行动共建美丽乡村幸福家园》,燕赵都市网,http://sjz.yzdsb.com.cn/system/2013/01/11/012301601.shtml。

图 6　藁城市岗上镇岗上社区

资料来源：http：//www.rural-community.com：8083/nsgx/nsguanli/dangqianyijiarudeshequ/hebeisheng/2011-04-30/5181.html。

二　固安县：建造产业新城，实现产城融合

河北省固安县隶属廊坊市，面积为 697 平方公里，辖 9 个乡镇、419 个行政村，总人口约为 44 万人，与北京、保定、天津三市接壤，与北京市大兴区仅隔一条永定河。固安县利用其黄金区位优势，承接首都产业转移，以"未来城市"为理念，建立集产业发展、科技研发、生活居住、配套服务等多功能于一体的产业新城，探索产业发展与城市融合的新路径，有利于中国乃至全球的产城融合发展。

经过十年的建设，作为产城融合发展的平台——固安工业园区的发展取得飞速进步（见图 7）。截至 2012 年底，固安工业园区累计完成地区生产总值 202.9 亿元，年均增速 81.7%；累计实现财政收入 21.6 亿元，年均增速 92.6%；累计完成固定资产投资 448.3 亿元，年均增速 40.5%；累计实现工

业总产值298.8亿元,年均增速90.8%①。固安工业园区相继获得"跨国公司最佳投资开发区""中国十大最具投资价值工业园区""中国最具投资价值十大环保园区""最佳通信产业基地""河北省高新技术区域特色产业基地""河北省发展速度最快园区""最具投资潜力省级十强开发区"等荣誉称号②。固安县在中国加快转变经济发展方式的大背景下,探索的是城镇建设与产业发展融合的新型城镇化,其核心是以产业发展为先导,带动城市各项服务功能进一步完善,形成生产、生活、生态融为一体的新城市形态——"产业新城"。

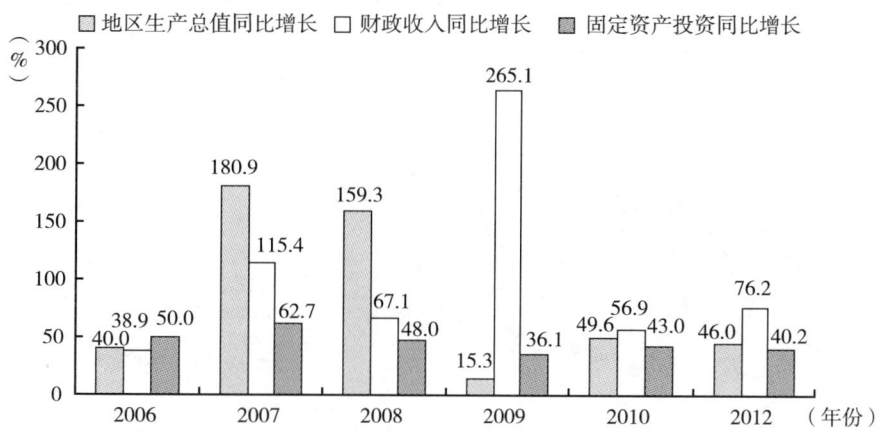

图7 2006～2012年(2011年除外)固安工业区主要经济指标完成情况

注:2010年同比增长率用当年1～5月增长率代替,2011年数据缺失。
资料来源:作者收集数据整理所得。

(一)产业发展与城镇发展双核驱动

固安产业新城坚持走"以产兴城、以城带产、产城共建"的产城融合之路,以信息化、工业化、城镇化、农业现代化的联动发展为指导思想,以此推进信息化和工业化深度融合、工业化和城镇化良性互动、城镇化和农业现代化相互协调发展。

2002年固安县启动工业园区建设项目,园区的开发建设一直秉承着发展

---

① 岳俊涛、刘建升:《产城融合路 发展辟新局》,《河北日报》2013年3月12日。
② 《十年钜变"产业新城"绽放京南》,《河北日报》2013年6月26日。

城市的理念，依托其黄金区位优势，积极承接首都产业外溢与转移，着力打造京南产业高地。现今的产业新区吸引了京东方、东方信联、安德建奇等一大批行业领军企业入驻，已形成以电子信息产业、高端装备制造产业、汽车零部件产业三大产业为主导的产业聚集地（见图8），成为河北省环首都新兴产业园区中的领军者。固安产业新区的稳步发展为新型城镇化的快速推进打下了坚实的根基，成为解决目前存在的房产造城及城镇建设缺乏支撑力而形成的"空壳城镇化"问题的有效途径。工业发展与人民生活和谐进行，产业与城市共生共荣，这就是固安工业园区全新的发展方式。一个产业聚集的工业新城冉冉升起，一个生态宜居的理想城市初露端倪。

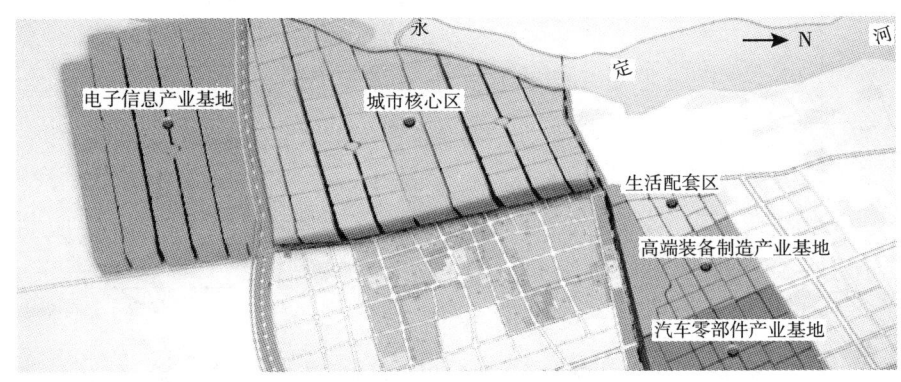

图8　固安县产业规划图

资料来源：http://www.guanda.gov.cn/Planning/Industry.aspx。

（二）创新体制，建立独特的运营模式

进入21世纪，工业化发展到一个新阶段，打造规划一流、设施完备的高端产业平台，是固安在环首都地区强势崛起的必然选择。然而最初的固安县财政力量薄弱，园区成立之初就面临着建设资金匮乏、基础设施配套不完善、招商困难的窘境，于是固安县县委、县政府打破常规，勇于创新，大胆突破制约园区建设的体制机制障碍，建立"政府主导、企业运作"的运营管理模式，引入"华夏幸福基业"作为投资主体，把工业园区作为一个整体项目进行开发建设。

开发建设过程中采用"管委会+公司"的政企合作方式，固安县政府充分发挥其行政资源优势，成立工业区管委会，主要负责辖区日常管理、土地规划及企业服务等工作；企业充分发挥其参与市场竞争的灵活性、自主性和创新性，着力解决资金、人才、资源优化配置等问题（见图9）①。政府与企业各展所长，优势互补，创造出了"1+1＞2"的效果，成功突破了发展瓶颈，有效解决了园区建设过程中的一系列难题。

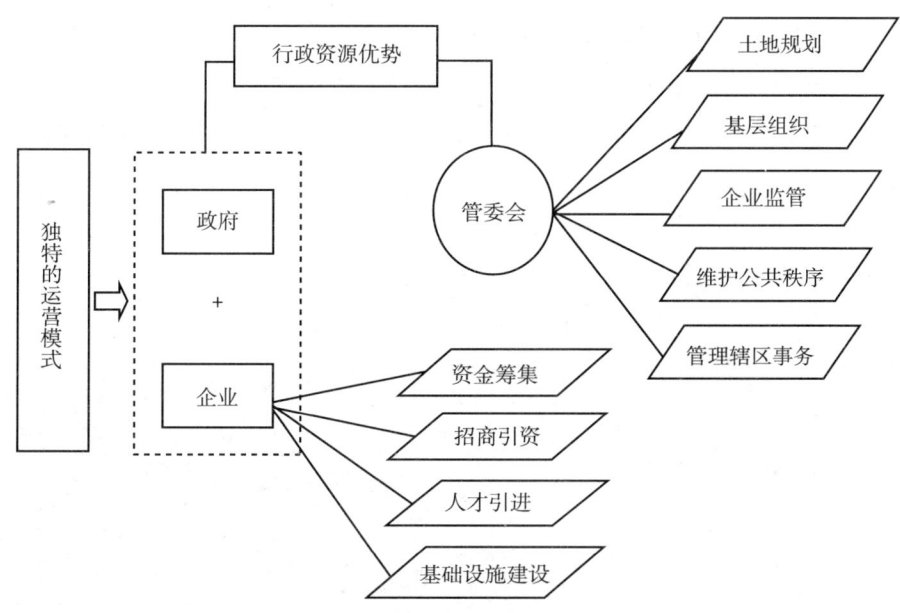

图9　固安工业园的运营管理模式

资料来源：作者通过收集资料整理得到。

（三）完善城市功能，改善人居生活

固安县把"人民幸福"作为一切经济发展的出发点和根本落脚点。园区建设者通过对新加坡、德国等国家和地区的城市发展进行考察，进而对城市功能布局、生态体系以及人居环境做了深入系统的研究，最终确立了

---

① 中国廊坊：《政企合作　产城共荣　打造县域经济发展强大引擎》，2013年5月23日。

全面、协调、环保、可持续的发展观,以促进经济社会和人的全面发展作为城市发展的根本诉求,在集约、智能、绿色的新型城镇化道路上探索前行。

固安县按照"公园城市、休闲街区、产业聚集"的规划理念,以打造"未来城市试验区"为目标,借以促使行政办公、商贸金融、会议展览、物流通信、文化娱乐等城市功能相继完善,将居民生活、产业发展、城市功能服务三者相互融合。坐落在固安工业园区的城市核心区以北的生活配套区(见图8),就是专为入园企业建造的生活服务区。该区的建设特别突出了自然与城市发展的融合,所有配套设施都进行了全面升级,旨在提高园区工作者的生活舒适度。固安产业新城还系统规划了区域内免费职业培训方案,在改善区域内居民生活硬件设施的同时,对促进城乡居民就业,提高区域内居民收入水平起到了良好的促进作用,使得城镇综合承载力加速提升。

图10和图11分别是固安工业园区招商局和总规划图。

图10　固安工业园区招商局

资料来源:http://tj.86cf.com/blog.aspx?id=18692。

图 11　固安总规划鸟瞰图

资料来源：http：//images.ciresu.com/upload/20110507/zrbjofou.jpg。

三　迁安市：打造生态文明城市，推进资源转型

迁安市充分利用自己的资源禀赋，凭借丰富的铁矿石储量，成功实现资源型城市的飞速发展。然而，过度依赖钢铁的结构性弱点以及由此引发的生态环境保护、产能低下等诸多问题日渐凸显。于是迁安市顺应全球倡导的低碳、环保、和谐的发展潮流，以生态文明思维指导新型城镇化建设，打造生态宜居城市，推进资源型城市的转型发展。

近几年来，迁安市相继被评为"国家卫生城市""国家级园林城市""省级生态园林城市""中国宜居城市"，并在中国经济发展论坛组织的"新动力·2012 中国经济系列评选活动"中荣膺"新动力·2012 中国经济转型示范城市"，成为河北省唯一获此殊荣的城市。

迁安市以工业化与产业转型并存、城镇化与城市现代化并重、城市功能转型与产业转型同步为新的发展思路，以"魅力钢城、绿色迁安"为奋斗目标，积极调整产业结构，加快产业转型与升级，推进钢铁之城的绿色城镇化进程。

2012年迁安市上半年主要能耗指标完成情况为：单位工业增加值能耗为2.012吨标煤/万元，同比降低18.58%；单位GDP电耗为1599千瓦时/万元，同比降低8.78%。全年实现地区生产总值896.7亿元，增长14.4%；完成固定资产投资379.5亿元，增长30.2%；城镇居民人均可支配收入为24400元，比上年增长12%；农民人均纯收入为14468元，比上年增长13.9%[①]。2012年度河北省县域经济各项经济指标显示，迁安市综合经济总量继续稳居河北省首位。至此，迁安市已连续十年综合经济总量位居全省之首。

（一）低碳理念引领城市规划

迁安市按照统筹城乡规划，重点构筑三大主体经济区来优化经济布局，把全市作为一个中等城市体系来规划建设。根据区域资源禀赋和发展基础，迁安将全市划分为西部工业区、中部生活服务区、东北部农业生态区三大主体功能区（见图12）。

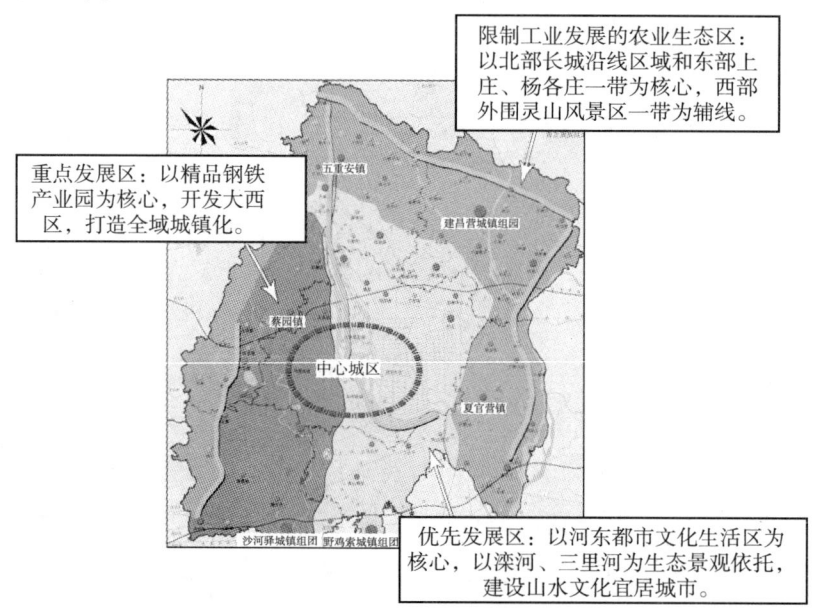

图12　2012年迁安市三大主体功能区布局

资料来源：http://www.qaplan.gov.cn/shownews.asp?cid=309&nid=1087&action=next。

---

① 李瑛、司马龙：《迁安综合经济总量实现河北"十连冠"》，《燕赵都市报》2013年5月2日。

西部工业区定位于重点开发的新型工业区，打造产业新城，积极推进产城一体化发展；中南部生活服务区定位于都市文化生活优先开发区，发展现代服务业和战略性新兴产业，打造品质靓城、创新智城；东北部农业生态区坚持生态优先、旅游兴镇、农业富民，实行禁建、禁采、禁伐，打造生态绿城[①]。三区差异化定位，根据不同的设定目标，辅之以不同政策措施，用不平衡的发展理念解决发展的不平衡性问题，实现三区互动、分类推进、重点攻坚、差异发展。

（二）绿色经济支撑城镇转型

推进资源型经济转型的关键在于调整产业结构、提升产业发展水平、建设低碳城镇以及生态环境建设。

1. 创建现代产业体系

迁安为将低碳节能环保产业打造为龙头行业，加快产业的战略性调整，坚持以项目建设为载体，积极构造精品钢铁业、现代装备制造业、现代物流业三足鼎立发展的经济态势，加快培育以现代农业和文化旅游产业为核心的新兴战略产业带以及以轻工制造和高新技术产业为核心的新兴战略产业群，促使这"一群、一带"成为经济腾飞的双翼，从而实现从"一钢独大"到"三足鼎立、两翼齐飞"的现代产业体系的跨越。

2. 升级改造传统产业

迁安市在培育高新技术产业、现代服务业等低碳产业的同时对钢铁、焦化、装备制造等企业进行改造升级。推进资源循环利用、企业循环式生产以及产业之间循环式组合，实施节能减排工程，淘汰落后产能，坚决告别之前依赖高污染、高能耗的传统产业发展经济的模式，以对钢铁、焦化等资源的循环利用实现传统产业改造升级，重点能耗产品的单位能耗也在逐步降低（见表1）。

---

① 魏园园、王余丁、刘艳菊、宗义湘：《基于城乡统筹背景下的迁安市经济发展研究》，《经济研究》2011年第2期，第56~58页。

表1　2012上半年迁安市重点能耗产品能耗

重点能耗产品	能耗		同比下降(%)
铁矿采矿工序	5.49	千克标准煤/吨	21.57
单位合成氨生产	1437.06		11.74
吨钢	574.61		0.20
炼铁工序	392.34		0.11
电厂火力供电	309.58	标准煤/千瓦时	3.44
电厂火力发电	287.55		2.565
发电厂用电率	5.82%		2.78

资料来源：唐山市政府信息公开台，http://info.tangshan.gov.cn/content.jsp?code=738722587/2012-00075&name=。

3. 加强文化产业融合

迁安市委、市政府高度重视文化产业建设。2011年9月，迁安市提出建设文化强市、实现由功能城市向文化城市跨越的战略。为此迁安市培育建设了一批特色文化产业和新兴文化创意产业，加快了传统文化产业转型升级，推动了工业与文化融合，促进了三次产业与文化融合，使文化产业迈上了新的台阶，进一步提高了城镇文明程度，优化了城镇发展环境，增强了城镇综合实力。

（三）展现水城魅力，打造绿色宜居城市

特色是构成魅力城市的重要内容，而"水"和"绿"则是彰显迁安个性的突出表现。迁安市四面群山环抱、两河环绕、三山拱卫，规划打造有山、有水、有城的绿色宜居城市。

1. 打造全域公园化格局

迁安按照"在田园中建城市、在公园中建社区、在花园中建企业"的思路，实施全域公园化战略，全面开展绿化迁安行动。规划建设以长城山野绿道、中部山水融城绿道、西部的森林生态绿道、东部的龙河田园绿道四条绿道为核心的"三纵一横"的生态绿道，采取"顺藤结瓜"的模式，以三抚公路为藤、以沿途的多个休闲农业与乡村旅游示范园区为瓜，推进农业与休闲旅游业融合发展，彰显"绿色迁安"的独特魅力。图13是迁安市三星河生态廊道。

图 13　迁安市三里河生态廊道

资料来源：http://design.cila.cn/zuopin1610.html。

2. 促进旅游与文化融合

在转变经济发展方式、调整经济结构的大潮中，迁安市高度重视三次产业的快速融合，着重突出旅游业与文化产业融合。全市按照"旅游＋文化＋生态"的理念，以文化旅游业为突破口，整合旅游资源，大力发展文化旅游产业，构建北部长城民俗古镇、西部观光养生、中部城市休闲娱乐三大文化旅游板块。其中的山野绿道、生态森林绿道、山水融城绿道、龙河田园绿道已成为休闲娱乐的生态观光之道。

3. 全力提高城市承载力

迁安市按照"沿河布局、跨河发展"的思路，全力打造现代化标志区、滦河生态休闲区、右岸新城三大城市功能区，逐步实现城市由单一中心向多极中心的转变。依托三大功能区，推进公共服务覆盖进程，全面提升城市承载能力。一方面，全市积极推进路网、水网、供热、供气、公园绿地、污水处理等基础设施建设，完善城市功能，强化城市承载能力；另一方面，围绕建设区域副中心城市的目标，抓好教育、文化、体育、医疗、养老、养生、高端商业等服务设施建设，加快发展现代服务业，提高生产生活的便捷程度。

四 肃宁县：创新农村社会管理体制，实现城乡统筹发展

肃宁县位于河北省中南部，沧州市最西端，面积为515平方千米，辖6个镇、3个乡、253个村委会。肃宁县是传统农业县，全县35万人口中有29万在农村，肃宁县县委、县政府按照中央关于加强社会管理创新的指示，把"抓基层、打基础"作为创新社会管理的重中之重，成功实现经济社会健康发展、人民安居乐业，并相继荣获"全国粮食生产先进县""省级园林县城""河北省城镇面貌三年大变样先进县""全国绿化模范县""全国平安建设先进县""全国社会管理创新综合试点""国家现代农业示范区""全国蔬菜产业重点县""全国农村土地流转规范化管理和服务试点县""中国医疗卫生改革示范单位""全国信访工作先进集体""全国创先争优先进县市区党委"等多项荣誉称号。肃宁县的创新实践为探索农村社会管理体制的发展提供了新思路。

2010年5月，肃宁县全县开始推行"四个全覆盖"，着眼于把农村的分散经济及农民再组织起来，以基层党组织为领导核心，以村代会为民主平台，以农村经济合作组织和综治维稳组织为骨架和纽带，实现基层党组织、基层民主组织、农村经济合作组织和综治维稳组织全覆盖（见图14）。四个组织交错形成涵盖整个农村、服务全体农民的社会管理网络，以便捷、高效、全面、切实可行的服务提升基层社会的管理服务能力，发挥农民的主动性，以农民本身为主体来解决自己的问题，从根本上解决了农村社会管理的时代任务，为河北省乃至全国加强社会管理创新进行了有益探索。

"四个覆盖"为肃宁架起了上下对接的"绿色通道"。依托这一平台，2012年全县实施189个对接项目，争取2.5亿元各类无偿资金；全年农业产业化率达到79.5%，居全市首位；农民收入增长了17.4%，达到7730元，刷新了历史纪录。

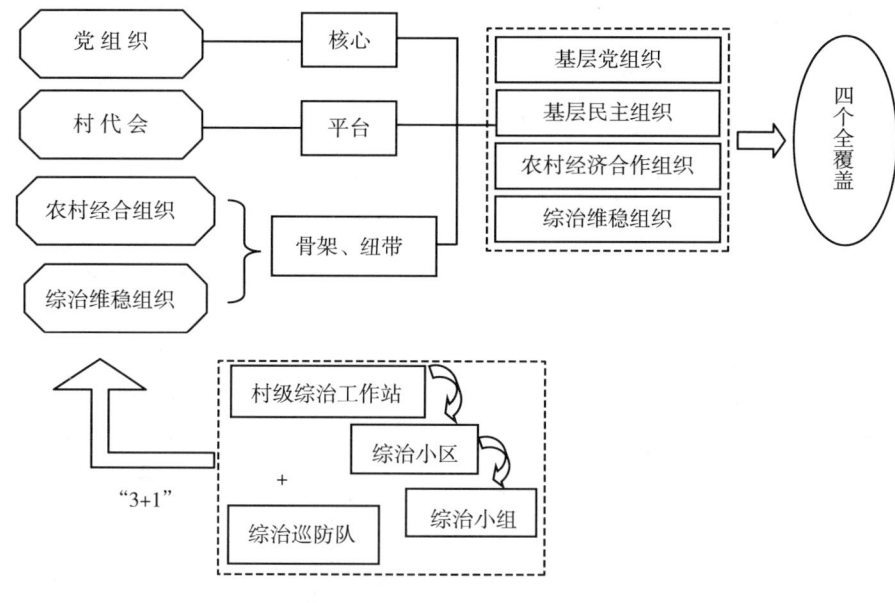

图 14　四个覆盖组织架构

（一）基层党组织全覆盖

肃宁县打破原有的以行政村为单位的传统模式，按照"群众走到哪里，党员就发展到哪里，党的组织就建到哪里"的原则，把所有党员纳入组织体系中，把党组织融合到基层民主组织、农村经济合作组织、综治维稳组织中去，延伸到社会各个"神经末梢"，加强基层党的领导，帮助群众解决困扰其生活的难题，领导群众走上致富发展之路。

改进基层干部执政理念，改变过去单纯下达行政命令的单一工作模式，充分发挥党员的先锋模范作用，搭建交流平台，逐步融入群众中去。例如，绿苑蔬菜合作社的党支部率先发挥党的模范带头作用，开展党员示范棚、党员结对帮扶等活动；梁村镇张庄村的老党员自发成立义务巡逻队、清洁队等。党组织的核心领导遍布人民生活的各个角落，实现基层党组织全覆盖。

（二）基层民主组织全覆盖

肃宁县让民众充分享受当家做主的权利，在原有的村支部、村委会领导的基础上，逐村将村民代表大会和村民监督委员会两个民主组织的领导作用发挥出来，把"两元共治"完善为党支部领导下的村支部、村委会、村民代表大会和村民监督委员会"四位一体"的组织架构。在此之上，由村代会、村监会统一设立党小组，通过村支书兼任村代会主席的制度设计，建立起党组织领导、村代会决策、村委会执行、村监会监督的村级组织新架构，探索出一套行之有效的"三议一行一监督"基层民主管理模式（见图15），实现村民自治四民主——民主选举、民主参与、民主决策、民主监督，加速党对基层农村的领导和村民当家做主的有机融合。

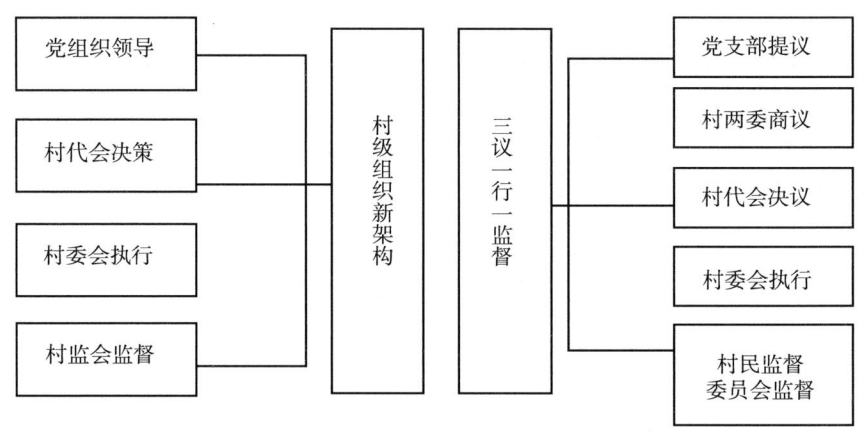

图15　基层民主管理模式

资料来源：http：//xuexi.12371.cn/2012/08/29/VIDE1346235128963155.shtml。

（三）农村经济合作组织全覆盖

随着市场化的深入进行，分散的农民对市场的嗅觉不够灵敏，反应不够灵活，因此肃宁县顺应现代市场经济发展的需求，在全县农村推行建立农村经济专业合作社，走合作经营的路子。

1. 以合作化为途径实现产业化

肃宁县通过实行农村经济合作组织全覆盖，把农民组织起来，使竞争对手转变为合作伙伴，以合作化为途径走向产业化发展。农民经济合作组织实行"自愿结合，入退自由，盈余返还"的民主管理方式，同时积极与科研院校建立合作关系，为村民提供科技培训服务，进而提高农产品科技含量，增加产品附加值，并通过大规模购买成员所需的农业生产资料，降低成本，提高农民的收入。

农村经济合作组织通过提供与农产品的种植、销售、加工、运输、储藏方面有关的技术、信息、信贷等全程式服务,提高农民生产效率,同时批量采买、统一销售的形成有助于实现规模经济效益,为农民的增产增收提供了保障。农村经济合作组织引导农民在市场经济条件下,通过合作化实现产业化。

2. 搭建"三合一"服务平台,构造全新服务体系

肃宁县在各级乡镇设立"基层供销合作社""专业合作社联合社""农民合作经济组织服务中心",三个组织合署办公,形成多种功能于一体的服务平台①。服务平台将乡镇各类农民专业合作社与县农民合作经济组织服务中心连接起来,构建综合配套的全新服务体系。目前,万里镇、窝北镇、梁村镇、邵庄乡等乡镇服务平台已建成并投入使用。同时,为加快"农村经合组织全覆盖"的进程,肃宁县出台相关政策,降低注册登记和服务管理等环节的门槛,简化程序,增强办事效率,对符合一定条件的组织免收一切登记费用和年检费用,同时还提供上门服务和代办服务。

3. 创立"三不一创"指导方针,成功实现土地流转

随着农村经济合作组织成立步伐的加快,肃宁的农业生产已经突破了以前分散经营、风险自担的生产模式,逐渐形成了以专业化、规模化的产业园区辐射周边乡村的新的发展模式。肃宁县以"不下任务,不定指标,不改属性,创新服务"为方针指导,按照依法、自愿、有偿的原则,依托经合组织,村民采取互换、出租、以地作股等方式平稳对接。目前全县将近1/7的农户参加到土地流转行列中,超过1/6的耕地完成了土地流转。

4. 农经组织全覆盖取得丰硕成果

目前全县各类农村经合组织达403家,1.4万户入社,覆盖全县233个行政村,带动6.1万农户,涉及皮毛、纺织、果蔬种植、动物养殖、食品加工、农机服务等多个行业。通过经合组织的发展,农业产业化水平快速提升,全县国家级龙头企业1家、省级3家、市级44家,产业化经营率达到79.1%,稳居沧州市首位②。农业产业化、规模化生产把农村劳动力有效地吸附到了当

---

① 刘玉博、杨敬增、张进东、师春霞:《促进农村合作经济发展的新模式——对河北省肃宁县供销合作社实施经合组织全覆盖情况的调查》,《中国合作经济》2012年第3期。

② 肃宁县人民政府:《2012年国家现代农业示范区建设工作总结:河北省肃宁县》,2013年2月4日。

地，农民实现了就地就业、就地发展、就地致富，有效解决了农民离乡背井出外打工所出现的留守儿童、留守老人等一系列社会问题。

（四）综治维稳组织全覆盖

肃宁县为解决目前农村存在的治安虚化、民心不稳的矛盾，从机制上构建起自我管理、化解矛盾、互助服务、邻里守望的平安网。全县建立起综治维稳"3+1"体系，即在全县农村建立三级综治维稳组织和一支群众义务轮流值守的巡防队，三级综治维稳体系包括建立村级综治工作站、综治小区、综治小组（见图15）。综治站长由村支书兼任，小区长、小组长由村民自主推举村民担任，及时发现村民存在的问题，并在第一时间进行解决。这项措施实施后，全县农村民事、刑事案件同比下降50%。图16是肃宁县村民集中整治村容村貌的情况。图17是综治维稳小组巡逻的情景。

图16　肃宁县村民集中整治村容村貌

资料来源：http：//www.snsgfg.gov.cn/Photo/UploadPhotos/201201/2012011813384237.jpg。

河北省新型城镇化的典型案例比较与分析

图 17　综治维稳小组正在巡逻

资料来源：http：//law.hebei.com.cn/system/2012/05/14/011866699_03.shtml。

肃宁县始终坚持把党的领导贯穿到综治维稳体系之中，广泛调动群众，把有限的警力和无限的民力结合起来，实施平安自治。依托"四个覆盖"的组织网络，通过政策引导、资金支持、宣传发动等措施，运用社会和群众的力量，解决以往农村社会保障、便民服务等急需解决的难题。

五　文安县——夯实民营经济，推进新型城镇化和谐发展

文安县隶属于河北省廊坊市，面积为1038平方公里，总人口为49.6万人，辖12个镇、1个民族乡、383个行政村。文安县地处环京津环渤海腹地，被京津保三大城市环抱其中，地理位置优越。全县依托独特的区位优势，以民营经济为发展支点，经济社会各项事业全面发展，取得了卓著成就。文安县曾先后被命名为"全国科技进步先进县""全国文化先进单位""国家级生态示范区""国家级食品安全示范县""全国民政工作先进县""全国村民自治模

范县""全省发展民营经济先进县""农业产业化先进县"等60余项国家和省荣誉称号。

民营经济发展活跃的地区可以催生新兴城镇。文安县依托民营经济的雄厚实力,依靠市场力量的推动,脱离了政府主导型的城镇化发展模式,实现城镇化自下而上推进。在文安县的四大主导产业中,民营经济占GDP的比重达到61.1%,对GDP的贡献率为75.2%。民营经济的快速发展弥补了小城镇的工业基础和第三产业落后的现象,不仅解决了企业创办者自身的就业问题,使得一部分人先行致富,而且能为社会提供更多的就业岗位,从而吸收更多的农民进城务工,使得农民的生产方式得以快速转变。在此基础上,依托民营经济的市场推进型城镇化有利于协调各方面的关系,使城镇工业发展与基础设施同步进行、经济与社会得以协调发展。

文安县依托发达的民营经济所形成的雄厚的经济实力,以健全的基层民主建设为桥梁,以丰富的文化建设为动力,以安定的社会秩序为保障,推行社会和谐的新型城镇化。图18是文安县和谐城镇化模式。

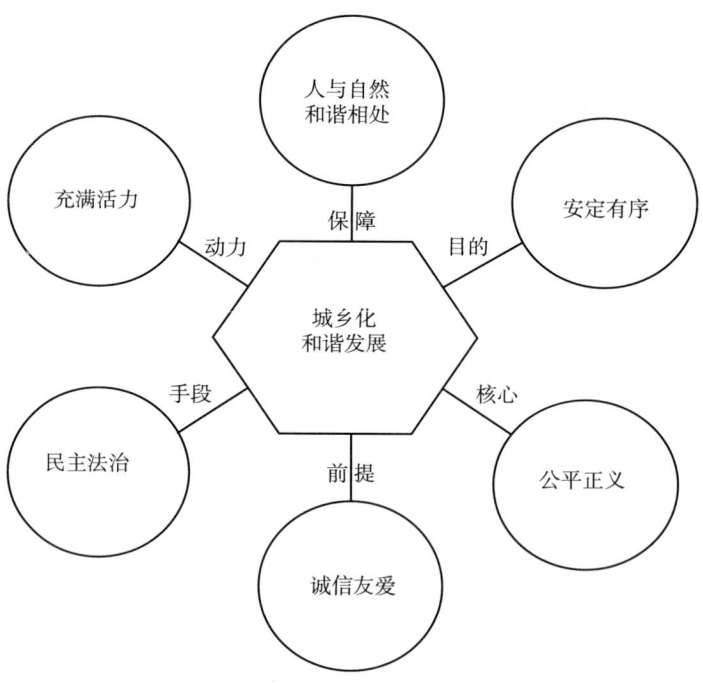

图18　文安县和谐城镇化

（一）民营经济发展势头强劲

"钢、木、塑、线缆"作为文安县的四大主导产业，对县域经济发展做出了巨大贡献。

1. 胶合板产业

胶合板产业以左各庄镇为中心，辖滩里、大柳河、文安镇、刘么等乡镇管区，主要产品有贴面板、建筑模板、细木工板、中密度板等六大类100多个品种的胶合板，日需各类木材13000立方米，日生产各类人造板80余万张。在产业不断发展过程中，涌现出天华中密度、金秋木业、洪宽木业、东升木业、同利木业、大地木业等中国名优人造板生产企业。金秋木业有限公司生产的"金秋"牌细木工板被评为中国建材行业十大名牌产品，成为北京人民大会堂指定装饰用板，也是华日集团青睐的产品。

2. 钢铁轧延产业

钢铁轧延产业以新镇镇为中心，现在已辐射到周边的苏桥镇和兴隆宫镇，主要生产带钢、螺纹钢、彩色涂层钢板、轻钢龙骨、模具毛坯、穿线管等，钢铁轧延产业以河北新钢钢铁有限公司和河北智慧彩钢建材有限公司规模最大，发展最为迅猛。

3. 塑料化工产业

塑料化工产业以赵各庄镇为中心，辐射到周边的大留镇、辛庄、董村、孙氏等7个乡镇管区，主要产品有汽车油箱、通风管、各种塑料托盘及管材，经过长达近30年的发展，已成为文安县的支柱产业之一。

4. 电线电缆产业

电线电缆产业主要位于文安县的史各庄镇和高头管区，主要产品有交联电力线缆、塑料绝缘线缆、架空绝缘线缆、控制电缆、高压电力电缆等各种型号的电线电缆，并且有柏康、兴盛山鹰、大旺龙岗等多家优秀企业，距今已有20多年发展历史。

依托这四大主导产业，目前全县共有各类中小民营企业达2381家，其中工业企业1400多家，规模以上工业企业94家。2012年，全县民营经济增长势头强劲（如表2），增加了大量就业岗位，促进了农民致富，为推进新型城镇化提供了扎实的物质基础。

表2　2012年文安县民营经济发展情况

产业	企业总量（家）	从业人员（人）	营业收入		增加值		上缴税金	
			总量（亿元）	同比增长（%）	总量（亿元）	同比增长（%）	总量（亿元）	同比增长（%）
钣金加工	2762	40323	169	11.2	31	10.8	1.6	13.7
钢铁轧延	158	6420	105.7	14.6	21	10.7	1.4	11.5
塑料化工	1832	17447	64	10	12	18.9	0.4994	12
电线电缆	253	2180	18	15	3.6	16	0.2137	14
总　　计	5005	66370	356.7	12.15	67.6	12.38	3.7131	12.65

（二）基层组织建设成效显著

为充分发挥党员的先锋模范作用和"双带"作用，文安县紧紧围绕农村经济发展和农民增收需要，积极探索基层党组织活动新方式，不断丰富党组织活动内容。目前成效最显著的就是"四三二"工作机制（见图19）以及"3+1"农村集体资产监管新模式。

1."四三二"工作机制

"四三二"工作机制是文安县在深化"一制三化"、学习借鉴"四议两公开"工作法的基础上，结合文安县的"四权分离"民主管理机制，探索的一项创新做法，是以突出村党组织领导地位为核心，以规范村务运行为重点，以强化民主监督为保障的村级民主管理机制。

"四三二"工作机制的主要内容是：村级重大事务在村党组织领导下，按照"四会议事""三个公开""两组监督"的程序决策实施。"四会议事"：村党组织提议，村"两委"会商议，党员大会审议，村民代表会议或村民会议决议；"三个公开"：决议内容公开，实施过程公开，实施结果公开；"两组监督"：执行监督小组、财务监督小组分别对村务决议执行过程和财务收支情况进行监督。

"四三二"工作机制运行以来，村党组织在村级组织中的领导作用明显增强，群众对村务管理的满意度显著提高，农村和谐稳定的社会环境初步形成。该机制运行以来，群众参与村务事项260件，直接挽回经济损失25万元，群众对村务管理的满意度提升了30%，全县村级信访量同比减少24%，20个村

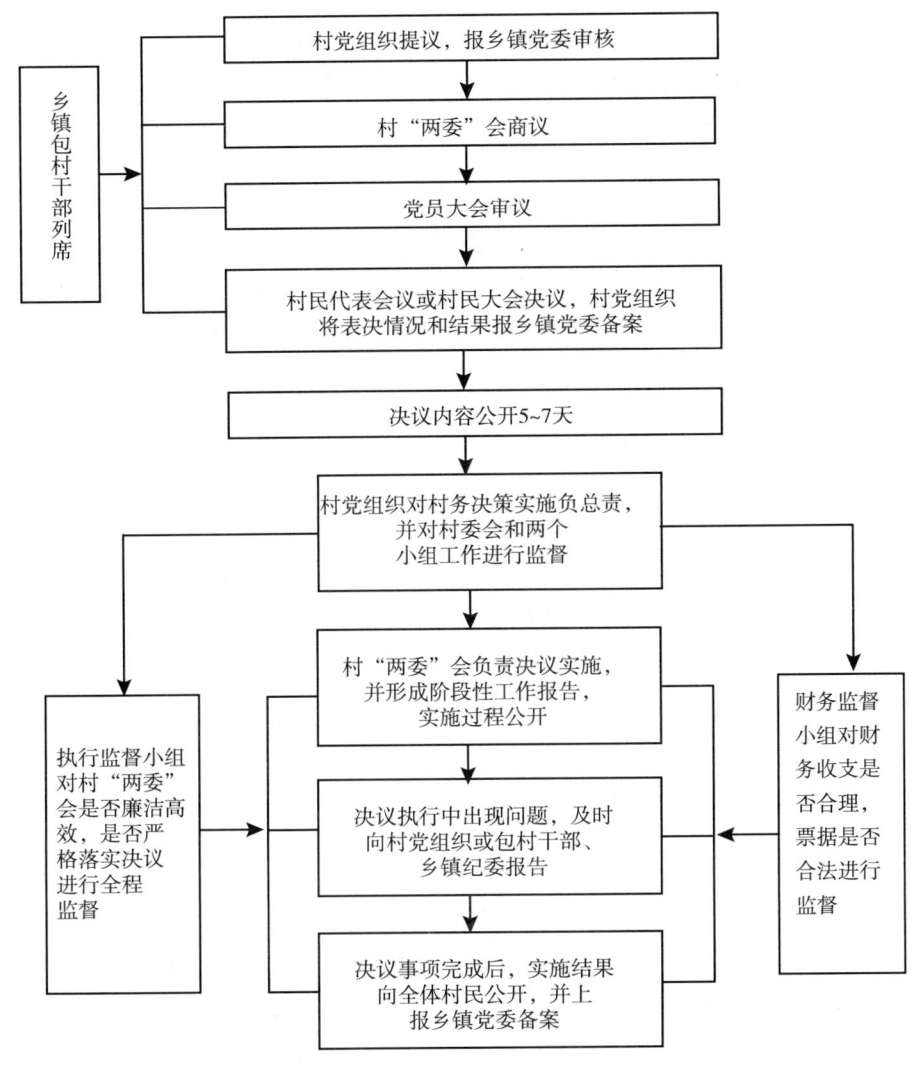

图 19 "四三二"工作机制流程

实现了由乱到治。新镇镇芦阜庄村,运用该机制顺利完成空心村改造,整合土地 260 亩,投资 9200 万元建造农民公寓,成为新农村建设的成功模板。2013年以来,全县有 40 个村规划建设高标准农民公寓 241 栋,规划村级道路 103.4公里,进一步加快了社会主义新农村建设进程。

2. "3+1"农村集体资产监管新模式

随着新型城镇化的推进,村级事务、财务管理等方面暴露出很多问题,由此引发各种矛盾。文安县通过制定"3+1"农村集体资产监管机制，即通过进行清产核资、经济责任审计、资产评估和台账管理，逐步建立起科学规范、使用高效的农村集体资产管理新模式。通过清账亮底、审计诊疗、台账问责、评估问效，使资产管理规范化、资产监督常态化、财富积累科学化，为农村经济社会的快速健康发展、和谐稳定提供制度保障。

"3+1"农村集体资产监管模式，采取公开透明的形式对村干部管理集体资产的过程实行全程监督，有效遏制了腐败之风，消除了党群之间的猜疑，巩固了党在农村的执政基础，促进了新农村的和谐发展。2011年以来，全县农村新谋划涉及农村发展、民生工程等项目1300余项，新修村级道路467千米，新建农民公寓楼82000平方米，村干部违纪案件同比下降34.7%，村集体资产总量已经由过去的后进县跃居全市第一。

（三）群众文化生活丰富多彩

1. 文安县丰富多彩的群众文化活动

为了促进文化为经济社会发展服务，不断丰富人民群众文化生活，文安县从建立机制入手，采用多种形式搭建平台，推动群众文化活动制度化、经常化并广泛深入有序开展。文安县建立了由县委、政府分管领导牵头，以文化部门为主体，有关部门和乡镇参加的，节日文化、假日文化、庆典文化、季候文化经常性组织协调机构。如彩色周末、古洼之夏系列文化活动已经成为当地的文化活动品牌，成为人民群众的文化生活期待。新镇镇的"正月里闹新春"、苏桥镇的"民俗文化展演"、左各庄镇的"传统花会调演"、滩里镇的"正月文体活动月"、大围河乡安里村村办河北梆子剧团等已成为立足当地、辐射周边的群众文化活动品牌。

2012年，全县不断组织开展文化下乡和群众健身活动。全县建成农民健身场地30个、全民健身工程示范点39个、新农家书屋示范点23个、新增数字电视用户2600户；县级文化信息资源共享中心已投入试运行，完成258个基层信息资源服务点建设，超出年初计划58个；以"我运动、我健康"为主题的系列活动先后举行，共计吸引3万余群众参与到活动中来。

2. 文安县的文化生活产生了良好的社会效果

在农村文化示范户的带动下，文安县吸引了大批群众参与到各项文化活动中来。农村群众的精神面貌发生了喜人变化。农村群众知礼知理、诚实守法的意识提高了，邻里关系更加和谐，信访案件大幅减少，乡风文明初步展现。群众的创业意识进一步增强，近年来，全县新增个体工商户为 2776 户，私营企业为 241 家，全县每千人拥有民营经济单位达到 4.35 家，农村的发展步伐加快。

通过全县群众文化活动的扎实开展，新时期文安人民的风骨初步形成，即"五要五不"。"五要"就是：要有愈挫愈奋、百折不挠的精神；要有攻坚克难、敢担风险的斗志；要有处变不惊、沉着冷静的心态；要有危中见机、绝地逢生的智慧；要有抱团取暖、同舟共济的风格。"五不"就是：不张扬、不抱怨、不争论、不懈怠、不服输。这"五要五不"成为文安县"绿色崛起，高端发展"的强大动力。

（四）社会文明环境安定有序

安定有序是社会和谐的基本元素，在发展的同时，提供一个相对安定的社会环境是必要的。只有抓住了安定有序这一关键环节，构建社会主义和谐社会的工作才能顺利向前推进。

1. "一村一本账"治安创新管理工作机制

"一村一本账"，即民警通过深入村街挨家挨户地走访群众、帮助群众，从而将辖区内的"人、事、物、地、网"等信息收集上来夯实基层基础工作，建立一套完整的情报信息台账，以创新完善新形势下社会治安管控模式。以"一村一本账"为载体能够全面掌控各类基础信息、落实管控措施、构建起治安信息网络、锤炼公安队伍、抓好"三访三评"工作，具有重大的现实意义。

在村村建账的过程中，文安警方通过群众提供的线索破获案件 225 起，抓获犯罪嫌疑人约 354 名，录入警务平台有效信息 540 多条。从 2009 年起，文安县公安局连续 3 年在全县行风评议中名列第一，多项工作步入全国、全省公安系统先进行列。2009~2012 年，文安县刑事案件立案数分别下降了 6.5%、3%、26% 和 33%。

2. "爱心家园"的建立进一步保障了社会的安定有序

2007年8月，文安县投资55万元，在县光荣院西侧建成专门救助县孤残儿童的"爱心家园"。在县委、县政府的正确领导下，民政局通过创造良好的环境，构筑立体化教育网络，健全完善长效的救助机制，注重孤儿的品质和人格养成教育，全面保障孤儿品质和人格的养成。通过全局党员干部与集中救助的孤儿结成"大手牵小手"亲情领养对子活动，唱响爱心理念，同时利用媒体在全社会营造一种关心孤儿、支持孤儿的良好氛围，时刻关注孤儿的成长变化，促进孤儿的健康快乐成长。文安县"大手牵小手"的爱心领养做法被省民政厅推广。

"爱心家园"作为党和政府为最困难、最弱势的群体设立的收养机构，作为体现党和政府人文关怀的窗口单位，工作质量关乎政府形象，体现了社会主义制度优越性程度，也使得文安县的社会环境更加安定有序，向社会的高度和谐迈出了重要的一步。

六 新型城镇化进程中存在的问题

（一）农民进城缺乏有效的就业

随着城镇化进程的加快，越来越多的农民转变原来的耕作方式，脱离土地的束缚，来到城市生活，改变自己的生产方式，并努力适应城市的生活方式。然而由于进城农民缺乏有效的就业组织，就业渠道和信息不完善，他们难以自由进入城镇的劳动力市场，就业岗位选择性狭窄，而且大多数进城农民的思想较为保守，主动创业意识薄弱，因而他们多是从事餐饮、保洁、建筑等一些技术含量较低的工作，并且由于缺乏相应的劳动保障制度，许多进城农民难以适应城市生活，缺乏进城信心，严重阻碍了农民融入城市的步伐。

（二）进城农民的生活水平亟待提高

农民进入城市生活，改变了原先半自给自足的生活方式。在城市楼房居住，日常生活要支付物业费、取暖费、水电费、燃气费等多项开支，在食物、交通方面的开支也要大大增加，这就使得进城农民在衣、食、住、行等方面的生活成本远高于在农村的生活成本。日常开销大，生活成本高，与农民生活息息相关的就业、教育、医疗、养老等一系列社会保障措施不能很快到位，这些都加重了农民负担，严重打击了农民进城的积极性。所以，提高进城农民的生活水平迫在眉睫。

（三）进城农民的生产方式继续转变

进城农民生产方式的转变主要体现在农民劳动就业方式的转变。进城农民短期内难以适应新的工作环境、新的工作方式，这就需要政府和企业组织农民进行定期的就业培训，使其短时间内适应城市的生产方式。然而，由于农民自身的素质有待提升，他们习惯了自由散漫的生产方式，短期内难以适应企业朝九晚五的工作安排，就业观念与城市经济发展相悖，自我约束意识较差，不能充分发挥就业技能培训的作用，再加上产业结构逐渐向技术密集型转移，基层政府的就业促进政策略显缺失，政府就业技能培训普及范围、力度不够等方面的就业障碍问题，制约了进城农民生产方式的转变，阻碍了新型城镇化的进程。

（四）进城农民的行为方式需要提高

新型城镇化的本质内涵是从生活方式、生产方式、行为方式三方面实现农民向市民的彻底转变，从而全面提升人民的生活质量，建设全面的高水平的小康社会。而在实际运作中，相应而生的是农民生活和生产空间的改变，然而农民自身的思维方式、思想道德素质、生活习惯、文化素质、生活娱乐、就业观念、工作心理等方面都与城市文明格格不入，缺乏对新事物以及现代化技术的吸收、接受能力，这就需要在推行城镇化过程中重视农民自身素质和文明程度的全面提升，以城市主流文化理念引导他们，使进城农民转变行为方式，真正融入城市、扎根城市，逐步完成乡土文明向城市文明转变的漫长过程。

（五）小城镇建设缺乏规划

河北省的城市规划大多局限在大城市，新兴的小城镇布局散乱，一些地区建设的总体规划都是20世纪80~90年代制定的，城市规划落后于经济发展。落后和散乱的城市布局使得工业区、居民区交错分布，没有明显的功能区分，一方面给城镇的管理带来不便，不能给新居民营造良好的生活环境；另一方面混乱的城市布局使得城市基础设施建设出现大量问题，重复建设现象严重，不仅造成人力、财力、物力等资源的严重浪费，同时占用了大量土地资源，制约城市的长远发展。

（六）城镇综合功能不够健全

第一，主城区对工业园区的服务配套不够。工业园区大多偏离主城区，因此在交通、医疗、娱乐方面的配套工作不够到位，存在企业留不住人、社会管理压力大等难题；第二，存在工业化与城镇化相剥离的现象。工业化发展与城镇化建设应该是相互依存、互为依托的，然而河北省许多地区城镇化的基础设施建设确实在很大程度上促进了工业化的发展，而工业化对城镇化的促进作用，则并不那么明显，出现了二者相剥离的现象；第三，城市中心仍以居住和传统商贸业为主，城市的综合功能比较单一，工业发展所需要的金融、科技、信息等一些高层级的现代服务业的发展并不突出，城市发展后劲不足。如藁城市、栾城市的城镇化就出现了工业化与城镇化相隔离的现象，工业园区与居住社区的距离不仅显示在城市规划上，而且更多地表现在当地人与工业园区的心理距离上，工业发展没能很好地融入当地居民生活。

七 比较与启示

（一）夯实产业支撑，稳步推进城镇化

强化产业发展在城镇化中的支撑作用，是积极稳妥推进新型城镇化的第一要义。我国新型城镇化已进入关键阶段，为防止产业空心化的"房产造城"

式城镇化发展模式,必须坚持发展农业、工业和服务业的产业支撑作用,夯实经济基础。一是发展现代化农业,实现农业生产经营规模化,完成现代农业向高效、集约转变,保证充足的农产品供给,构筑城镇居民消费的物质基础。二是强化工业发展的支撑作用,完善工业体系,发展当地经济,进而容纳更多的农民劳动力,提高农民的生活水平,保证新型城镇化进入良性循环。三是发展现代服务业。城市产业的聚集和发展会创造出生产性服务行业的巨大需求,将城镇化与服务业发展相结合,不仅能够为解决进城农民就业提供巨大的就业平台,还能够为城镇居民提供高质量的生活服务,推进新型城镇化和谐发展。

(二)尊重农民意愿,因地制宜推进新型城镇化

在推进新型城镇化的进程中应因地制宜,分类指导,循序渐进,尊重农民意愿,保护农民权益,扎扎实实地推行。新型城镇化是以人为核心的城镇化,要坚持与人民共享发展、改革成果,以实现人民生活幸福为最终目的。土地流转坚持自愿、有偿原则,改革征地制度,严格界定公益性和经营性建设用地,逐步缩小征地范围,完善征地补偿机制,确保农民的利益不受损害;居民社区建设遵循城镇化发展规律,同步推进社区服务业,为群众提供生活、医疗、就业等方面的便利条件。肃宁县在土地流转过程中,充分尊重农民意愿,以"三不一创"为指导方针,依法自愿有偿,使土地流转顺利进行。

(三)完善功能配套,实现"人产城"融合

把小城镇作为推进城镇化的重要节点,重点中心镇及产业基础好、规模大的小城镇要主动承接大中城市辐射,从三个方面着手实现"人产城"融合。一要以工促城,依托本地特色产业,形成生活要素聚集,进而围绕城镇居民生产生活需要,发展生活服务业;二要以大带小,大城市周围各县要发展劳动密集型的特色农产品加工企业,强化现代农业科技推广、就业技能培训和农副产品加工、流通等功能,为更多的农民进城就业提供机会;三要发展区域经济,提升产业竞争力,实现工业化、农业产业化与新型城镇化互动发展。

(四)规范农村集体资产管理,确保新型城镇化有序进行

农村集体资产是广大农民辛勤劳动的成果,是村级集体经济发展的物质基础。随着城镇化进程的不断加快,农村集体土地被征收、农村行政区划陆续调整、"村改居"等一系列变革使得农村集体经济组织内部利益关系呈现复杂特征,而农村的各种矛盾最终多是由权益分配不均引起的。因此建立与城镇化相适应的农村集体资产管理体制、经营和分配体制,对于增加农民财产收入、保护农民合法权益、保持农村社会稳定具有十分重要的意义。按照民主、公开的原则,以村民广泛参与为重点,建立健全民主管理、民主决策、民主理财、民主监督制度,进一步规范农村集体资产产权登记、经营管理、管理公开等行为,进而落实广大农民群众的知情权、监督权和收益分配权。文安县创造性地提出"3+1"农村集体资产监管模式,采取公开透明的形式对村干部管理集体资产的过程实行全程监督,进一步深化和规范了村务管理,促使新型城镇化有序进行。

(五)积极促进农民再就业,统筹城乡协调发展

随着农业产业化、规模化、机械化运作,劳动生产率提高的同时,解放了农村生产力,同时也产生了大量的剩余劳动力。此时,政府需要做好农村剩余劳动力的转移工作,消除各种阻碍农民再就业的不利因素,通过开展再就业培训活动,开办创业服务中心机构,完善就业服务措施,建立劳动力市场和失地农民之间的双向沟通网络,创造有利于失地农民就业的机制和环境,引导农村劳动力合理有序地流动。藁城市提出"每户至少一人稳定就业"的口号,开设蔬菜种植、面点加工、果品冷藏等专业培训供村民灵活选择,不搞"一刀切",不固定模式,有效解决了农村劳动力的再就业问题。

(六)构建农民社会保障体系,保障新型城镇化健康发展

将农转非居民纳入城镇社会保障体系,实现与城镇社保的对接。一是建立失地农民养老和医疗保险制度,其资金筹措应按国家、集体、个人及市场征地主体"四个一点"的思路解决。二是以户籍制度改革为先导,逐步并彻底剥

离与现行户籍相挂钩的福利，打破城乡分割，分阶段实行城乡统一人口流动和户籍管理方式。①过渡期，对常住外来人口统一在册登记，发放居住证明，根据居住时间长短享受不同程度的本地公共福利。当持证人符合一定条件时，就可以发给其正式户口，享受全部公共福利。②并轨期，城镇化发展到一定阶段，经济发展与社会化管理足以支撑均等化公共服务，以此为基础实现常住人口公共服务全覆盖，实行居住证明与户口合二为一，以常住居住办理户籍登记，解决城镇化过程的户籍管理问题。

（七）打造社区文化体系，促进农转非居民融入城市

打造社区文化体系，利用群体的影响力和社区居民学习的主动性，可以帮助村民改变原有的乡村文化状态，促进农转非居民适应城市文化，快速融入城市生活。首先，用城市主流文化改造农转非居民社区，同时注重弘扬乡村文化的优秀元素，如农民的朴素、节俭、勤劳的优秀品质，全面提高农转非居民的素质。充分发挥社区在传播文化中的重要作用，通过弘扬和谐社区理念，创建安全、卫生、文明的新社区，转变农村居民的生活习惯和生活方式。同时，充分发挥农村居民学习的积极性，使他们广泛参与到社区分化的重构活动中。其次，注重加强居民的职业教育，改变城镇农转非居民的就业观念和生活方式，使城镇农转非居民掌握在城市工作所需的劳动技能，适应在城市的生活、工作，使其生活方式随之发生改变，逐步融入社会。

参考文献

［1］藁城市第六届人大二次会议：《藁城市人民政府工作报告》，2013年3月25日。

［2］边利伟、龚建昌：《盯准发展重点实现"局部突破"》，《石家庄日报》2013年2月8日。

［3］《藁城市新农合四级联网　居民健康档案建档率94%》，长城网，http：//report.hebei.com.cn/system/2012/03/28/011793010.shtml。

［4］《藁城市全民行动共建美丽乡村幸福家园》，燕赵都市网，http：//sjz.yzdsb.com.cn/system/2013/01/11/012301601.shtml。

［5］岳俊涛、刘建升：《产城融合路　发展辟新局》，《河北日报》2013年3月12日。

［6］《十年钜变 "产业新城"绽放京南》,《河北日报》2013年6月26日。
［7］中国廊坊:《政企合作 产城共荣 打造县域经济发展强大引擎》,2013年5月23日。
［8］李瑛、司马龙:《迁安综合经济总量实现河北"十连冠"》,《燕赵都市报》2013年5月2日。
［9］魏园园、王余丁、刘艳菊、宗义湘:《基于城乡统筹背景下的迁安市经济发展研究》,《经济研究》2011年第2期,第56～58页。
［10］刘玉博、杨敬增、张进东、师春霞:《促进农村合作经济发展的新模式——对河北省肃宁县供销合作社实施经合组织全覆盖情况的调查》,《中国合作经济》2012年第3期。
［11］肃宁县人民政府:《2012年国家现代农业示范区建设工作总结:河北省肃宁县》,2013年2月4日。

附 录

Appendix

B.10 数据处理及测量方法

一 数据无量纲化处理方法

(1) 正指标，即指标值越大对系统发展越有利，计算公式为：

$$X_{ij} = \frac{x_{ij}}{\max x_{ij}}$$

(2) 逆指标，即指标值越小对系统发展越有利，计算公式为：

$$X_{ij} = \frac{\max x_{ij} - x_{ij}}{\max x_{ij}}$$

其中，x_{ij} 为第 i 年第 j 指标的原始数据，X_{ij} 为第 i 年第 j 指标标准化后的数据，$\max x_{ij}$ 为第 j 指标的最大值。

二 层次分析法

层次分析法，即 AHP 法确定权重首先需要决策者对每一层次中各元素的相对重要性给出判断，采用 Satty 的 1~9 标度法形成判断矩阵 B，矩阵 B 中各元素 b_{ij} 指的是各行指标 b_i 与各列指标 b_j 的重要程度的相对比值。由判断矩阵 B 计算各指标权重的具体步骤如下：

第一步，计算判断矩阵每一行元素的乘积 $M_i = \prod_{j=1}^{n} b_{ij} (i, j = 1, 2, \cdots, n)$；

第二步，计算 M_i 的 n 次方根 $\overline{w_i} = \sqrt[n]{M_i}$；

第三部，对向量 $\overline{w} = (\overline{w_1}, \overline{w_2} \cdots \overline{w_i})^T$ 进行归一化，得到各相应指标权重 $w_i = \overline{w_i} / \sum_{i=1}^{n} \overline{w_i}$；

除此之外，还需要对判断矩阵进行一致性检验，以保证逻辑上的合理性。

三 系统协调度测算方法

首先使用线性加权法来计算城镇化与产业结构两个子系统的综合评价值，分别设为 $f(x)$ 和 $g(y)$，其中 $f(x) = \sum_{i=1}^{n} a_i x_i$，$g(y) = \sum_{i=1}^{m} b_i y_i$；$x_i$ 和 y_i 表示各子系统中的指标值，a_i 和 b_i 表示各指标值对应的权重。$f(x)$ 和 $g(y)$ 本身指标值越大，相对离差 C_v 越小，则两个系统越协调，其计算公式如下：

$$C_v = \frac{S}{\frac{f(x)+g(y)}{2}} = \sqrt{2\left\{1 - \frac{f(x) \times g(y)}{[\frac{f(x)+g(y)}{2}]^2}\right\}}$$

由于 $f(x) \geq 0$，$g(y) \geq 0$，所以 C_v 最小的充分必要条件是 $\frac{f(x) \times g(y)}{[\frac{f(x)+g(y)}{2}]^2}$ 取最大值。因此，本章定义产业结构与城镇化的协调度为：$C = \left\{\frac{f(x) \times g(y)}{[\frac{f(x)+g(y)}{2}]^2}\right\}^k$，其中 k 为调整系数，$k \geq 2$，本章取 $k = 4$。

因此，协调度 C 的取值范围介于 0 到 1 之间，协调度值越接近 1，则产业结构与城镇化两者发展水平越协调；协调度值越接近 0，则两者越不协调。

四 协调发展度测算方法

协调发展度 D 为：$D = \sqrt{C \times T}$

其中，D 为协调发展度，T 为综合评价指数，表示整体绩效，$T = \alpha f(x) + \beta g(y)$，$\alpha$、$\beta$ 分别为城镇化与产业结构待定权重，且 $\alpha + \beta = 1$，本章取 $\alpha = \beta = 0.5$，即城镇化与产业结构同样重要。

协调发展度 D 的取值范围介于 0 到 1 之间，协调度值越接近 1，则产业结构与城镇化两者协调发展水平越高；协调度值越接近 0，则两者协调发展水平越低。

B.11 调查问卷

附件1

《2008~2012年河北省村民对城镇化态度变化》调查问卷

调查者信息		调查地点	___县___乡___村
		调查者	性别___年龄___
问卷名称		2008~2012年河北省村民对城镇化态度变化	

你认为城镇化是什么？2008~2012年以来你对城镇化理解的变化？_____
_____
_____

时间＼内容	2008年	2009年	2010年	2011年	2012年
2008~2012年以来你对城镇化态度的变化	①非常赞同；②赞同；③无所谓；④不赞同；⑤反对	①非常赞同；②赞同；③无所谓；④不赞同；⑤反对	①非常赞同；②赞同；③无所谓；④不赞同；⑤反对	①非常赞同；②赞同；③无所谓；④不赞同；⑤反对	①非常赞同；②赞同；③无所谓；④不赞同；⑤反对

附件2

《2008~2012年河北省村民职业教育特征》调查问卷

调查者信息		调查地点	___县___乡___村
问卷名称		2008~2012年河北省村民职业教育特征	

内容＼时间	2008年	2009年	2010年	2011年	2012年
村民总数					
有一技之长的村民（人）					
具有中等职业学历的村民（人）					

附件3

《2008~2012年河北省村民学习特征》调查问卷

调查者信息		调查地点	_____县_____乡_____村			
		被调查者信息	性别_____年龄_____			
问卷名称		2008~2012年河北省村民学习特征				
内容 \ 时间	2008年	2009年	2010年	2011年	2012年
阅读时间(分/人周)					
按照阅读时间和自己喜好,给以下图书从高到低排序:①科学、②哲学、③艺术、④专业技术、⑤通俗娱乐、⑥其他(最好写出类型或书名)					

附件4

《2008~2012年河北省村民对待城市文化认同度变化》调查问卷

调查者信息		调查地点	_____县_____乡_____村			
		被调查者信息	性别_____年龄_____			
问卷名称		2008~2012年河北省村民对待城市文化认同度变化				
时间 \ 内容	2008年	2009年	2010年	2011年	2012年
你对城市文化的态度(请在你认为符合的选项前画钩)	①认同;②基本认同;③不清楚;④无所谓	①认同;②基本认同;③不清楚;④无所谓	①认同;②基本认同;③不清楚;④无所谓	①认同;②基本认同;③不清楚;④无所谓	①认同;②基本认同;③不清楚;④无所谓

附件5

《2008~2012年河北省村民对待乡村文化依赖度变化》调查问卷

调查者信息		调查地点	_____县_____乡_____村
		被调查者信息	性别_____年龄_____
问卷名称		2008~2012年河北省村民对待乡村文化依赖度变化	

续表

时间 内容	2008年	2009年	2010年	2011年	2012年
你对乡村文化的态度（请在你认为符合的选项前画钩）	①依赖；②喜欢；③想改变；④积极改变	①依赖；②喜欢；③想改变；④积极改变	①依赖；②喜欢；③想改变；④积极改变	①依赖；②喜欢；③想改变；④积极改变	①依赖；②喜欢；③想改变；④积极改变

附件6

《2008~2012年河北省村民解决问题依据方式特征》调查问卷

调查者信息		调查地点	＿＿＿县＿＿＿乡＿＿＿村			
		被调查者信息	性别＿＿＿年龄＿＿＿			
问卷名称		2008~2012年河北省村民解决问题依据方式特征				
内容\时间		2008年	2009年	2010年	2011年	2012年
按照自己解决问题的方式、依据，给右侧选项从高到低排序：①法律规章、②经验、③道德、④习俗、⑤亲友意见、⑥其他（尽量写出具体内容）						

附件7

《2008~2012年河北省村民人际关系圈特征变化》调查问卷

调查者信息		调查地点	＿＿＿县＿＿＿乡＿＿＿村			
		被调查者信息	性别＿＿＿年龄＿＿＿			
问卷名称		2008~2012年河北省村民人际关系圈特征				
内容\时间		2008年	2009年	2010年	2011年	2012年
按照自己人际交往的实际情况，给右侧选项从高到低排序：①家族、②地域、③工作、④兴趣、⑤其他（尽量写出具体内容）						

附件 8

《2008～2012 年河北省农村妇女收入占家庭收入比例》调查问卷

调查者信息		调查地点	_____县_____乡_____村			
		被调查家庭信息	男(人)_____ 女(人)_____			
问卷名称		2008～2012 年河北省农村妇女收入占家庭收入比例				
内容＼时间		2008 年	2009 年	2010 年	2011 年	2012 年
家庭总收入(元)						
女性收入(元)						

附件 9

《2008～2012 年河北省村民幸福指数变化》调查问卷 4-1

调查者信息			调查地点	_____县_____乡_____村			
			被调查者信息	性别_____ 年龄_____			
问卷名称			2008～2012 年河北省村民幸福指数变化				
内容＼时间			2008 年	2009 年	2010 年	2011 年	2012 年
经济因素	打工状况		①非常满意;②满意;③不知道;④不满意;⑤非常不满意	①非常满意;②满意;③不知道;④不满意;⑤非常不满意	①非常满意;②满意;③不知道;④不满意;⑤非常不满意	①非常满意;②满意;③不知道;④不满意;⑤非常不满意	①非常满意;②满意;③不知道;④不满意;⑤非常不满意
	收入水平		①非常满意;②满意;③不知道;④不满意;⑤非常不满意	①非常满意;②满意;③不知道;④不满意;⑤非常不满意	①非常满意;②满意;③不知道;④不满意;⑤非常不满意	①非常满意;②满意;③不知道;④不满意;⑤非常不满意	①非常满意;②满意;③不知道;④不满意;⑤非常不满意
	居住条件		①非常满意;②满意;③不知道;④不满意;⑤非常不满意	①非常满意;②满意;③不知道;④不满意;⑤非常不满意	①非常满意;②满意;③不知道;④不满意;⑤非常不满意	①非常满意;②满意;③不知道;④不满意;⑤非常不满意	①非常满意;②满意;③不知道;④不满意;⑤非常不满意
	交通条件		①非常满意;②满意;③不知道;④不满意;⑤非常不满意	①非常满意;②满意;③不知道;④不满意;⑤非常不满意	①非常满意;②满意;③不知道;④不满意;⑤非常不满意	①非常满意;②满意;③不知道;④不满意;⑤非常不满意	①非常满意;②满意;③不知道;④不满意;⑤非常不满意

《2008~2012年河北省村民幸福指数变化》调查问卷4-2

调查者信息		调查地点	_____县_____乡_____村			
		被调查者信息	性别_____年龄_____			
问卷名称		2008~2012年河北省村民幸福指数变化				
内容 \ 时间		2008年	2009年	2010年	2011年	2012年
政治因素	参与乡村管理机会	①非常满意; ②满意; ③不知道; ④不满意; ⑤非常不满意	①非常满意; ②满意; ③不知道; ④不满意; ⑤非常不满意	①非常满意; ②满意; ③不知道; ④不满意; ⑤非常不满意	①非常满意; ②满意; ③不知道; ④不满意; ⑤非常不满意	①非常满意; ②满意; ③不知道; ④不满意; ⑤非常不满意
	享受国家惠农政策情况	①非常满意; ②满意; ③不知道; ④不满意; ⑤非常不满意	①非常满意; ②满意; ③不知道; ④不满意; ⑤非常不满意	①非常满意; ②满意; ③不知道; ④不满意; ⑤非常不满意	①非常满意; ②满意; ③不知道; ④不满意; ⑤非常不满意	①非常满意; ②满意; ③不知道; ④不满意; ⑤非常不满意
	国家发展态势	①非常满意; ②满意; ③不知道; ④不满意; ⑤非常不满意	①非常满意; ②满意; ③不知道; ④不满意; ⑤非常不满意	①非常满意; ②满意; ③不知道; ④不满意; ⑤非常不满意	①非常满意; ②满意; ③不知道; ④不满意; ⑤非常不满意	①非常满意; ②满意; ③不知道; ④不满意; ⑤非常不满意

《2008~2012年河北省村民幸福指数变化》调查问卷4-3

调查者信息		调查地点	_____县_____乡_____村			
		被调查者信息	性别_____年龄_____			
问卷名称		2008~2012年河北省村民幸福指数变化				
内容 \ 时间		2008年	2009年	2010年	2011年	2012年
社会因素	邻里关系	①非常满意; ②满意; ③不知道; ④不满意; ⑤非常不满意	①非常满意; ②满意; ③不知道; ④不满意; ⑤非常不满意	①非常满意; ②满意; ③不知道; ④不满意; ⑤非常不满意	①非常满意; ②满意; ③不知道; ④不满意; ⑤非常不满意	①非常满意; ②满意; ③不知道; ④不满意; ⑤非常不满意
	婚姻质量	①非常满意; ②满意; ③不知道; ④不满意; ⑤非常不满意	①非常满意; ②满意; ③不知道; ④不满意; ⑤非常不满意	①非常满意; ②满意; ③不知道; ④不满意; ⑤非常不满意	①非常满意; ②满意; ③不知道; ④不满意; ⑤非常不满意	①非常满意; ②满意; ③不知道; ④不满意; ⑤非常不满意
	子女入学	①非常满意; ②满意; ③不知道; ④不满意; ⑤非常不满意	①非常满意; ②满意; ③不知道; ④不满意; ⑤非常不满意	①非常满意; ②满意; ③不知道; ④不满意; ⑤非常不满意	①非常满意; ②满意; ③不知道; ④不满意; ⑤非常不满意	①非常满意; ②满意; ③不知道; ④不满意; ⑤非常不满意

《2008~2012年河北省村民幸福指数变化》调查问卷4-4

调查者信息		调查地点	县_____乡_____村			
		被调查者信息	性别_____年龄_____			
问卷名称		2008~2012年河北省村民幸福指数变化				
内容 \ 时间		2008年	2009年	2010年	2011年	2012年
心理因素	生活现状	①非常满意；②满意；③不知道；④不满意；⑤非常不满意	①非常满意；②满意；③不知道；④不满意；⑤非常不满意	①非常满意；②满意；③不知道；④不满意；⑤非常不满意	①非常满意；②满意；③不知道；④不满意；⑤非常不满意	①非常满意；②满意；③不知道；④不满意；⑤非常不满意
	自我发展	①非常满意；②满意；③不知道；④不满意；⑤非常不满意	①非常满意；②满意；③不知道；④不满意；⑤非常不满意	①非常满意；②满意；③不知道；④不满意；⑤非常不满意	①非常满意；②满意；③不知道；④不满意；⑤非常不满意	①非常满意；②满意；③不知道；④不满意；⑤非常不满意

皮书数据库

权威报告　热点资讯　海量资源

当代中国与世界发展的高端智库平台

皮书数据库　www.pishu.com.cn

　　皮书数据库是专业的人文社会科学综合学术资源总库，以大型连续性图书——皮书系列为基础，整合国内外相关资讯构建而成。该数据库包含七大子库，涵盖两百多个主题，囊括了近十几年间中国与世界经济社会发展报告，覆盖经济、社会、政治、文化、教育、国际问题等多个领域。

　　皮书数据库以篇章为基本单位，方便用户对皮书内容的阅读需求。用户可进行全文检索，也可对文献题目、内容提要、作者名称、作者单位、关键字等基本信息进行检索，还可对检索到的篇章再作二次筛选，进行在线阅读或下载阅读。智能多维度导航，可使用户根据自己熟知的分类标准进行分类导航筛选，使查找和检索更高效、便捷。

　　权威的研究报告、独特的调研数据、前沿的热点资讯，皮书数据库已发展成为国内最具影响力的关于中国与世界现实问题研究的成果库和资讯库。

皮书俱乐部会员服务指南

1. 谁能成为皮书俱乐部成员？

- 皮书作者自动成为俱乐部会员
- 购买了皮书产品（纸质皮书、电子书）的个人用户

2. 会员可以享受的增值服务

- 加入皮书俱乐部，免费获赠该纸质图书的电子书
- 免费获赠皮书数据库100元充值卡
- 免费定期获赠皮书电子期刊
- 优先参与各类皮书学术活动
- 优先享受皮书产品的最新优惠

3. 如何享受增值服务？

（1）加入皮书俱乐部，获赠该书的电子书

　　第1步　登录我社官网（www.ssap.com.cn），注册账号；

　　第2步　登录并进入"会员中心"—"皮书俱乐部"，提交加入皮书俱乐部申请；

　　第3步　审核通过后，自动进入俱乐部服务环节，填写相关购书信息即可自动兑换相应电子书。

（2）免费获赠皮书数据库100元充值卡

　　100元充值卡只能在皮书数据库中充值和使用

　　第1步　刮开附赠充值的涂层（左下）；

　　第2步　登录皮书数据库网站（www.pishu.com.cn），注册账号；

　　第3步　登录并进入"会员中心"—"在线充值"—"充值卡充值"，充值成功后即可使用。

4. 声明

　　解释权归社会科学文献出版社所有

皮书俱乐部会员可享受社会科学文献出版社其他相关免费增值服务，有任何疑问，均可与我们联系

联系电话：010-59367227　企业QQ：800045692　邮箱：pishuclub@ssap.com.cn

欢迎登录社会科学文献出版社官网（www.ssap.com.cn）和中国皮书网（www.pishu.cn）了解更多信息

卡号：7093137026923042

社会科学文献出版社　　　　　　　　　**皮书系列**

"皮书"起源于十七、十八世纪的英国，主要指官方或社会组织正式发表的重要文件或报告，多以"白皮书"命名。在中国，"皮书"这一概念被社会广泛接受，并被成功运作、发展成为一种全新的出版形态，则源于中国社会科学院社会科学文献出版社。

皮书是对中国与世界发展状况和热点问题进行年度监测，以专业的角度、专家的视野和实证研究方法，针对某一领域或区域现状与发展态势展开分析和预测，具备权威性、前沿性、原创性、实证性、时效性等特点的连续性公开出版物，由一系列权威研究报告组成。皮书系列是社会科学文献出版社编辑出版的蓝皮书、绿皮书、黄皮书等的统称。

皮书系列的作者以中国社会科学院、著名高校、地方社会科学院的研究人员为主，多为国内一流研究机构的权威专家学者，他们的看法和观点代表了学界对中国与世界的现实和未来最高水平的解读与分析。

自20世纪90年代末推出以《经济蓝皮书》为开端的皮书系列以来，社会科学文献出版社至今已累计出版皮书千余部，内容涵盖经济、社会、政法、文化传媒、行业、地方发展、国际形势等领域。皮书系列已成为社会科学文献出版社的著名图书品牌和中国社会科学院的知名学术品牌。

皮书系列在数字出版和国际出版方面成就斐然。皮书数据库被评为"2008~2009年度数字出版知名品牌"；《经济蓝皮书》《社会蓝皮书》等十几种皮书每年还由国外知名学术出版机构出版英文版、俄文版、韩文版和日文版，面向全球发行。

2011年，皮书系列正式列入"十二五"国家重点出版规划项目；2012年，部分重点皮书列入中国社会科学院承担的国家哲学社会科学创新工程项目；2014年，35种院外皮书使用"中国社会科学院创新工程学术出版项目"标识。

法律声明

"皮书系列"（含蓝皮书、绿皮书、黄皮书）由社会科学文献出版社最早使用并对外推广，现已成为中国图书市场上流行的品牌，是社会科学文献出版社的品牌图书。社会科学文献出版社拥有该系列图书的专有出版权和网络传播权，其LOGO（ ）与"经济蓝皮书"、"社会蓝皮书"等皮书名称已在中华人民共和国工商行政管理总局商标局登记注册，社会科学文献出版社合法拥有其商标专用权。

未经社会科学文献出版社的授权和许可，任何复制、模仿或以其他方式侵害"皮书系列"和LOGO（ ）、"经济蓝皮书"、"社会蓝皮书"等皮书名称商标专用权的行为均属于侵权行为，社会科学文献出版社将采取法律手段追究其法律责任，维护合法权益。

欢迎社会各界人士对侵犯社会科学文献出版社上述权利的违法行为进行举报。电话：010-59367121，电子邮箱：fawubu@ssap.cn。

社会科学文献出版社

皮书数据库
www.pishu.com.cn

皮书数据库三期即将上线

- 皮书数据库（SSDB）是社会科学文献出版社整合现有皮书资源开发的在线数字产品，全面收录"皮书系列"的内容资源，并以此为基础整合大量相关资讯构建而成。

- 皮书数据库现有中国经济发展数据库、中国社会发展数据库、世界经济与国际政治数据库等子库，覆盖经济、社会、文化等多个行业、领域，现有报告30000多篇，总字数超过5亿字，并以每年4000多篇的速度不断更新累积。2009年7月，皮书数据库荣获"2008～2009年中国数字出版知名品牌"。

- 2011年3月，皮书数据库二期正式上线，开发了更加灵活便捷的检索系统，可以实现精确查找和模糊匹配，并与纸书发行基本同步，可为读者提供更加广泛的资讯服务。

更多信息请登录

| 中国皮书网 | 皮书微博 | 皮书博客 | 皮书微信 |
| http://www.pishu.cn | http://weibo.com/pishu | http://blog.sina.com.cn/pishu | 皮书说 |

请到各地书店皮书专架／专柜购买，也可办理邮购

咨询／邮购电话：010-59367028　59367070　　　邮　箱：duzhe@ssap.com
邮购地址：北京市西城区北三环中路甲29号院3号楼华龙大厦13层读者服务中心
邮　编：100029
银行户名：社会科学文献出版社
开户银行：中国工商银行北京北太平庄支行
账　号：0200010019200365434
网上书店：010-59367070　　qq：1265056568
网　址：www.ssap.com.cn　　www.pishu.cn

皮书大事记

☆ 2012年12月,《中国社会科学院皮书资助规定(试行)》由中国社会科学院科研局正式颁布实施。

☆ 2011年,部分重点皮书纳入院创新工程。

☆ 2011年8月,2011年皮书年会在安徽合肥举行,这是皮书年会首次由中国社会科学院主办。

☆ 2011年2月,"2011年全国皮书研讨会"在北京京西宾馆举行。王伟光院长(时任常务副院长)出席并讲话。本次会议标志着皮书及皮书研创出版从一个具体出版单位的出版产品和出版活动上升为由中国社会科学院牵头的国家哲学社会科学智库产品和创新活动。

☆ 2010年9月,"2010年中国经济社会形势报告会暨第十一次全国皮书工作研讨会"在福建福州举行,高全立副院长参加会议并做学术报告。

☆ 2010年9月,皮书学术委员会成立,由我院李扬副院长领衔,并由在各个学科领域有一定的学术影响力、了解皮书编创出版并持续关注皮书品牌的专家学者组成。皮书学术委员会的成立为进一步提高皮书这一品牌的学术质量、为学术界构建一个更大的学术出版与学术推广平台提供了专家支持。

☆ 2009年8月,"2009年中国经济社会形势分析与预测暨第十次皮书工作研讨会"在辽宁丹东举行。李扬副院长参加本次会议,本次会议颁发了首届优秀皮书奖,我院多部皮书获奖。

皮书系列 2014全品种 — 国别与地区类

葡语国家蓝皮书
巴西发展与中巴关系报告2014（中英文）
著(编)者：张曙光　David T. Ritchie
2014年8月出版 / 估价：69.00元

日本经济蓝皮书
日本经济与中日经贸关系发展报告（2014）
著(编)者：王洛林　张季风　2014年5月出版 / 估价：79.00元

日本蓝皮书
日本发展报告（2014）
著(编)者：李薇　2014年2月出版 / 估价：69.00元

上海合作组织黄皮书
上海合作组织发展报告（2014）
著(编)者：李进峰　吴宏伟　李伟　2014年9月出版 / 估价：98.00元

世界创新竞争力黄皮书
世界创新竞争力发展报告（2014）
著(编)者：李建平　2014年1月出版 / 估价：148.00元

世界能源黄皮书
世界能源分析与展望（2013~2014）
著(编)者：张宇燕 等　2014年1月出版 / 估价：69.00元

世界社会主义黄皮书
世界社会主义跟踪研究报告（2014）
著(编)者：李慎明　2014年5月出版 / 估价：189.00元

泰国蓝皮书
泰国国情报告（2014）
著(编)者：邹春萌　2014年6月出版 / 估价：79.00元

亚太蓝皮书
亚太地区发展报告（2014）
著(编)者：李向阳　2013年12月出版 / 估价：69.00元

印度蓝皮书
印度国情报告（2014）
著(编)者：吕昭义　2014年1月出版 / 估价：69.00元

印度洋地区蓝皮书
印度洋地区发展报告（2014）
著(编)者：汪戎　万广华　2014年6月出版 / 估价：79.00元

越南蓝皮书
越南国情报告（2014）
著(编)者：吕余生　2014年8月出版 / 估价：65.00元

中东黄皮书
中东发展报告No.15（2014）
著(编)者：杨光　2014年10月出版 / 估价：59.00元

中欧关系蓝皮书
中国与欧洲关系发展报告（2014）
著(编)者：周弘　2013年12月出版 / 估价：69.00元

中亚黄皮书
中亚国家发展报告（2014）
著(编)者：孙力　2014年9月出版 / 估价：79.00元

中国皮书网
www.pishu.cn

栏目设置：

- □ 资讯：皮书动态、皮书观点、皮书数据、皮书报道、皮书新书发布会、电子期刊
- □ 标准：皮书评价、皮书研究、皮书规范、皮书专家、编撰团队
- □ 服务：最新皮书、皮书书目、重点推荐、在线购书
- □ 链接：皮书数据库、皮书博客、皮书微博、出版社首页、在线书城
- □ 搜索：资讯、图书、研究动态
- □ 互动：皮书论坛

地方发展类·国别与地区类

郑州蓝皮书
2014年郑州文化发展报告
著(编)者：王哲　2014年7月出版 / 估价：69.00元

中国省会经济圈蓝皮书
合肥经济圈经济社会发展报告No.4(2013~2014)
著(编)者：董昭礼　2014年4月出版 / 估价：79.00元

国别与地区类

G20国家创新竞争力黄皮书
二十国集团(G20)国家创新竞争力发展报告（2014）
著(编)者：李建平　李闽榕　赵新力
2014年9月出版 / 估价：118.00元

澳门蓝皮书
澳门经济社会发展报告（2013~2014）
著(编)者：吴志良　郝雨凡　2014年3月出版 / 估价：79.00元

北部湾蓝皮书
泛北部湾合作发展报告（2014）
著(编)者：吕余生　2014年7月出版 / 估价：79.00元

大湄公河次区域蓝皮书
大湄公河次区域合作发展报告（2014）
著(编)者：刘稚　2014年8月出版 / 估价：79.00元

大洋洲蓝皮书
大洋洲发展报告（2014）
著(编)者：魏明海　喻常森　2014年7月出版 / 估价：69.00元

德国蓝皮书
德国发展报告（2014）
著(编)者：李乐曾　郑春荣等　2014年5月出版 / 估价：69.00元

东北亚黄皮书
东北亚地区政治与安全报告（2014）
著(编)者：黄凤志　刘雪莲　2014年6月出版 / 估价：69.00元

东盟黄皮书
东盟发展报告（2014）
著(编)者：黄兴球　庄国土　2014年12月出版 / 估价：68.00元

东南亚蓝皮书
东南亚地区发展报告（2014）
著(编)者：王勤　2014年11月出版 / 估价：59.00元

俄罗斯黄皮书
俄罗斯发展报告（2014）
著(编)者：李永全　2014年7月出版 / 估价：79.00元

非洲黄皮书
非洲发展报告No.15（2014）
著(编)者：张宏明　2014年7月出版 / 估价：79.00元

港澳珠三角蓝皮书
粤港澳区域合作与发展报告（2014）
著(编)者：梁庆寅　陈广汉　2014年6月出版 / 估价：59.00元

国际形势黄皮书
全球政治与安全报告（2014）
著(编)者：李慎明　张宇燕　2014年1月出版 / 估价：69.00元

韩国蓝皮书
韩国发展报告（2014）
著(编)者：牛林杰　刘宝全　2014年6月出版 / 估价：69.00元

加拿大蓝皮书
加拿大国情研究报告（2014）
著(编)者：仲伟合　唐小松　2013年12月出版 / 估价：69.00元

柬埔寨蓝皮书
柬埔寨国情报告（2014）
著(编)者：毕世鸿　2014年6月出版 / 估价：79.00元

拉美黄皮书
拉丁美洲和加勒比发展报告（2014）
著(编)者：吴白乙　刘维广　2014年4月出版 / 估价：89.00元

老挝蓝皮书
老挝国情报告（2014）
著(编)者：卢光盛　方芸　吕星　2014年6月出版 / 估价：79.00元

美国蓝皮书
美国问题研究报告（2014）
著(编)者：黄平　倪峰　2014年5月出版 / 估价：79.00元

缅甸蓝皮书
缅甸国情报告（2014）
著(编)者：李晨阳　2014年4月出版 / 估价：79.00元

欧亚大陆桥发展蓝皮书
欧亚大陆桥发展报告（2014）
著(编)者：李忠民　2014年10月出版 / 估价：59.00元

欧洲蓝皮书
欧洲发展报告（2014）
著(编)者：周弘　2014年3月出版 / 估价：79.00元

皮书系列 2014全品种

地方发展类

内蒙古蓝皮书
内蒙古经济发展蓝皮书(2013~2014)
著(编)者:黄育华　2014年7月出版 / 估价:69.00元

内蒙古蓝皮书
内蒙古反腐倡廉建设报告No.1
著(编)者:张志华　无极　2013年12月出版 / 估价:69.00元

浦东新区蓝皮书
上海浦东经济发展报告（2014）
著(编)者:左学金　陆沪根　2014年1月出版 / 估价:59.00元

侨乡蓝皮书
中国侨乡发展报告（2014）
著(编)者:郑一省　2013年12月出版 / 估价:69.00元

青海蓝皮书
2014年青海经济社会形势分析与预测
著(编)者:赵宗福　2014年2月出版 / 估价:69.00元

人口与健康蓝皮书
深圳人口与健康发展报告（2014）
著(编)者:陆杰华　江捍平　2014年10月出版 / 估价:98.00元

山西蓝皮书
山西资源型经济转型发展报告（2014）
著(编)者:李志强　容和平　2014年3月出版 / 估价:79.00元

陕西蓝皮书
陕西经济发展报告（2014）
著(编)者:任宗哲　石英　裴成荣　2014年3月出版 / 估价:65.00元

陕西蓝皮书
陕西社会发展报告（2014）
著(编)者:任宗哲　石英　江波　2014年1月出版 / 估价:65.00元

陕西蓝皮书
陕西文化发展报告（2014）
著(编)者:任宗哲　石英　王长寿　2014年3月出版 / 估价:59.00元

上海蓝皮书
上海传媒发展报告（2014）
著(编)者:强荧　焦雨虹　2014年1月出版 / 估价:59.00元

上海蓝皮书
上海法治发展报告（2014）
著(编)者:潘世伟　叶青　2014年1月出版 / 估价:59.00元

上海蓝皮书
上海经济发展报告（2014）
著(编)者:沈开艳　2014年1月出版 / 估价:69.00元

上海蓝皮书
上海社会发展报告（2014）
著(编)者:卢汉龙　周海旺　2014年1月出版 / 估价:59.00元

上海蓝皮书
上海文化发展报告（2014）
著(编)者:蒯大申　2014年1月出版 / 估价:59.00元

上海蓝皮书
上海文学发展报告（2014）
著(编)者:陈圣来　2014年1月出版 / 估价:59.00元

上海蓝皮书
上海资源环境发展报告（2014）
著(编)者:周冯琦　汤庆合　王利宏　2014年1月出版 / 估价:59.

上海社会保障绿皮书
上海社会保障改革与发展报告（2013~2014）
著(编)者:汪泓　2014年1月出版 / 估价:65.00元

社会建设蓝皮书
2014年北京社会建设分析报告
著(编)者:宋贵伦　2014年4月出版 / 估价:69.00元

深圳蓝皮书
深圳经济发展报告（2014）
著(编)者:吴忠　2014年6月出版 / 估价:69.00元

深圳蓝皮书
深圳劳动关系发展报告（2014）
著(编)者:汤庭芬　2014年6月出版 / 估价:69.00元

深圳蓝皮书
深圳社会发展报告（2014）
著(编)者:吴忠　余智晟　2014年7月出版 / 估价:69.00元

四川蓝皮书
四川文化产业发展报告（2014）
著(编)者:向宝云　2014年1月出版 / 估价:69.00元

温州蓝皮书
2014年温州经济社会形势分析与预测
著(编)者:潘忠强　王春光　金浩　2014年4月出版 / 估价:69.00元

温州蓝皮书
浙江温州金融综合改革试验区发展报告（2013~201
著(编)者:钱水土　王去非　李义超
2014年4月出版 / 估价:69.00元

扬州蓝皮书
扬州经济社会发展报告（2014）
著(编)者:张爱军　2014年1月出版 / 估价:78.00元

义乌蓝皮书
浙江义乌市国际贸易综合改革试验区发展报告（2013~2014）
著(编)者:马淑琴　刘文革　周松强
2014年4月出版 / 估价:69.00元

云南蓝皮书
中国面向西南开放重要桥头堡建设发展报告（2014）
著(编)者:刘绍怀　2014年12月出版 / 估价:69.00元

长株潭城市群蓝皮书
长株潭城市群发展报告（2014）
著(编)者:张萍　2014年10月出版 / 估价:69.00元

地方发展类 | 皮书系列 2014全品种

海淀蓝皮书
海淀区文化和科技融合发展报告（2014）
著(编)者:陈名杰 孟景伟　2014年5月出版 / 估价:75.00元

海峡经济区蓝皮书
海峡经济区发展报告（2014）
著(编)者:李闽榕 王秉安 谢明辉（台湾）
2014年10月出版 / 估价:78.00元

海峡西岸蓝皮书
海峡西岸经济区发展报告（2014）
著(编)者:福建省人民政府发展研究中心
2014年9月出版 / 估价:85.00元

杭州蓝皮书
杭州市妇女发展报告（2014）
著(编)者:魏颖 揭爱花　2014年2月出版 / 估价:69.00元

河北蓝皮书
河北省经济发展报告（2014）
著(编)者:马树强 张贵　2013年12月出版 / 估价:69.00元

河北蓝皮书
河北经济社会发展报告（2014）
著(编)者:周文夫　2013年12月出版 / 估价:69.00元

河南经济蓝皮书
2014年河南经济形势分析与预测
著(编)者:胡五岳　2014年3月出版 / 估价:65.00元

河南蓝皮书
2014年河南社会形势分析与预测
著(编)者:刘道兴 牛苏林　2014年1月出版 / 估价:59.00元

河南蓝皮书
河南城市发展报告（2014）
著(编)者:林宪斋 王建国　2014年1月出版 / 估价:69.00元

河南蓝皮书
河南经济发展报告（2014）
著(编)者:喻新安　2014年1月出版 / 估价:59.00元

河南蓝皮书
河南文化发展报告（2014）
著(编)者:谷建全 卫绍生　2014年1月出版 / 估价:69.00元

河南蓝皮书
河南工业发展报告（2014）
著(编)者:龚绍东　2014年1月出版 / 估价:59.00元

黑龙江产业蓝皮书
黑龙江产业发展报告（2014）
著(编)者:于渤　2014年10月出版 / 估价:79.00元

黑龙江蓝皮书
黑龙江经济发展报告（2014）
著(编)者:曲伟　2014年1月出版 / 估价:59.00元

黑龙江蓝皮书
黑龙江社会发展报告（2014）
著(编)者:艾书琴　2014年1月出版 / 估价:69.00元

湖南城市蓝皮书
城市社会管理
著(编)者:罗海藩　2014年10月出版 / 估价:59.00元

湖南蓝皮书
2014年湖南产业发展报告
著(编)者:梁志峰　2014年5月出版 / 估价:89.00元

湖南蓝皮书
2014年湖南法治发展报告
著(编)者:梁志峰　2014年5月出版 / 估价:79.00元

湖南蓝皮书
2014年湖南经济展望
著(编)者:梁志峰　2014年5月出版 / 估价:79.00元

湖南蓝皮书
2014年湖南两型社会发展报告
著(编)者:梁志峰　2014年5月出版 / 估价:79.00元

湖南县域绿皮书
湖南县域发展报告No.2
著(编)者:朱有志 袁准 周小毛　2014年7月出版 / 估价:69.00元

沪港蓝皮书
沪港发展报告（2014）
著(编)者:尤安山　2014年9月出版 / 估价:89.00元

吉林蓝皮书
2014年吉林经济社会形势分析与预测
著(编)者:马克　2014年1月出版 / 估价:69.00元

江苏法治蓝皮书
江苏法治发展报告No.3（2014）
著(编)者:李力 龚廷泰 严海良　2014年8月出版 / 估价:88.00元

京津冀蓝皮书
京津冀区域一体化发展报告（2014）
著(编)者:文魁 祝尔娟　2014年3月出版 / 估价:89.00元

经济特区蓝皮书
中国经济特区发展报告（2014）
著(编)者:陶一桃　2014年3月出版 / 估价:89.00元

辽宁蓝皮书
2014年辽宁经济社会形势分析与预测
著(编)者:曹晓峰 张晶 张卓民　2014年1月出版 / 估价:69.00元

流通蓝皮书
湖南省商贸流通产业发展报告No.2
著(编)者:柳思维　2014年10月出版 / 估价:75.00元

皮书系列 2014全品种 — 地方发展类

服务业蓝皮书
广东现代服务业发展报告（2014）
著(编)者：祁明 程晓　2014年1月出版 / 估价:69.00元

甘肃蓝皮书
甘肃舆情分析与预测（2014）
著(编)者：陈双梅 郝树声　2014年1月出版 / 估价:69.00元

甘肃蓝皮书
甘肃县域社会发展评价报告（2014）
著(编)者：魏胜文　2014年1月出版 / 估价:69.00元

甘肃蓝皮书
甘肃经济发展分析与预测（2014）
著(编)者：魏胜文　2014年1月出版 / 估价:69.00元

甘肃蓝皮书
甘肃社会发展分析与预测（2014）
著(编)者：安文华　2014年1月出版 / 估价:69.00元

甘肃蓝皮书
甘肃文化发展分析与预测（2014）
著(编)者：周小华　2014年1月出版 / 估价:69.00元

广东蓝皮书
广东省电子商务发展报告（2014）
著(编)者：黄建明 祁明　2014年11月出版 / 估价:69.00元

广东蓝皮书
广东社会工作发展报告（2014）
著(编)者：罗观翠　2013年12月出版 / 估价:69.00元

广东外经贸蓝皮书
广东对外经济贸易发展研究报告（2014）
著(编)者：陈万灵　2014年3月出版 / 估价:65.00元

广西北部湾经济区蓝皮书
广西北部湾经济区开放开发报告（2014）
著(编)者：广西北部湾经济区规划建设管理委员会办公室
　　　　　广西社会科学院 广西北部湾发展研究院
2014年7月出版 / 估价:69.00元

广州蓝皮书
2014年中国广州经济形势分析与预测
著(编)者：庾建设 郭志勇 沈奎　2014年6月出版 / 估价:69.00元

广州蓝皮书
2014年中国广州社会形势分析与预测
著(编)者：易佐永 杨秦 顾涧清　2014年5月出版 / 估价:65.00元

广州蓝皮书
广州城市国际化发展报告（2014）
著(编)者：朱名宏　2014年9月出版 / 估价:59.00元

广州蓝皮书
广州创新型城市发展报告（2014）
著(编)者：李江涛　2014年8月出版 / 估价:59.00元

广州蓝皮书
广州经济发展报告（2014）
著(编)者：李江涛 刘江华　2014年6月出版 / 估价:65.00元

广州蓝皮书
广州农村发展报告（2014）
著(编)者：李江涛 汤锦华　2014年8月出版 / 估价:59.00元

广州蓝皮书
广州青年发展报告（2014）
著(编)者：魏国华 张强　2014年9月出版 / 估价:65.00元

广州蓝皮书
广州汽车产业发展报告（2014）
著(编)者：李江涛 杨再高　2014年10月出版 / 估价:69.00元

广州蓝皮书
广州商贸业发展报告（2014）
著(编)者：陈家成 王旭东 荀振英
2014年7月出版 / 估价:69.00元

广州蓝皮书
广州文化创意产业发展报告（2014）
著(编)者：甘新　2014年10月出版 / 估价:59.00元

广州蓝皮书
中国广州城市建设发展报告（2014）
著(编)者：董皞 冼伟雄 李俊夫
2014年8月出版 / 估价:69.00元

广州蓝皮书
中国广州科技与信息化发展报告（2014）
著(编)者：庾建设 谢学宁　2014年8月出版 / 估价:59.00元

广州蓝皮书
中国广州文化创意产业发展报告（2014）
著(编)者：甘新　2014年10月出版 / 估价:59.00元

广州蓝皮书
中国广州文化发展报告（2014）
著(编)者：徐俊忠 汤应武 陆志强
2014年8月出版 / 估价:69.00元

贵州蓝皮书
贵州法治发展报告（2014）
著(编)者：吴大华　2014年3月出版 / 估价:69.00元

贵州蓝皮书
贵州社会发展报告（2014）
著(编)者：王兴骥　2014年3月出版 / 估价:59.00元

贵州蓝皮书
贵州农村扶贫开发报告（2014）
著(编)者：王朝新 宋明　2014年3月出版 / 估价:69.00元

贵州蓝皮书
贵州文化产业发展报告（2014）
著(编)者：李建国　2014年3月出版 / 估价:69.00元

文化传媒类·地方发展类

皮书系列
2014全品种

文化建设蓝皮书
中国文化建设发展报告（2014）
著(编)者:江畅　孙伟平　　2014年3月出版 / 估价:69.00元

文化品牌蓝皮书
中国文化品牌发展报告（2014）
著(编)者:欧阳友权　　2014年5月出版 / 估价:75.00元

文化软实力蓝皮书
中国文化软实力研究报告（2014）
著(编)者:张国祚　　2014年7月出版 / 估价:79.00元

文化遗产蓝皮书
中国文化遗产事业发展报告（2014）
著(编)者:刘世锦　　2014年3月出版 / 估价:79.00元

文学蓝皮书
中国文情报告（2014）
著(编)者:白烨　　2014年5月出版 / 估价:59.00元

新媒体蓝皮书
中国新媒体发展报告No.5（2014）
著(编)者:唐绪军　　2014年6月出版 / 估价:69.00元

移动互联网蓝皮书
中国移动互联网发展报告（2014）
著(编)者:官建文　　2014年4月出版 / 估价:79.00元

游戏蓝皮书
中国游戏产业发展报告（2014）
著(编)者:卢斌　　2014年4月出版 / 估价:79.00元

舆情蓝皮书
中国社会舆情与危机管理报告（2014）
著(编)者:谢耘耕　　2014年8月出版 / 估价:85.00元

粤港澳台文化蓝皮书
粤港澳台文化创意产业发展报告（2014）
著(编)者:丁未　　2014年4月出版 / 估价:69.00元

地方发展类

安徽蓝皮书
安徽社会发展报告（2014）
著(编)者:程桦　　2014年4月出版 / 估价:79.00元

安徽社会建设蓝皮书
安徽社会建设分析报告（2014）
著(编)者:黄家海　王开玉　蔡宪　2014年4月出版 / 估价:69.00元

北京蓝皮书
北京城乡发展报告（2014）
著(编)者:黄序　　2014年4月出版 / 估价:59.00元

北京蓝皮书
北京公共服务发展报告（2014）
著(编)者:张耘　　2014年3月出版 / 估价:65.00元

北京蓝皮书
北京经济发展报告（2014）
著(编)者:赵弘　　2014年4月出版 / 估价:59.00元

北京蓝皮书
北京社会发展报告（2014）
著(编)者:缪青　　2014年10月出版 / 估价:59.00元

北京蓝皮书
北京文化发展报告（2014）
著(编)者:李建盛　　2014年5月出版 / 估价:69.00元

北京蓝皮书
中国社区发展报告（2014）
著(编)者:于燕燕　　2014年8月出版 / 估价:59.00元

北京蓝皮书
北京公共服务发展报告（2014）
著(编)者:施昌奎　　2014年8月出版 / 估价:59.00元

北京旅游绿皮书
北京旅游发展报告（2014）
著(编)者:鲁勇　　2014年7月出版 / 估价:98.00元

北京律师蓝皮书
北京律师发展报告No.2（2014）
著(编)者:王隽　周塞军　2014年9月出版 / 估价:79.00元

北京人才蓝皮书
北京人才发展报告（2014）
著(编)者:于淼　　2014年10月出版 / 估价:89.00元

城乡一体化蓝皮书
中国城乡一体化发展报告·北京卷（2014）
著(编)者:张宝秀　黄序　2014年6月出版 / 估价:59.00元

创意城市蓝皮书
北京文化创意产业发展报告（2014）
著(编)者:张京成　王国华　2014年10月出版 / 估价:69.00元

创意城市蓝皮书
青岛文化创意产业发展报告（2014）
著(编)者:马达　　2014年5月出版 / 估价:69.00元

创意城市蓝皮书
无锡文化创意产业发展报告（2014）
著(编)者:庄若江　张鸣年　2014年8月出版 / 估价:75.00元

皮书系列 2014全品种　文化传媒类

文化传媒类

传媒蓝皮书
中国传媒产业发展报告（2014）
著(编)者：崔保国　2014年4月出版 / 估价：79.00元

传媒竞争力蓝皮书
中国传媒国际竞争力研究报告（2014）
著(编)者：李本乾　2014年9月出版 / 估价：69.00元

创意城市蓝皮书
武汉市文化创意产业发展报告（2014）
著(编)者：张京成　黄永林　2014年10月出版 / 估价：69.00元

电视蓝皮书
中国电视产业发展报告（2014）
著(编)者：卢斌　2014年4月出版 / 估价：79.00元

电影蓝皮书
中国电影出版发展报告（2014）
著(编)者：卢斌　2014年4月出版 / 估价：79.00元

动漫蓝皮书
中国动漫产业发展报告（2014）
著(编)者：卢斌　郑玉明　牛兴侦　2014年4月出版 / 估价：79.00元

广电蓝皮书
中国广播电影电视发展报告（2014）
著(编)者：庞井君　杨明品　李岚
2014年6月出版 / 估价：88.00元

广告主蓝皮书
中国广告主营销传播趋势报告NO.8
著(编)者：中国传媒大学广告主研究所
　　　　中国广告主营销传播创新研究课题组
　　　　黄升民　杜国清　邵华冬等
2014年5月出版 / 估价：98.00元

国际传播蓝皮书
中国国际传播发展报告（2014）
著(编)者：胡正荣　李继东　姬德强
2014年1月出版 / 估价：69.00元

纪录片蓝皮书
中国纪录片发展报告（2014）
著(编)者：何苏六　2014年10月出版 / 估价：89.00元

两岸文化蓝皮书
两岸文化产业合作发展报告（2014）
著(编)者：胡惠林　肖夏勇　2014年6月出版 / 估价：59.00元

媒介与女性蓝皮书
中国媒介与女性发展报告（2014）
著(编)者：刘利群　2014年8月出版 / 估价：69.00元

全球传媒蓝皮书
全球传媒产业发展报告（2014）
著(编)者：胡正荣　2014年12月出版 / 估价：79.00元

视听新媒体蓝皮书
中国视听新媒体发展报告（2014）
著(编)者：庞井君　2014年6月出版 / 估价：148.00元

文化创新蓝皮书
中国文化创新报告（2014）No.5
著(编)者：于平　傅才武　2014年7月出版 / 估价：79.00元

文化科技蓝皮书
文化科技融合与创意城市发展报告（2014）
著(编)者：李凤亮　于平　2014年7月出版 / 估价：79.00元

文化蓝皮书
2014年中国文化产业发展报告
著(编)者：张晓明　胡惠林　章建刚
2014年3月出版 / 估价：69.00元

文化蓝皮书
中国文化产业供需协调增长测评报（2013）
著(编)者：高书生　王亚楠　2014年5月出版 / 估价：79.00元

文化蓝皮书
中国城镇文化消费需求景气评价报告（2014）
著(编)者：王亚南　张晓明　祁述裕
2014年5月出版 / 估价：79.00元

文化蓝皮书
中国公共文化服务发展报告（2014）
著(编)者：于群　李国新　2014年10月出版 / 估价：98.00元

文化蓝皮书
中国文化消费需求景气评价报告（2014）
著(编)者：王亚南　2014年5月出版 / 估价：79.00元

文化蓝皮书
中国乡村文化消费需求景气评价报告（2014）
著(编)者：王亚南　2014年5月出版 / 估价：79.00元

文化蓝皮书
中国中心城市文化消费需求景气评价报告（2014）
著(编)者：王亚南　2014年5月出版 / 估价：79.00元

文化蓝皮书
中国少数民族文化发展报告（2014）
著(编)者：武翠英　张晓明　张学进
2014年3月出版 / 估价：69.00元

行业报告类

皮书系列 2014全品种

体育蓝皮书·公共体育服务
中国公共体育服务发展报告（2014）
著(编)者：戴健　2014年12月出版 / 估价:69.00元

投资蓝皮书
中国投资发展报告（2014）
著(编)者：杨庆蔚　2014年4月出版 / 估价:79.00元

投资蓝皮书
中国企业海外投资发展报告（2013~2014）
著(编)者：陈文晖　薛誉华　2013年12月出版 / 估价:69.00元

物联网蓝皮书
中国物联网发展报告（2014）
著(编)者：龚六堂　2014年1月出版 / 估价:59.00元

西部工业蓝皮书
中国西部工业发展报告（2014）
著(编)者：方行明　刘方健　姜凌等
2014年9月出版 / 估价:69.00元

西部金融蓝皮书
中国西部金融发展报告（2014）
著(编)者：李忠民　2014年10月出版 / 估价:69.00元

新能源汽车蓝皮书
中国新能源汽车产业发展报告（2014）
著(编)者：中国汽车技术研究中心
　　　　　日产（中国）投资有限公司
　　　　　东风汽车有限公司
2014年9月出版 / 估价:69.00元

信托蓝皮书
中国信托业研究报告（2014）
著(编)者：中建投信托研究中心　中国建设建投研究院
2014年9月出版 / 估价:59.00元

信托蓝皮书
中国信托投资报告（2014）
著(编)者：杨金龙　刘屹　2014年7月出版 / 估价:69.00元

信息化蓝皮书
中国信息化形势分析与预测（2014）
著(编)者：周宏仁　2014年7月出版 / 估价:98.00元

信用蓝皮书
中国信用发展报告（2014）
著(编)者：章政　田侃　2014年4月出版 / 估价:69.00元

休闲绿皮书
2014年中国休闲发展报告
著(编)者：刘德谦　唐兵　宋瑞
2014年6月出版 / 估价:59.00元

养老产业蓝皮书
中国养老产业发展报告（2013~2014年）
著(编)者：张车伟　2014年1月出版 / 估价:69.00元

移动互联网蓝皮书
中国移动互联网发展报告（2014）
著(编)者：官建文　2014年5月出版 / 估价:79.00元

医药蓝皮书
中国药品市场报告（2014）
著(编)者：程锦锥　朱恒鹏　2014年12月出版 / 估价:79.00元

中国林业竞争力蓝皮书
中国省域林业竞争力发展报告No.2（2014）
（上下册）
著(编)者：郑传芳　李闽榕　张春霞　张会儒
2014年8月出版 / 估价:139.00元

中国农业竞争力蓝皮书
中国省域农业竞争力发展报告No.2（2014）
著(编)者：郑传芳　宋洪远　李闽榕　张春霞
2014年7月出版 / 估价:128.00元

中国信托市场蓝皮书
中国信托业市场报告（2013~2014）
著(编)者：李旸　2014年10月出版 / 估价:69.00元

中国总部经济蓝皮书
中国总部经济发展报告（2014）
著(编)者：赵弘　2014年9月出版 / 估价:69.00元

珠三角流通蓝皮书
珠三角商圈发展研究报告（2014）
著(编)者：王先庆　林至颖　2014年8月出版 / 估价:69.00元

住房绿皮书
中国住房发展报告（2013~2014）
著(编)者：倪鹏飞　2013年12月出版 / 估价:79.00元

资本市场蓝皮书
中国场外交易市场发展报告（2014）
著(编)者：高峦　2014年3月出版 / 估价:79.00元

资产管理蓝皮书
中国信托业发展报告（2014）
著(编)者：智信资产管理研究院　2014年7月出版 / 估价:69.00元

支付清算蓝皮书
中国支付清算发展报告（2014）
著(编)者：杨涛　2014年4月出版 / 估价:45.00元

皮书系列 2014全品种
行业报告类

抗衰老医学蓝皮书
抗衰老医学发展报告（2014）
著(编)者：罗伯特·高德曼 罗纳德·科莱兹
尼尔·布什 朱敏 金大鹏 郭弋
2014年3月出版 / 估价:69.00元

客车蓝皮书
中国客车产业发展报告（2014）
著(编)者：姚蔚　2014年12月出版 / 估价:69.00元

科学传播蓝皮书
中国科学传播报告（2014）
著(编)者：詹正茂　2014年4月出版 / 估价:69.00元

流通蓝皮书
中国商业发展报告（2014）
著(编)者：荆林波　2014年5月出版 / 估价:89.00元

旅游安全蓝皮书
中国旅游安全报告（2014）
著(编)者：郑向敏　谢朝武　2014年6月出版 / 估价:79.00元

旅游绿皮书
2013~2014年中国旅游发展分析与预测
著(编)者：宋瑞　2013年12月出版 / 估价:69.00元

旅游城市绿皮书
世界旅游城市发展报告（2013~2014）
著(编)者：张辉　2014年1月出版 / 估价:69.00元

贸易蓝皮书
中国贸易发展报告（2014）
著(编)者：荆林波　2014年5月出版 / 估价:49.00元

民营医院蓝皮书
中国民营医院发展报告（2014）
著(编)者：朱幼棣　2014年10月出版 / 估价:69.00元

闽商蓝皮书
闽商发展报告（2014）
著(编)者：李闽榕 王日根　2014年12月出版 / 估价:69.00元

能源蓝皮书
中国能源发展报告（2014）
著(编)者：崔民选 王军生 陈义和
2014年10月出版 / 估价:59.00元

农产品流通蓝皮书
中国农产品流通产业发展报告（2014）
著(编)者：贾敬敦 王炳南 张玉玺 张鹏毅 陈丽华
2014年9月出版 / 估价:89.00元

期货蓝皮书
中国期货市场发展报告（2014）
著(编)者：荆林波　2014年6月出版 / 估价:98.00元

企业蓝皮书
中国企业竞争力报告（2014）
著(编)者：金碚　2014年11月出版 / 估价:89.00元

汽车安全蓝皮书
中国汽车安全发展报告（2014）
著(编)者：赵福全 孙小端 等　2014年1月出版 / 估价:69.00元

汽车蓝皮书
中国汽车产业发展报告（2014）
著(编)者：国务院发展研究中心产业经济研究部
中国汽车工程学会 大众汽车集团（中国）
2014年7月出版 / 估价:79.00元

清洁能源蓝皮书
国际清洁能源发展报告（2014）
著(编)者：国际清洁能源论坛（澳门）
2014年9月出版 / 估价:89.00元

人力资源蓝皮书
中国人力资源发展报告（2014）
著(编)者：吴江　2014年9月出版 / 估价:69.00元

软件和信息服务业蓝皮书
中国软件和信息服务业发展报告（2014）
著(编)者：洪京一 工业和信息化部电子科学技术情报研究所
2014年6月出版 / 估价:98.00元

商会蓝皮书
中国商会发展报告No.4（2014）
著(编)者：黄孟复　2014年4月出版 / 估价:59.00元

商品市场蓝皮书
中国商品市场发展报告（2014）
著(编)者：荆林波　2014年7月出版 / 估价:59.00元

上市公司蓝皮书
中国上市公司非财务信息披露报告（2014）
著(编)者：钟宏武 张旺 张蒽 等
2014年12月出版 / 估价:59.00元

食品药品蓝皮书
食品药品安全与监管政策研究报告（2014）
著(编)者：唐民皓　2014年7月出版 / 估价:69.00元

世界能源蓝皮书
世界能源发展报告（2014）
著(编)者：黄晓勇　2014年9月出版 / 估价:99.00元

私募市场蓝皮书
中国私募股权市场发展报告（2014）
著(编)者：曹和平　2014年4月出版 / 估价:69.00元

体育蓝皮书
中国体育产业发展报告（2014）
著(编)者：阮伟 钟秉枢　2013年2月出版 / 估价:69.00元

行业报告类

皮书系列 2014全品种

餐饮产业蓝皮书
中国餐饮产业发展报告（2014）
著(编)者:中国烹饪协会 中国社会科学院财经战略研究院
2014年5月出版 / 估价:59.00元

测绘地理信息蓝皮书
中国地理信息产业发展报告（2014）
著(编)者:徐德明　2014年12月出版 / 估价:98.00元

茶业蓝皮书
中国茶产业发展报告（2014）
著(编)者:李闽榕 杨江帆　2014年4月出版 / 估价:79.00元

产权市场蓝皮书
中国产权市场发展报告（2014）
著(编)者:曹和平　2014年1月出版 / 估价:69.00元

产业安全蓝皮书
中国出版与传媒安全报告（2014）
著(编)者:北京交通大学中国产业安全研究中心
2014年1月出版 / 估价:59.00元

产业安全蓝皮书
中国医疗产业安全报告（2014）
著(编)者:北京交通大学中国产业安全研究中心
2014年1月出版 / 估价:59.00元

产业安全蓝皮书
中国医疗产业安全报告（2014）
著(编)者:李孟刚　2014年7月出版 / 估价:69.00元

产业安全蓝皮书
中国文化产业安全蓝皮书(2013~2014)
著(编)者:高海涛 刘益　2014年3月出版 / 估价:69.00元

产业安全蓝皮书
中国出版传媒产业安全报告（2014）
著(编)者:孙万军 王玉海　2014年12月出版 / 估价:69.00元

典当业蓝皮书
中国典当行业发展报告（2013~2014）
著(编)者:黄育华 王力 张红地
2014年10月出版 / 估价:69.00元

电子商务蓝皮书
中国城市电子商务影响力报告（2014）
著(编)者:荆林波　2014年5月出版 / 估价:69.00元

电子政务蓝皮书
中国电子政务发展报告（2014）
著(编)者:洪毅 王长胜　2014年2月出版 / 估价:59.00元

杜仲产业绿皮书
中国杜仲橡胶资源与产业发展报告（2014）
著(编)者:杜红岩 胡文臻 俞瑞
2014年9月出版 / 估价:99.00元

房地产蓝皮书
中国房地产发展报告No.11
著(编)者:魏后凯 李景国　2014年4月出版 / 估价:79.00元

服务外包蓝皮书
中国服务外包产业发展报告（2014）
著(编)者:王晓红 李皓　2014年4月出版 / 估价:89.00元

高端消费蓝皮书
中国高端消费市场研究报告
著(编)者:侬绍华 王雪峰　2013年12月出版 / 估价:69.00元

会展经济蓝皮书
中国会展经济发展报告（2014）
著(编)者:过聚荣　2014年9月出版 / 估价:65.00元

会展蓝皮书
中外会展业动态评估年度报告（2014）
著(编)者:张敏　2014年8月出版 / 估价:68.00元

基金会绿皮书
中国基金会发展独立研究报告（2014）
著(编)者:基金会中心网　2014年8月出版 / 估价:58.00元

交通运输蓝皮书
中国交通运输服务发展报告（2014）
著(编)者:林晓言 卜伟 武剑红
2014年10月出版 / 估价:69.00元

金融监管蓝皮书
中国金融监管报告（2014）
著(编)者:胡滨　2014年9月出版 / 估价:65.00元

金融蓝皮书
中国金融中心发展报告（2014）
著(编)者:中国社会科学院金融研究所
　　　　中国博士后特华科研工作站 王力 黄育华
2014年10月出版 / 估价:59.00元

金融蓝皮书
中国商业银行竞争力报告（2014）
著(编)者:王松奇　2014年5月出版 / 估价:79.00元

金融蓝皮书
中国金融发展报告（2014）
著(编)者:李扬 王国刚　2013年12月出版 / 估价:69.00元

金融蓝皮书
中国金融法治报告（2014）
著(编)者:胡滨 全先银　2014年3月出版 / 估价:65.00元

金融蓝皮书
中国金融产品与服务报告（2014）
著(编)者:殷剑峰　2014年6月出版 / 估价:59.00元

金融信息服务蓝皮书
金融信息服务业发展报告（2014）
著(编)者:鲁广锦　2014年11月出版 / 估价:69.00元

皮书系列 2014全品种 社会政法类·行业报告类

区域人才蓝皮书
中国区域人才竞争力报告No.2
著(编)者：桂昭明 王辉耀　　2014年6月出版 / 估价:69.00元

人才蓝皮书
中国人才发展报告（2014）
著(编)者：潘晨光　　2014年10月出版 / 估价:79.00元

人权蓝皮书
中国人权事业发展报告No.4（2014）
著(编)者：李君如　　2014年7月出版 / 估价:98.00元

世界人才蓝皮书
全球人才发展报告No.1
著(编)者：孙学玉 张冠梓　　2013年12月出版 / 估价:69.00元

社会保障绿皮书
中国社会保障发展报告（2014）No.6
著(编)者：王延中　　2014年4月出版 / 估价:69.00元

社会工作蓝皮书
中国社会工作发展报告（2013~2014）
著(编)者：王杰秀 邹文开　　2014年8月出版 / 估价:59.00元

社会管理蓝皮书
中国社会管理创新报告No.3
著(编)者：连玉明　　2014年9月出版 / 估价:79.00元

社会蓝皮书
2014年中国社会形势分析与预测
著(编)者：李培林 陈光金 张翼　　2013年12月出版 / 估价:69.00元

社会体制蓝皮书
中国社会体制改革报告（2014）No.2
著(编)者：龚维斌　　2014年5月出版 / 估价:59.00元

社会心态蓝皮书
2014年中国社会心态研究报告
著(编)者：王俊秀 杨宜音　　2014年1月出版 / 估价:59.00元

生态城市绿皮书
中国生态城市建设发展报告（2014）
著(编)者：李景源 孙伟平 刘举科　　2014年6月出版 / 估价:128.00元

生态文明绿皮书
中国省域生态文明建设评价报告（ECI 2014）
著(编)者：严耕　　2014年9月出版 / 估价:98.00元

世界创新竞争力黄皮书
世界创新竞争力发展报告（2014）
著(编)者：李建平 李闽榕 赵新力　　2014年11月出版 / 估价:128.0

水与发展蓝皮书
中国水风险评估报告（2014）
著(编)者：苏杨　　2014年9月出版 / 估价:69.00元

危机管理蓝皮书
中国危机管理报告（2014）
著(编)者：文学国 范正青　　2014年8月出版 / 估价:79.00元

小康蓝皮书
中国全面建设小康社会监测报告（2014）
著(编)者：潘璠　　2014年11月出版 / 估价:59.00元

形象危机应对蓝皮书
形象危机应对研究报告（2014）
著(编)者：唐钧　　2014年9月出版 / 估价:118.00元

政治参与蓝皮书
中国政治参与报告（2014）
著(编)者：房宁　　2014年7月出版 / 估价:58.00元

政治发展蓝皮书
中国政治发展报告（2014）
著(编)者：房宁 杨海蛟　　2014年6月出版 / 估价:98.00元

宗教蓝皮书
中国宗教报告（2014）
著(编)者：金泽 邱永辉　　2014年8月出版 / 估价:59.00元

社会组织蓝皮书
中国社会组织评估报告（2014）
著(编)者：徐家良　　2014年3月出版 / 估价:69.00元

政府绩效评估蓝皮书
中国地方政府绩效评估报告（2014）
著(编)者：贠杰　　2014年9月出版 / 估价:69.00元

行业报告类

保健蓝皮书
中国保健服务产业发展报告No.2
著(编)者：中国保健协会 中共中央党校
2014年7月出版 / 估价:198.00元

保健蓝皮书
中国保健食品产业发展报告No.2
著(编)者：中国保健协会
　　中国社会科学院食品药品产业发展与监管研究中心
2014年7月出版 / 估价:198.00元

保健蓝皮书
中国保健用品产业发展报告No.2
著(编)者：中国保健协会　　2014年3月出版 / 估价:198.00元

保险蓝皮书
中国保险业竞争力报告（2014）
著(编)者：罗忠敏　　2014年1月出版 / 估价:98.00元

社会政法类

妇女发展蓝皮书
福建省妇女发展报告（2014）
著(编)者：刘群英　2014年10月出版 / 估价：58.00元

妇女发展蓝皮书
中国妇女发展报告No.5
著(编)者：王金玲　高小贤　2014年5月出版 / 估价：65.00元

妇女教育蓝皮书
中国妇女教育发展报告No.3
著(编)者：张李玺　2014年10月出版 / 估价：69.00元

公共服务满意度蓝皮书
中国城市公共服务评价报告（2014）
著(编)者：胡伟　2014年11月出版 / 估价：69.00元

公共服务蓝皮书
中国城市基本公共服务力评价（2014）
著(编)者：侯惠勤　辛向阳　易定宏
2014年10月出版 / 估价：55.00元

公民科学素质蓝皮书
中国公民科学素质调查报告（2013~2014）
著(编)者：李群　许佳军　2014年2月出版 / 估价：69.00元

公益蓝皮书
中国公益发展报告（2014）
著(编)者：朱健刚　2014年5月出版 / 估价：78.00元

国际人才蓝皮书
中国海归创业发展报告（2014）No.2
著(编)者：王辉耀　路江涌　2014年10月出版 / 估价：69.00元

国际人才蓝皮书
中国留学发展报告（2014）No.3
著(编)者：王辉耀　2014年9月出版 / 估价：59.00元

行政改革蓝皮书
中国行政体制改革报告（2014）No.3
著(编)者：魏礼群　2014年3月出版 / 估价：69.00元

华侨华人蓝皮书
华侨华人研究报告（2014）
著(编)者：丘进　2014年5月出版 / 估价：128.00元

环境竞争力绿皮书
中国省域环境竞争力发展报告（2014）
著(编)者：李建平　李闽榕　王金南
2014年12月出版 / 估价：148.00元

环境绿皮书
中国环境发展报告（2014）
著(编)者：刘鉴强　2014年4月出版 / 估价：69.00元

基本公共服务蓝皮书
中国省级政府基本公共服务发展报告（2014）
著(编)者：孙德超　2014年1月出版 / 估价：69.00元

基金会透明度蓝皮书
中国基金会透明度发展研究报告（2014）
著(编)者：基金会中心网　2014年7月出版 / 估价：79.00元

教师蓝皮书
中国中小学教师发展报告（2014）
著(编)者：曾晓东　2014年4月出版 / 估价：59.00元

教育蓝皮书
中国教育发展报告（2014）
著(编)者：杨东平　2014年3月出版 / 估价：69.00元

科普蓝皮书
中国科普基础设施发展报告（2014）
著(编)者：任福君　2014年6月出版 / 估价：79.00元

口腔健康蓝皮书
中国口腔健康发展报告（2014）
著(编)者：胡德渝　2014年12月出版 / 估价：59.00元

老龄蓝皮书
中国老龄事业发展报告（2014）
著(编)者：吴玉韶　2014年2月出版 / 估价：59.00元

连片特困区蓝皮书
中国连片特困区发展报告（2014）
著(编)者：丁建军　冷志明　游俊　2014年3月出版 / 估价：79.00元

民间组织蓝皮书
中国民间组织报告（2014）
著(编)者：黄晓勇　2014年8月出版 / 估价：69.00元

民族发展蓝皮书
中国民族区域自治发展报告（2014）
著(编)者：郝时远　2014年6月出版 / 估价：98.00元

女性生活蓝皮书
中国女性生活状况报告No.8（2014）
著(编)者：韩湘景　2014年3月出版 / 估价：78.00元

汽车社会蓝皮书
中国汽车社会发展报告（2014）
著(编)者：王俊秀　2014年1月出版 / 估价：59.00元

青年蓝皮书
中国青年发展报告（2014）No.2
著(编)者：廉思　2014年6月出版 / 估价：59.00元

全球环境竞争力绿皮书
全球环境竞争力发展报告（2014）
著(编)者：李建平　李闽榕　王金南　2014年11月出版 / 估价：69.00元

青少年蓝皮书
中国未成年人新媒体运用报告（2014）
著(编)者：李文革　沈杰　季为民　2014年6月出版 / 估价：69.00元

皮书系列 2014全品种
经济类·社会政法类

人口与劳动绿皮书
中国人口与劳动问题报告No.15
著(编)者:蔡昉　2014年6月出版 / 估价:69.00元

生态经济(建设)绿皮书
中国经济(建设)发展报告(2013~2014)
著(编)者:黄浩涛　李周　2014年10月出版 / 估价:69.00元

世界经济黄皮书
2014年世界经济形势分析与预测
著(编)者:王洛林　张宇燕　2014年1月出版 / 估价:69.00元

西北蓝皮书
中国西北发展报告(2014)
著(编)者:张进海　陈冬红　段庆林　2014年1月出版 / 定价:65.00元

西部蓝皮书
中国西部发展报告(2014)
著(编)者:姚慧琴　徐璋勇　2014年7月出版 / 估价:69.00元

新型城镇化蓝皮书
新型城镇化发展报告(2014)
著(编)者:沈体雁　李伟　宋敏　2014年3月出版 / 估价:69.00元

新兴经济体蓝皮书
金砖国家发展报告(2014)
著(编)者:林跃勤　周文　2014年3月出版 / 估价:79.00元

循环经济绿皮书
中国循环经济发展报告(2013~2014)
著(编)者:齐建国　2014年12月出版 / 估价:69.00元

中部竞争力蓝皮书
中国中部经济社会竞争力报告(2014)
著(编)者:教育部人文社会科学重点研究基地
南昌大学中国中部经济社会发展研究中心
2014年7月出版 / 估价:59.00元

中部蓝皮书
中国中部地区发展报告(2014)
著(编)者:朱有志　2014年10月出版 / 估价:59.00元

中国科技蓝皮书
中国科技发展报告(2014)
著(编)者:陈劲　2014年4月出版 / 估价:69.00元

中国省域竞争力蓝皮书
中国省域经济综合竞争力发展报告(2012~2013)
著(编)者:李建平　李闽榕　高燕京　2014年3月出版 / 估价:188.00元

中三角蓝皮书
长江中游城市群发展报告(2013~2014)
著(编)者:秦尊文　2014年6月出版 / 估价:69.00元

中小城市绿皮书
中国中小城市发展报告(2014)
著(编)者:中国城市经济学会中小城市经济发展委员会
《中国中小城市发展报告》编纂委员会
2014年10月出版 / 估价:98.00元

中原蓝皮书
中原经济区发展报告(2014)
著(编)者:刘怀廉　2014年6月出版 / 估价:68.00元

社会政法类

殡葬绿皮书
中国殡葬事业发展报告(2014)
著(编)者:朱勇　副主编　李伯森　2014年3月出版 / 估价:59.00元

城市创新蓝皮书
中国城市创新报告(2014)
著(编)者:周天勇　旷建伟　2014年7月出版 / 估价:69.00元

城市管理蓝皮书
中国城市管理报告2014
著(编)者:谭维克　刘林　2014年7月出版 / 估价:98.00元

城市生活质量蓝皮书
中国城市生活质量指数报告(2014)
著(编)者:张平　2014年7月出版 / 估价:59.00元

城市政府能力蓝皮书
中国城市政府公共服务能力评估报告(2014)
著(编)者:何艳玲　2014年7月出版 / 估价:59.00元

创新蓝皮书
创新型国家建设报告(2014)
著(编)者:詹正茂　2014年7月出版 / 估价:69.00元

慈善蓝皮书
中国慈善发展报告(2014)
著(编)者:杨团　2014年6月出版 / 估价:69.00元

法治蓝皮书
中国法治发展报告No.12(2014)
著(编)者:李林　田禾　2014年2月出版 / 估价:98.00元

反腐倡廉蓝皮书
中国反腐倡廉建设报告No.3
著(编)者:李秋芳　2013年12月出版 / 估价:79.00元

非传统安全蓝皮书
中国非传统安全研究报告(2014)
著(编)者:余潇枫　2014年5月出版 / 估价:69.00元

皮书系列
2014全品种

经济类

经济类

产业蓝皮书
中国产业竞争力报告（2014）No.4
著(编)者:张其仔　2014年5月出版 / 估价:79.00元

长三角蓝皮书
2014年率先基本实现现代化的长三角
著(编)者:刘志彪　2014年6月出版 / 估价:120.00元

城市竞争力蓝皮书
中国城市竞争力报告No.12
著(编)者:倪鹏飞　2014年5月出版 / 估价:89.00元

城市蓝皮书
中国城市发展报告No.7
著(编)者:潘家华　魏后凯　2014年7月出版 / 估价:69.00元

城市群蓝皮书
中国城市群发展指数报告(2014)
著(编)者:刘士林　刘新静　2014年10月出版 / 估价:59.00元

城乡统筹蓝皮书
中国城乡统筹发展报告（2014）
著(编)者:程志强、潘晨光　2014年3月出版 / 估价:59.00元

城乡一体化蓝皮书
中国城乡一体化发展报告（2014）
著(编)者:汝信 付崇兰　2014年8月出版 / 估价:59.00元

城镇化蓝皮书
中国城镇化健康发展报告（2014）
著(编)者:张占斌　2014年10月出版 / 估价:69.00元

低碳发展蓝皮书
中国低碳发展报告（2014）
著(编)者:齐晔　2014年7月出版 / 估价:69.00元

低碳经济蓝皮书
中国低碳经济发展报告（2014）
著(编)者:薛进军 赵忠秀　2014年5月出版 / 估价:79.00元

东北蓝皮书
中国东北地区发展报告（2014）
著(编)者:鲍振东 曹晓峰　2014年8月出版 / 估价:79.00元

发展和改革蓝皮书
中国经济发展和体制改革报告No.7
著(编)者:邹东涛　2014年7月出版 / 估价:79.00元

工业化蓝皮书
中国工业化进程报告（2014）
著(编)者: 黄群慧 吕铁 李晓华 等
2014年11月出版 / 估价:89.00元

国际城市蓝皮书
国际城市发展报告（2014）
著(编)者:屠启宇　2014年1月出版 / 估价:69.00元

国家创新蓝皮书
国家创新发展报告（2013~2014）
著(编)者:陈劲　2014年3月出版 / 估价:69.00元

国家竞争力蓝皮书
中国国家竞争力报告No.2
著(编)者:倪鹏飞　2014年10月出版 / 估价:98.00元

宏观经济蓝皮书
中国经济增长报告（2014）
著(编)者:张平 刘霞辉　2014年10月出版 / 估价:69.00元

减贫蓝皮书
中国减贫与社会发展报告
著(编)者:黄承伟　2014年7月出版 / 估价:69.00元

金融蓝皮书
中国金融发展报告（2014）
著(编)者:李扬 王国刚　2013年12月出版 / 定价:69.00元

经济蓝皮书
2014年中国经济形势分析与预测
著(编)者:李扬　2013年12月出版 / 估价:69.00元

经济蓝皮书春季号
中国经济前景分析——2014年春季报告
著(编)者:李扬　2014年4月出版 / 估价:59.00元

经济信息绿皮书
中国与世界经济发展报告（2014）
著(编)者:王长胜　2013年12月出版 / 定价:69.00元

就业蓝皮书
2014年中国大学生就业报告
著(编)者:麦可思研究院　2014年6月出版 / 估价:98.00元

民营经济蓝皮书
中国民营经济发展报告No.10（2013~2014）
著(编)者:黄孟复　2014年9月出版 / 估价:69.00元

民营企业蓝皮书
中国民营企业竞争力报告No.7（2014）
著(编)者:刘迎秋　2014年1月出版 / 估价:79.00元

农村绿皮书
中国农村经济形势分析与预测（2014）
著(编)者:中国社会科学院农村发展研究所
　　　　国家统计局农村社会经济调查司 著
2014年4月出版 / 估价:59.00元

企业公民蓝皮书
中国企业公民报告No.4
著(编)者:邹东涛　2014年7月出版 / 估价:69.00元

企业社会责任蓝皮书
中国企业社会责任研究报告（2014）
著(编)者:黄群慧 彭华岗 钟宏武 等
2014年11月出版 / 估价:59.00元

气候变化绿皮书
应对气候变化报告（2014）
著(编)者:王伟光 郑国光　2014年11月出版 / 估价:79.00元

区域蓝皮书
中国区域经济发展报告（2014）
著(编)者:梁昊光　2014年4月出版 / 估价:69.00元

皮书系列 重点推荐

地方发展类·文化传媒类

广州蓝皮书
广州经济发展报告（2014）（赠阅读卡）

李江涛 刘江华 / 主编　　2014年6月出版　　估价:65.00元

◆ 本书是由广州市社会科学院主持编写的"广州蓝皮书"系列之一，本报告对广州2013年宏观经济运行情况作了深入分析，对2014年宏观经济走势进行了合理预测，并在此基础上提出了相应的政策建议。

文化传媒类

文化传媒类皮书透视文化领域、文化产业，
探索文化大繁荣、大发展的路径

新媒体蓝皮书
中国新媒体发展报告 No.4(2013)（赠阅读卡）

唐绪军 / 主编　　2014年6月出版　　估价:69.00元

◆ 本书由中国社会科学院新闻与传播研究所和上海大学合作编写，在构建新媒体发展研究基本框架的基础上，全面梳理2013年中国新媒体发展现状，发表最前沿的网络媒体深度调查数据和研究成果，并对新媒体发展的未来趋势做出预测。

舆情蓝皮书
中国社会舆情与危机管理报告（2014）（赠阅读卡）

谢耘耕 / 主编　　2014年8月出版　　估价:85.00元

◆ 本书由上海交通大学舆情研究实验室和危机管理研究中心主编，已被列入教育部人文社会科学研究报告培育项目。本书以新媒体环境下的中国社会为立足点，对2013年中国社会舆情、分类舆情等进行了深入系统的研究，并预测了2014年社会舆情走势。

地方发展类　　皮书系列 重点推荐

广州蓝皮书

2014年中国广州社会形势分析与预测（赠阅读卡）

易佐永　杨　秦　顾涧清/主编　2014年5月出版　估价:65.00元

◆ 本书由广州大学与广州市委宣传部、广州市人力资源和社会保障局联合主编，汇集了广州科研团体、高等院校和政府部门诸多社会问题研究专家、学者和实际部门工作者的最新研究成果，是关于广州社会运行情况和相关专题分析与预测的重要参考资料。

河南经济蓝皮书

2014年河南经济形势分析与预测（赠阅读卡）

胡五岳/主编　2014年4月出版　估价:59.00元

◆ 本书由河南省统计局主持编纂。该分析与展望以2013年最新年度统计数据为基础，科学研判河南经济发展的脉络轨迹、分析年度运行态势；以客观翔实、权威资料为特征，突出科学性、前瞻性和可操作性，服务于科学决策和科学发展。

陕西蓝皮书

陕西社会发展报告（2014）（赠阅读卡）

任宗哲　石　英　江　波/主编　2014年1月出版　估价:65.00元

◆ 本书系统而全面地描述了陕西省2013年社会发展各个领域所取得的成就、存在的问题、面临的挑战及其应对思路，为更好地思考2014年陕西发展前景、政策指向和工作策略等方面提供了一个较为简洁清晰的参考蓝本。

上海蓝皮书

上海经济发展报告（2014）（赠阅读卡）

沈开艳/主编　2014年1月出版　估价:69.00元

◆ 本书系上海社会科学院系列之一，报告对2014年上海经济增长与发展趋势的进行了预测，把握了上海经济发展的脉搏和学术研究的前沿。

地方发展类

地方发展类皮书关注大陆各省份、经济区域，提供科学、多元的预判与咨政信息

社会建设蓝皮书
2014年北京社会建设分析报告（赠阅读卡）

宋贵伦/主编　2014年4月出版　估价:69.00元

◆ 本书依据社会学理论框架和分析方法，对北京市的人口、就业、分配、社会阶层以及城乡关系等社会学基本问题进行了广泛调研与分析，对广受社会关注的住房、教育、医疗、养老、交通等社会热点问题做了深刻了解与剖析，对日益显现的征地搬迁、外籍人口管理、群体性心理障碍等进行了有益探讨。

温州蓝皮书
2014年温州经济社会形势分析与预测（赠阅读卡）

潘忠强　王春光　金浩/主编　2014年4月出版　估价:69.00元

◆ 本书是由中共温州市委党校与中国社会科学院社会学研究所合作推出的第七本"温州经济社会形势分析与预测"年度报告，深入全面分析了2013年温州经济、社会、政治、文化发展的主要特点、经验、成效与不足，提出了相应的政策建议。

上海蓝皮书
上海资源环境发展报告（2014）（赠阅读卡）

周冯琦　汤庆合　王利民/著　2014年1月出版　估价:59.00元

◆ 本书在上海所面临资源环境风险的来源、程度、成因、对策等方面作了些有益的探索，希望能对有关部门完善上海的资源环境风险防控工作提供一些有价值的参考，也让普通民众更全面地了解上海资源环境风险及其防控的图景。

国别与地区类

拉美黄皮书

拉丁美洲和加勒比发展报告（2013~2014）（赠阅读卡）

吴白乙 / 主编　2014年4月出版　估价：89.00元

◆ 本书是中国社会科学院拉丁美洲研究所的第13份关于拉丁美洲和加勒比地区发展形势状况的年度报告。本书对2013年拉丁美洲和加勒比地区诸国的政治、经济、社会、外交等方面的发展情况做了系统介绍，对该地区相关国家的热点及焦点问题进行了总结和分析，并在此基础上对该地区各国2014年的发展前景做出预测。

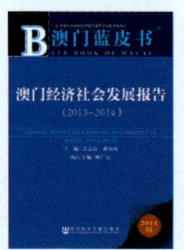

澳门蓝皮书

澳门经济社会发展报告（2013~2014）（赠阅读卡）

吴志良　郝雨凡 / 主编　2014年3月出版　估价：79.00元

◆ 本书集中反映2013年本澳各个领域的发展动态，总结评价近年澳门政治、经济、社会的总体变化，同时对2014年社会经济情况作初步预测。

日本经济蓝皮书

日本经济与中日经贸关系研究报告（2014）（赠阅读卡）

王洛林　张季风 / 主编　2014年5月出版　估价：79.00元

◆ 本书对当前日本经济以及中日经济合作的发展动态进行了多角度、全景式的深度分析。本报告回顾并展望了2013~2014年度日本宏观经济的运行状况。此外，本报告还收录了大量来自于日本政府权威机构的数据图表，具有极高的参考价值。

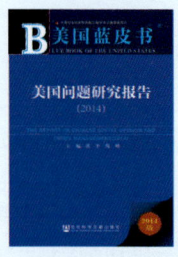

美国蓝皮书

美国问题研究报告（2014）（赠阅读卡）

黄平　倪峰 / 主编　2014年6月出版　估价：89.00元

◆ 本书是由中国社会科学院美国所主持完成的研究成果，它回顾了美国2013年的经济、政治形势与外交战略，对2013年以来美国内政外交发生的重大事件以及重要政策进行了较为全面的回顾和梳理。

皮书系列 重点推荐　　国别与地区类

国别与地区类

国别与地区类皮书关注全球重点国家与地区，
提供全面、独特的解读与研究

亚太蓝皮书
亚太地区发展报告（2014）（赠阅读卡）

李向阳 / 主编　　2013年12月出版　　定价: 69.00元

◆ 本书是由中国社会科学院亚太与全球战略研究院精心打造的又一品牌皮书，关注时下亚太地区局势发展动向里隐藏的中长趋势，剖析亚太地区政治与安全格局下的区域形势最新动向以及地区关系发展的热点问题，并对2014年亚太地区重大动态作出前瞻性的分析与预测。

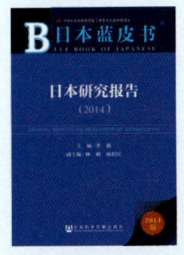

日本蓝皮书
日本研究报告（2014）（赠阅读卡）

李　薇 / 主编　　2014年2月出版　　估价: 69.00元

◆ 本书由中华日本学会、中国社会科学院日本研究所合作推出，是以中国社会科学院日本研究所的研究人员为主完成的研究成果。对2013年日本的政治、外交、经济、社会文化作了回顾、分析与展望，并收录了该年度日本大事记。

欧洲蓝皮书
欧洲发展报告(2013~2014)（赠阅读卡）

周　弘 / 主编　　2014年3月出版　　估价: 89.00元

◆ 本年度的欧洲发展报告，对欧洲经济、政治、社会、外交等面的形式进行了跟踪介绍与分析。力求反映作为一个整体的欧盟及30多个欧洲国家在2013年出现的各种变化。

行业报告类　　皮书系列重点推荐

企业蓝皮书
中国企业竞争力报告（2014）（赠阅读卡）

金　碚 / 主编　　2014 年 11 月出版　　估价：89.00 元

◆　中国经济正处于新一轮的经济波动中，如何保持稳健的经营心态和经营方式并进一步求发展，对于企业保持并提升核心竞争力至关重要。本书利用上市公司的财务数据，研究上市公司竞争力变化的最新趋势，探索进一步提升中国企业国际竞争力的有效途径，这无论对实践工作者还是理论研究者都具有重大意义。

食品药品蓝皮书
食品药品安全与监管政策研究报告（2014）（赠阅读卡）

唐民皓 / 主编　　2014 年 7 月出版　　估价：69.00 元

◆　食品药品安全是当下社会关注的焦点问题之一，如何破解食品药品安全监管重点难点问题是需要以社会合力才能解决的系统工程。本书围绕安全热点问题、监管重点问题和政策焦点问题，注重于对食品药品公共政策和行政监管体制的探索和研究。

流通蓝皮书
中国商业发展报告（2013~2014）（赠阅读卡）

荆林波 / 主编　　2014 年 5 月出版　　估价：89.00 元

◆　《中国商业发展报告》是中国社会科学院财经战略研究院与香港利丰研究中心合作的成果，并且在 2010 年开始以中英文版同步在全球发行。蓝皮书从关注中国宏观经济出发，突出中国流通业的宏观背景反映了本年度中国流通业发展的状况。

住房绿皮书
中国住房发展报告（2013~2014）（赠阅读卡）

倪鹏飞 / 主编　　2013 年 12 月出版　　估价：79.00 元

◆　本报告从宏观背景、市场主体、市场体系、公共政策和年度主题五个方面，对中国住宅市场体系做了全面系统的分析、预测与评价，并给出了相关政策建议，并在评述 2012~2013 年住房及相关市场走势的基础上，预测了 2013~2014 年住房及相关市场的发展变化。

行业报告类

行业报告类皮书立足重点行业、新兴行业领域，提供及时、前瞻的数据与信息

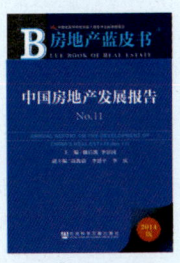

房地产蓝皮书
中国房地产发展报告No.11（赠阅读卡）

魏后凯 李景国 / 主编　　2014年4月出版　　估价：79.00元

◆ 本书由中国社会科学院城市发展与环境研究所组织编写，秉承客观公正、科学中立的原则，深度解析2013年中国房地产发展的形势和存在的主要矛盾，并预测2014年及未来10年或更长时间的房地产发展大势。观点精辟，数据翔实，对关注房地产市场的各阶层人士极具参考价值。

旅游绿皮书
2013~2014年中国旅游发展分析与预测（赠阅读卡）

宋　瑞 / 主编　　2013年12月出版　　定价：69.00元

◆ 如何从全球的视野理性审视中国旅游，如何在世界旅游版图上客观定位中国，如何积极有效地推进中国旅游的世界化，如何制定中国实现世界旅游强国梦想的线路图？本年度开始，《旅游绿皮书》将围绕"世界与中国"这一主题进行系列研究，以期为推进中国旅游的长远发展提供科学参考和智力支持。

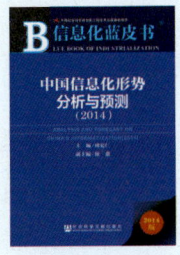

信息化蓝皮书
中国信息化形势分析与预测（2014）（赠阅读卡）

周宏仁 / 主编　　2014年7月出版　　估价：98.00元

◆ 本书在以中国信息化发展的分析和预测为重点的同时，反映了过去一年间中国信息化关注的重点和热点，视野宽阔，观点新颖，内容丰富，数据翔实，对中国信息化的发展有很强的指导性，可读性很强。

社会政法类　皮书系列 重点推荐

社会保障绿皮书

中国社会保障发展报告（2014）No.6（赠阅读卡）

王延中 / 主编　2014 年 9 月出版　估价 :69.00 元

◆ 社会保障是调节收入分配的重要工具，随着社会保障制度的不断建立健全、社会保障覆盖面的不断扩大和社会保障资金的不断增加，社会保障在调节收入分配中的重要性不断提高。本书全面评述了 2013 年以来社会保障制度各个主要领域的发展情况。

环境绿皮书

中国环境发展报告（2014）（赠阅读卡）

刘鉴强 / 主编　　2014 年 4 月出版　估价 :69.00 元

◆ 本书由民间环保组织"自然之友"组织编写，由特别关注、生态保护、宜居城市、可持续消费以及政策与治理等版块构成，以公共利益的视角记录、审视和思考中国环境状况，呈现 2013 年中国环境与可持续发展领域的全局态势，用深刻的思考、科学的数据分析 2013 年的环境热点事件。

教育蓝皮书

中国教育发展报告（2014）（赠阅读卡）

杨东平 / 主编　2014 年 3 月出版　估价 :69.00 元

◆ 本书站在教育前沿，突出教育中的问题，特别是对当前教育改革中出现的教育公平、高校教育结构调整、义务教育均衡发展等问题进行了深入分析，从教育的内在发展谈教育，又从外部条件来谈教育，具有重要的现实意义，对我国的教育体制的改革与发展具有一定的学术价值和参考意义。

反腐倡廉蓝皮书

中国反腐倡廉建设报告 No.3（赠阅读卡）

中国社会科学院中国廉政研究中心 / 主编
2013 年 12 月出版　　估价 :79.00 元

◆ 本书抓住了若干社会热点和焦点问题，全面反映了新时期新阶段中国反腐倡廉面对的严峻局面，以及中国共产党反腐倡廉建设的新实践新成果。根据实地调研、问卷调查和舆情分析，梳理了当下社会普遍关注的与反腐败密切相关的热点问题。

皮书系列 重点推荐 社会政法类

社会政法类

社会政法类皮书聚焦社会发展领域的热点、难点问题，
提供权威、原创的资讯与视点

社会蓝皮书

2014年中国社会形势分析与预测（赠阅读卡）

李培林 陈光金 张 翼/主编　2013年12月出版　估价:69.00元

◆ 本报告是中国社会科学院"社会形势分析与预测"课题组2014年度分析报告，由中国社会科学院社会学研究所组织研究机构专家、高校学者和政府研究人员撰写。对2013年中国社会发展的各个方面内容进行了权威解读，同时对2014年社会形势发展趋势进行了预测。

法治蓝皮书

中国法治发展报告 No.12（2014）（赠阅读卡）

李 林 田 禾/主编　2014年2月出版　估价:98.00元

◆ 本年度法治蓝皮书一如既往秉承关注中国法治发展进程中的焦点问题的特点，回顾总结了2013年度中国法治发展取得的成就和存在的不足，并对2014年中国法治发展形势进行了预测和展望。

民间组织蓝皮书

中国民间组织报告（2014）（赠阅读卡）

黄晓勇/主编　2014年8月出版　估价:69.00元

◆ 本报告是中国社会科学院"民间组织与公共治理研究"课题组推出的第五本民间组织蓝皮书。基于国家权威统计数据、实地调研和广泛搜集的资料，本报告对2012年以来我国民间组织的发展现状、热点专题、改革趋势等问题进行了深入研究，并提出了相应的政策建议。

经济类　皮书系列 重点推荐

西部蓝皮书

中国西部经济发展报告（2014）（赠阅读卡）

姚慧琴　徐璋勇/主编　　2014年7月出版　　估价:69.00元

◆ 本书由西北大学中国西部经济发展研究中心主编，汇集了源自西部本土以及国内研究西部问题的权威专家的第一手资料，对国家实施西部大开发战略进行年度动态跟踪，并对2014年西部经济、社会发展态势进行预测和展望。

气候变化绿皮书

应对气候变化报告（2014）（赠阅读卡）

王伟光　郑国光/主编　　2014年11月出版　　估价:79.00元

◆ 本书由社科院城环所和国家气候中心共同组织编写，各篇报告的作者长期从事气候变化科学问题、社会经济影响，以及国际气候制度等领域的研究工作，密切跟踪国际谈判的进程，参与国家应对气候变化相关政策的咨询，有丰富的理论与实践经验。

就业蓝皮书

2014年中国大学生就业报告（赠阅读卡）

麦可思研究院/编著　王伯庆　郭 娇/主审
2014年6月出版　估价:98.00元

◆ 本书是迄今为止关于中国应届大学毕业生就业、大学毕业生中期职业发展及高等教育人口流动情况的视野最为宽广、资料最为翔实、分类最为精细的实证调查和定量研究；为我国教育主管部门的教育决策提供了极有价值的参考。

企业社会责任蓝皮书

中国企业社会责任研究报告（2014）（赠阅读卡）

黄群慧　彭华岗　钟宏武　张 蒽/编著
2014年11月出版　估价:69.00元

◆ 本书系中国社会科学院经济学部企业社会责任研究中心组织编写的《企业社会责任蓝皮书》2014年分册。该书在对企业社会责任进行宏观总体研究的基础上，根据2013年企业社会责任及相关背景进行了创新研究，在全国企业中观层面对企业健全社会责任管理体系提供了弥足珍贵的丰富信息。

皮书系列 重点推荐　　经济类

金融蓝皮书
中国金融发展报告（2014）（赠阅读卡）

李　扬　王国刚 / 主编　　2013年12月出版　　定价：69.00元

◆ 由中国社会科学院金融研究所组织编写的《中国金融发展报告（2014）》，概括和分析了2013年中国金融发展和运行中的各方面情况，研讨和评论了2013年发生的主要金融事件。本书由业内专家和青年精英联合编著，有利于读者了解掌握2013年中国的金融状况，把握2014年中国金融的走势。

城市竞争力蓝皮书
中国城市竞争力报告 No.12（赠阅读卡）

倪鹏飞 / 主编　　2014年5月出版　　估价：89.00元

◆ 本书由中国社会科学院城市与竞争力研究中心主任倪鹏飞主持编写，汇集了众多研究城市经济问题的专家学者关于城市竞争力研究的最新成果。本报告构建了一套科学的城市竞争力评价指标体系，采用第一手数据材料，对国内重点城市年度竞争力格局变化进行客观分析和综合比较、排名，对研究城市经济及城市竞争力极具参考价值。

中国省域竞争力蓝皮书
中国省域经济综合竞争力发展报告（2012~2013）（赠阅读卡）

李建平　李闽榕　高燕京 / 主编　　2014年3月出版　　估价：188.00元

◆ 本书充分运用数理分析、空间分析、规范分析与实证分析相结合、定性分析与定量分析相结合的方法，建立起比较科学完善、符合中国国情的省域经济综合竞争力指标评价体系及数学模型，对2011~2012年中国内地31个省、市、区的经济综合竞争力进行全面、深入、科学的总体评价与比较分析。

农村经济绿皮书
中国农村经济形势分析与预测(2013~2014)（赠阅读卡）

中国社会科学院农村发展研究所　国家统计局农村社会经济调查司 / 著
2014年4月出版　　估价：59.00元

◆ 本书对2013年中国农业和农村经济运行情况进行了系统的分析和评价，对2014年中国农业和农村经济发展趋势进行了预测，并提出相应的政策建议，专题部分将围绕某个重大的理论和现实问题进行多维、深入、细致的分析和探讨。

皮书系列 重点推荐

 经济类

经 济 类

经济类皮书涵盖宏观经济、城市经济、大区域经济，提供权威、前沿的分析与预测

经济蓝皮书

2014年中国经济形势分析与预测（赠阅读卡）

李 扬/主编　　2013年12月出版　　估价:69.00元

◆ 本书课题为"总理基金项目"，由著名经济学家李扬领衔，联合数十家科研机构、国家部委和高等院校的专家共同撰写，对2013年中国宏观及微观经济形势，特别是全球金融危机及其对中国经济的影响进行了深入分析，并且提出了2014年经济走势的预测。

世界经济黄皮书

2014年世界经济形势分析与预测（赠阅读卡）

王洛林　张宇燕/主编　　2014年1月出版　　估价:69.00元

◆ 2013年的世界经济仍旧行进在坎坷复苏的道路上。发达经济体经济复苏继续巩固，美国和日本经济进入低速增长通道，欧元区结束衰退并呈复苏迹象。本书展望2014年世界经济，预计全球经济增长仍将维持在中低速的水平上。

工业化蓝皮书

中国工业化进程报告（2014）（赠阅读卡）

黄群慧　吕铁　李晓华 等/著　　2014年11月出版　　估价:89.00元

◆ 中国的工业化是事关中华民族复兴的伟大事业，分析跟踪研究中国的工业化进程，无疑具有重大意义。科学评价与客观认识我国的工业化水平，对于我国明确自身发展中的优势和不足，对于经济结构的升级与转型，对于制定经济发展政策，从而提升我国的现代化水平具有重要作用。

社会科学文献出版社　**皮书系列**

"皮书"起源于十七、十八世纪的英国，主要指官方或社会组织正式发表的重要文件或报告，多以"白皮书"命名。在中国，"皮书"这一概念被社会广泛接受，并被成功运作、发展成为一种全新的出版形态，则源于中国社会科学院社会科学文献出版社。

皮书是对中国与世界发展状况和热点问题进行年度监测，以专家和学术的视角，针对某一领域或区域现状与发展态势展开分析和预测，具备权威性、前沿性、原创性、实证性、时效性等特点的连续性公开出版物，由一系列权威研究报告组成。皮书系列是社会科学文献出版社编辑出版的蓝皮书、绿皮书、黄皮书等的统称。

皮书系列的作者以中国社会科学院、著名高校、地方社会科学院的研究人员为主，多为国内一流研究机构的权威专家学者，他们的看法和观点代表了学界对中国与世界的现实和未来最高水平的解读与分析。

自20世纪90年代末推出以经济蓝皮书为开端的皮书系列以来，至今已出版皮书近1000余部，内容涵盖经济、社会、政法、文化传媒、行业、地方发展、国际形势等领域。皮书系列已成为社会科学文献出版社的著名图书品牌和中国社会科学院的知名学术品牌。

皮书系列在数字出版和国际出版方面成就斐然。皮书数据库被评为"2008~2009年度数字出版知名品牌"；经济蓝皮书、社会蓝皮书等十几种皮书每年还由国外知名学术出版机构出版英文版、俄文版、韩文版和日文版，面向全球发行。

2011年，皮书系列正式列入"十二五"国家重点出版规划项目，一年一度的皮书年会升格由中国社会科学院主办；2012年，部分重点皮书列入中国社会科学院承担的国家哲学社会科学创新工程项目。

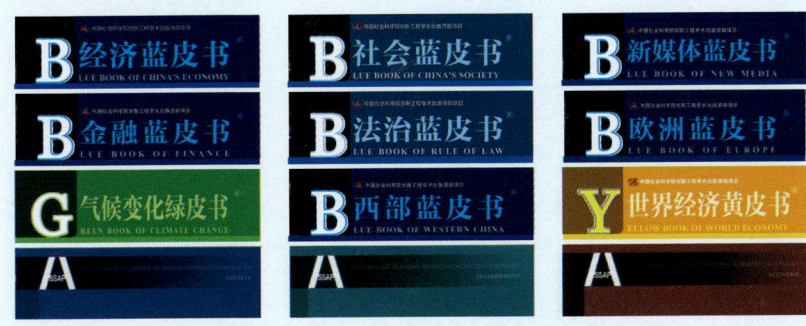

社长致辞

我们是图书出版者,更是人文社会科学内容资源供应商;

我们背靠中国社会科学院,面向中国与世界人文社会科学界,坚持为人文社会科学的繁荣与发展服务;

我们精心打造权威信息资源整合平台,坚持为中国经济与社会的繁荣与发展提供决策咨询服务;

我们以读者定位自身,立志让爱书人读到好书,让求知者获得知识;

我们精心编辑、设计每一本好书以形成品牌张力,以优秀的品牌形象服务读者,开拓市场;

我们始终坚持"创社科经典,出传世文献"的经营理念,坚持"权威、前沿、原创"的产品特色;

我们"以人为本",提倡阳光下创业,员工与企业共享发展之成果;

我们立足于现实,认真对待我们的优势、劣势,我们更着眼于未来,以不断的学习与创新适应不断变化的世界,以不断的努力提升自己的实力;

我们愿与社会各界友好合作,共享人文社会科学发展之成果,共同推动中国学术出版乃至内容产业的繁荣与发展。

社会科学文献出版社社长
中国社会学会秘书长

2014 年 1 月

社会科学文献出版社
SOCIAL SCIENCES ACADEMIC PRESS (CHINA)

社会科学文献出版社成立于1985年，是直属于中国社会科学院的人文社会科学专业学术出版机构。

成立以来，特别是1998年实施第二次创业以来，依托于中国社会科学院丰厚的学术出版和专家学者两大资源，坚持"创社科经典，出传世文献"的出版理念和"权威、前沿、原创"的产品定位，社科文献立足内涵式发展道路，从战略层面推动学术出版的五大能力建设，逐步走上了学术产品的系列化、规模化、数字化、国际化、市场化经营道路。

先后策划出版了著名的图书品牌和学术品牌"皮书"系列、"列国志"、"社科文献精品译库"、"中国史话"、"全球化译丛"、"气候变化与人类发展译丛""近世中国"等一大批既有学术影响又有市场价值的系列图书。形成了较强的学术出版能力和资源整合能力，年发稿3.5亿字，年出版新书1200余种，承印发行中国社科院院属期刊近70种。

2012年，《社会科学文献出版社学术著作出版规范》修订完成。同年10月，社会科学文献出版社参加了由新闻出版总署召开加强学术著作出版规范座谈会，并代表50多家出版社发起实施学术著作出版规范的倡议。2013年，社会科学文献出版社参与新闻出版总署学术著作规范国家标准的起草工作。

依托于雄厚的出版资源整合能力，社会科学文献出版社长期以来一直致力于从内容资源和数字平台两个方面实现传统出版的再造，并先后推出了皮书数据库、列国志数据库、中国田野调查数据库等一系列数字产品。

在国内原创著作、国外名家经典著作大量出版，数字出版突飞猛进的同时，社会科学文献出版社在学术出版国际化方面也取得了不俗的成绩。先后与荷兰博睿等十余家国际出版机构合作面向海外推出了《经济蓝皮书》《社会蓝皮书》等十余种皮书的英文版、俄文版、日文版等。

此外，社会科学文献出版社积极与中央和地方各类媒体合作，联合大型书店、学术书店、机场书店、网络书店、图书馆，逐步构建起了强大的学术图书的内容传播力和社会影响力，学术图书的媒体曝光率居全国之首，图书馆藏率居于全国出版机构前十位。

作为已经开启第三次创业梦想的人文社会科学学术出版机构，社会科学文献出版社结合社会需求、自身的条件以及行业发展，提出了新的创业目标：精心打造人文社会科学成果推广平台，发展成为一家集图书、期刊、声像电子和数字出版物为一体，面向海内外高端读者和客户，具备独特竞争力的人文社会科学内容资源供应商和海内外知名的专业学术出版机构。

权威·前沿·原创

社会科学文献出版社

皮书系列

2014年

盘点年度资讯 预测时代前程

社会科学文献出版社 学术传播中心 编制